经上海市中小学教材审查委员会审查
准予试用　　准用号II-GB-2006008

高级中学课本 语文 一年级 第一学期（试用本）

华东师范大学出版社

高级中学课本
语文（试用本）
一年级第一学期
上海市中小学（幼儿园）课程改革委员会

华东师范大学出版社出版
（上海市中山北路3663号，邮政编码200062）
江苏句容市排印厂印刷　　上海市新华书店发行

开本 890×1240　16开　印张9　插页2　字数172千字
2007年8月第一版　2013年5月第十二次印刷
ISBN 978-7-5617-5540-2/G·3242（课）

定价：6.25元
上海市物价局价格审查批准文号：沪价商专（2007）26号
全国物价举报电话：12358

绿色印刷产品

ISBN 978-7-5617-5540-2

华东师范大学出版社电话：60821711
www.ecnupress.com.cn

京江遺珠

編撰　竇啓榮

江蘇大學出版社
JIANGSU UNIVERSITY PRESS
鎮江

圖書在版編目(CIP)數據

京江遺珠 / 竇啟榮編撰. — 鎮江 ：江蘇大學出版社，2013.11
ISBN 978-7-81130-595-1

Ⅰ.①京… Ⅱ.①竇… Ⅲ.①碑刻—匯編—鎮江市
Ⅳ.①K877.42

中國版本圖書館 CIP 數據核字(2013)第 254322 號

京江遺珠

Jing Jiang Yi Zhu

編　　撰/竇啟榮
責任編輯/李菊萍
出版發行/江蘇大學出版社
地　　址/江蘇省鎮江市夢溪園巷 30 號(郵編：212003)
電　　話/0511-84446464(傳真)
網　　址/http://press.ujs.edu.cn
排　　版/鎮江新民洲印刷有限公司
印　　刷/句容市排印廠
經　　銷/江蘇省新華書店
開　　本/889 mm×1 194 mm　1/16
印　　張/14.75
字　　數/426 千字
版　　次/2013 年 11 月第 1 版　2013 年 11 月第 1 次印刷
書　　號/ISBN 978-7-81130-595-1
定　　價/118.00 圓

作者近影　　攝影　竇春天

作者簡介

竇啟榮，字僥，一九四一年生，江蘇鎮江人，原供職于鎮江搪瓷廠，一九九七年退休。現爲鎮江市歷史文化名城研究會會員，鎮江市職工收藏委員會副會長，曾受聘爲鎮江市文物管理委員會、焦山碑刻博物館文保員，興趣廣泛，愛好書法篆刻、旅遊門票的收藏。

一九八七年篆刻作品在全國首届現代篆刻藝術大展賽中獲優秀獎。

一九九〇年七月篆刻作品『歸心』等十三方入選江蘇省職工美術書法協會會員作品展和巡迴展。

一九九三年十二月獲中國文明杯詩書畫印大獎賽篆印一等獎。

門券收藏專題多次參加全國、江蘇省展覽，曾榮獲一、二、三等獎及優秀獎，論文《淺議門券藝術》《發揮門券的優勢，爲社會主義精神文明服務》入選研討會論文集。

文物考古調查文章（含合作撰文），曾在《中國文物報》《京江晚報》《鎮江日報》《鎮江文博》發表。《荒郊野外覓文史》電視專題片二〇〇二年九月四日曾在美國斯科拉衛星電視網播放。

二〇〇五年度，在『培育京口區新民風，塑造時代新公民』主題教育活動『京口群賢』評選中被評爲『文化俊傑』的光榮稱號。

退休以後，筆耕不輟，著有以下著作刊印發表：

二〇〇四年《京江遺珠》刊印發表；

二〇〇八年《走進鎮江》旅遊門票圖集刊印；

二〇一一年《萬千草堂印痕》刊印；

二〇一二年主編《鎮江記憶》。

昌法法師造像　朱正茂 繪

昌法法師，丹徒區佛教協會會長，辛豐鎮大聖寺住持。

朱正茂，鎮江市美術家協會會員，江蘇省國畫院特聘畫家。

賓啟榮造像　朱正茂 繪

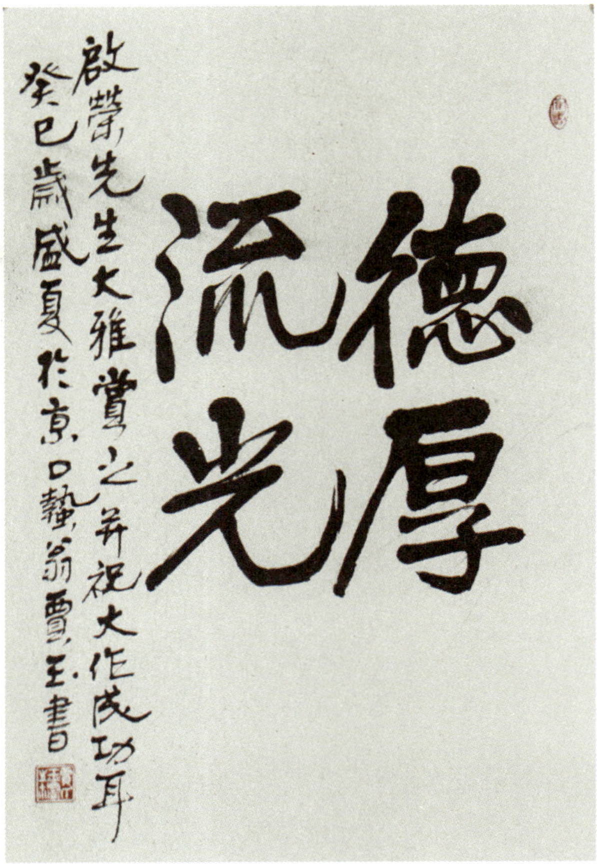

德厚流光
啟榮先生大雅賞之并祝大作成功耳
癸巳歲盛夏於京口藝翁賈玉書

德厚流光　賈玉書 書

賈玉書，中國書法家協會會員，鎮江市文聯原主席。

花鳥中國畫　田致鴻 繪

田致鴻，江蘇大學藝術學院教授，江蘇省花鳥畫研究會常務理事，鎮江市花鳥畫研究會會長。

集古存真　　王明龍 書

王明龍，中國書法家協會會員，鎮江市書法家協會副主席，潤州區書法家協會主席。

刘立穩 書

刘立穩，江蘇省書法家協會會員，鎮江市書法家協會理事。

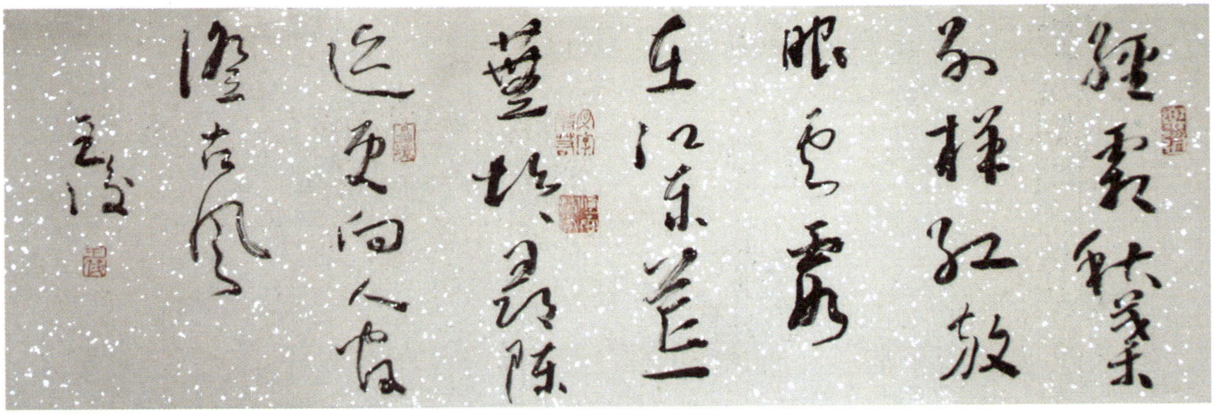

王俊 書

王俊，鎮江市書法家協會會員，江蘇省國畫院特聘書法家。

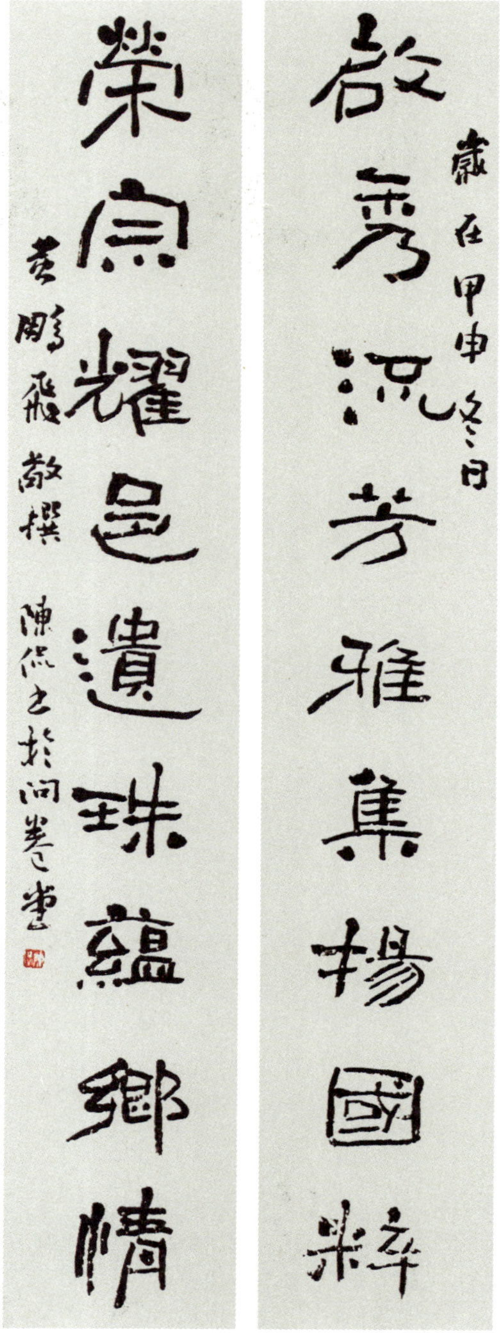

楹聯　黃鵬飛 撰　陳侃 書

黃鵬飛，中華詩詞學會會員，中國楹聯學會會員。

陳侃，青年書法家。

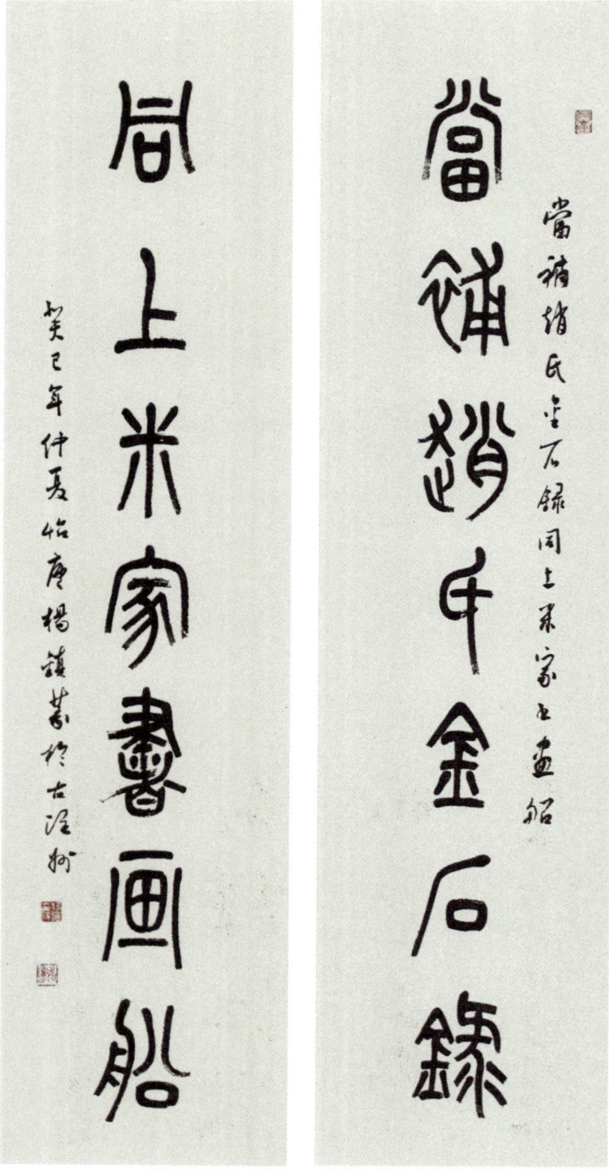

楹聯　楊鎮 書

楊鎮，潤州區文聯常務副主席，潤州區書法家協會常務副主席，江蘇省書法家協會會員。

序

踏遍京江人未老　遺珠串串風景好

鎮江是一座有三千多年文明史的歷史文化名城，地上地下文物資源蘊藏豐富，其燦爛的文化享譽古今。官方的文物部門和民間的文物保護志願者爲鎮江市的文物保護工作做出了巨大貢獻。

竇啟榮先生就是我認識的最爲出色和敬業的文物保護志願者之一。他熱愛並醉心于書法篆刻藝術。一九五八年考入市輕工業職業學校，即拜後爲『鎮江十老』之一的著名書畫家梁星乙學書藝。一天在學校辦公室，見梁老在硯臺上刻字，便望他出了神，覺得有趣，萌發了自己刻印的念頭。他買來刻刀和印材，偷偷在家里刻，堅持不斷地臨摹名家印譜。一九八〇年，他登門求教于著名書法家、篆刻家朱靈峥先生，朱先生翻閱他的印稿後，在上面題寫了三個字『不泥古』，以給予讚賞和鼓勵。竇先生熱衷於向年輕人傳授『方寸天地』間的技藝，古稀之年還打印自己所刻的《萬千草堂印痕》百餘本，贈送給親朋好友。

自二十世紀八十年代中期，竇先生和文物保護結緣以來，對全市包括郊縣在内的幾乎所有古遺迹、古遺址、文物散落點進行了科學的田间調查，對大部分的文物遺存進行了詳細的資料收集、整理，並形成了多篇調查報告，在《中國文物報》《京江晚報》《鎮江日報》等多家媒體刊發。

竇先生與焦山碑林的緣分可以追溯到二十世紀九十年代初，那時鎮江剛開始進行拆建，人們對一些石質文物的保護和利用還没有什麼概念，焦山碑刻博物館也剛成立不久，人手嚴重不足，野外調查幾乎無法開展。適逢市文管辦舉辦業餘文保員培訓，竇先生是其中最爲活躍的一員。此後至今二十餘年間，竇先生爲焦山碑刻博物館的文物征集，野外調查提供信息、協調征集、采擷資料做出了極大的貢獻。在此我代表焦山碑刻博物館向竇啟榮先生表示崇高的敬意。

這本《京江遺珠》是竇先生訪古調查的又一力作，遺珠者，顧名思義是散落在民間、野外、未被文物部門列入文保單位的、能反映某些重要歷史事件的遺物。本書收録的文物拓片是竇先生多年心血的結晶，品種豐富，有匾額·楹聯、題記·石刻、記事·文告、廟額·墓志、古井（碑）·欄銘、斷碑拾遺、古磚銘文等，都是先生親手模拓，有些石刻散落野外，形制巨大、模拓尤艱。五萬多字的研究文章，考證翔實，資料完備，若非深於此道並飽含深情者是做不到的。

今有幸得竇先生信任，囑爲序，勉贅數語，實屬鄙陋，聊以塞責爾。

焦山碑刻博物館館長

二〇一三年八月

前言

鎮江是國家歷史文化名城，有三千年的悠久歷史。真山真水的古城鎮江，歷代文人墨客，鍾情于斯，留下了衆多的碑刻。碑刻承載著政治、經濟、軍事、宗教、文化藝術及書法演變多方面的內涵，這是古城歷史文化重要的組成部分。拓片又是金石學、考古學研究的重要對象，對這些珍貴的遺産加以收集、整理、研究有著積極而現實的意義。

焦山碑刻館集中鎮江市重要的碑刻，她展示鎮江歷史上燦爛的文明。我收集的碑刻拓本都是本土地域性的，而焦山碑刻館又無此碑藏，便認爲是『寶』，故稱『京江遺珠』。提起我的碑刻收集生涯，要追溯到一九八七年先後，我被鎮江市文物管理委員會、焦山碑刻博物館聘爲文保員，從那時開始至今，我一直在鎮江市及周邊地區訪問、調查、捶拓散失在民間的碑刻，用六年的時間整理，自費刊印《京江遺珠》拓片小册子，引起了許多人的關注，他們希望我堅持下去。於是我在此基礎上繼續蒐集捶拓，大大豐富了內容和素材。又恐今後散失，就將這些資料選編爲——匾額·楹聯、題記·石刻、記事·文告、廟額·墓志、古井（碑）·欄銘、斷碑拾遺、古磚銘文七大類，共有一百七十餘件，寫了五萬餘文字詮釋。拓片時間跨度從漢代直到現代，圖文並茂，形成存資料，寫歷史，兼研究的一本較爲厚重的鄉土地方文獻資料，以方便人們瞭解鎮江，宣傳鎮江。這也是我晚年一大快事爾。

十餘年來，丹徒大聖寺昌法法師與我常有交往，佛心相通，一直得到他多方面的支持與幫助，最終寫成這部書。因此我決定將拓片全部捐贈給大聖寺，藏于多寶閣，實現我許下的心願。現在我已七十有三，步入老年，因身體健康的原因，已感力不從心。但時至今日，仍有許多重要的碑刻無法拓到，深感遺憾。此事對於我來説是個愛好，全憑著一股性情去做的。好在我做的這些事情，没有白忙，只因水平有限，多有不足之處，望請讀者、專家批評指正。

竇啟榮　於萬千草堂

二〇一三年八月

編輯説明

《京江遺珠》經過多方面的努力，終於印刷出版。

現就本書的編輯作以下幾點説明：

一、關於分類。本書分爲七大類，爲了不使分類冗長，有的將兩類合爲一類。如匾額和楹聯等，为了不混淆，故中間加了一個圓點符號加以區分。這樣可以使分類更加清晰。

二、匾額和廟額有共同之處，本應編爲一類，但爲了突出廟額文化，故將廟額另設一類。

三、墓志類含有：墓志銘、篆蓋石、墓碑、墓表、墓地志。

四、碑拓本應是石質，但其中有少數匾額、楹聯是木質，甚至還有金屬，只因都是用傳統捶拓技法完成的，故亦稱傳統碑拓。

五、關於時代順序。本書是按分類編排的，在分類内按時代先後爲序。没有確鑿年代的放在最後。

六、關於碑拓來源。絶大部分碑拓是作者親手捶拓而得，其中有四件爲友人相贈，一件爲社會購買，其餘兩件是相機翻拍的（以上具體情況在條目中作了交代）。

七、古磚銘文類是按朝代歸類的。

目録

匾額·楹聯類

天下第一江山　石刻　宋

石高 1 米，横長 4 米，青石質地，中刻 “天下第一江山”六個楷書大字，每字近 1 米，現嵌於北固山後峰甘露寺長廊壁上。上款爲“延陵吴琚書”五個字，下款爲“康熙乙巳鎮江府通判武鄉程康莊勒石”十六個字。

南朝大同七年（五四四），梁武帝登北固山，見此江山壯美，賜書“天下第一江山”刻於岩石上，後毁。南宋淮東總管延陵吴琚重書刻石，又毁。明崇禎年間，鹽城人官中書舍人宋曹摹刻。清康熙四年（一六六五）由鎮江通判程康莊臨摹勒石。一九六六年“文革”初期“一江山”三字毁，後用水泥復原。一九七六年按原拓重新用青石補刻三字，恢復原樣。這方名石刻重放新彩，遊人到此，無不在巨碑前面拍照留念。

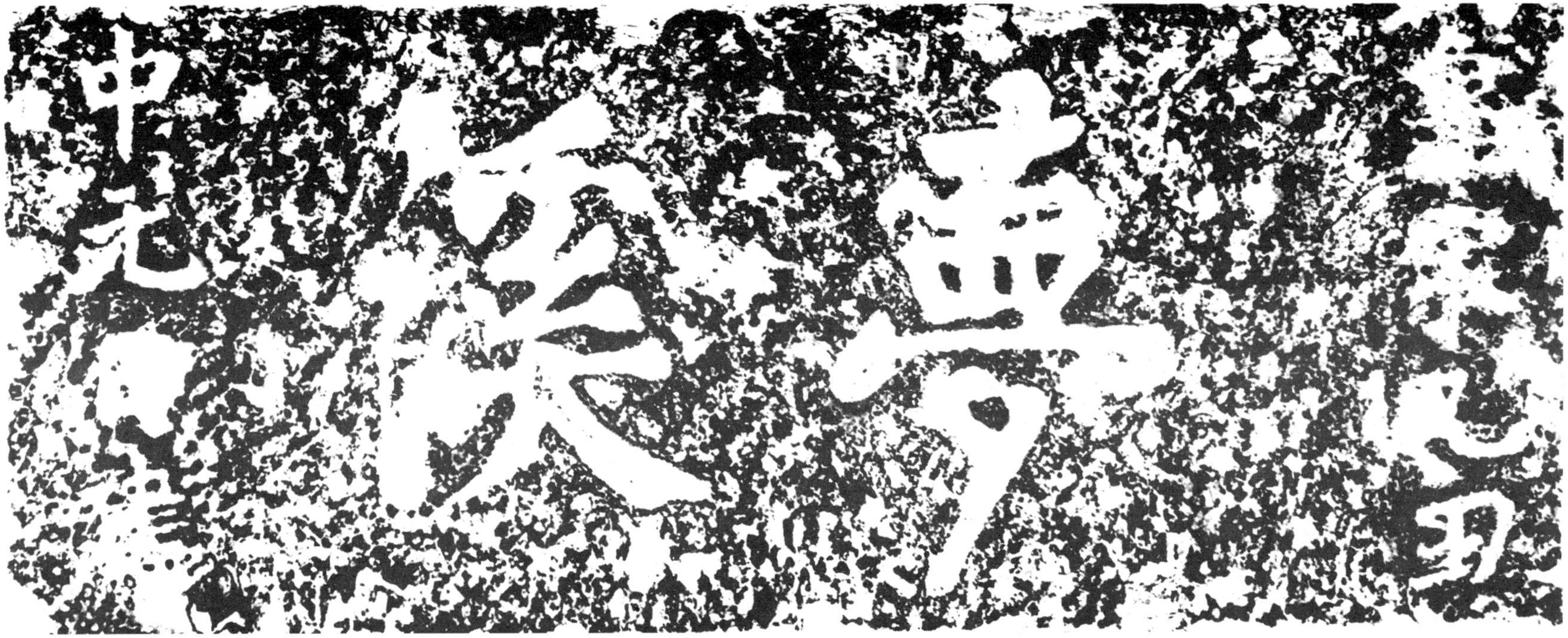

夢溪　石額　北宋元豐八年(一〇八五)

額高 0.27 米,橫長 0.68 米,厚 0.12 米。石上刻有"夢溪"兩個大字,上款爲"皇宋乙丑",下款爲"中元日建"。石呈赤褐色,滿布風化窩孔。石額在一九八五年五月文物普查中發現。據鎮江市資深文史專家戴志恭的《文博叢稿》一書記載:石額中"夢溪"二字,爲宋體楷書,是夢溪園主人沈括親筆題寫的。該石額的發現,爲研究沈括建夢溪園的年代,提供了十分重要的實物資料。

沈括(一〇三一—一〇九五),浙江錢塘人,字存中,北宋著名的科學家,參與支持王安石變法,推行新政。晚年定居潤州夢溪園,總結天文、地理、數學、物理、化學等多方面研究成果,寫成《夢溪筆談》,被國際上譽爲"中國十一世紀的科學坐標"。(此拓件爲戴志恭先生贈送)

石帆樓　横額　明

額高 0.50 米，橫長 1.43 米，青石質地，現鑲嵌於甘露寺大殿西牆壁上。石額表面風化嚴重，但“石帆樓”三字清晰無損，爲鐵線篆，線條流暢，字形方正穩重。

據《北固山志》記載：石帆樓，位於北固山後峰西北角的鐵柱峰上，從江面上看峰之形狀如船帆，故名。樓建於明末，由賜進士巡按直隸監察御史蜀嘉陽張一鯤題寫，毀於太平天國期間。重建後，丹徒羅耦廉寫一聯：“樓亦臨江，終古與此山兀立；石如解語，片帆從何處飛來。”陳金波又寫一聯：“石作帆檣，千古長風吹不去；樓臨淮海，二分明月送將來。”

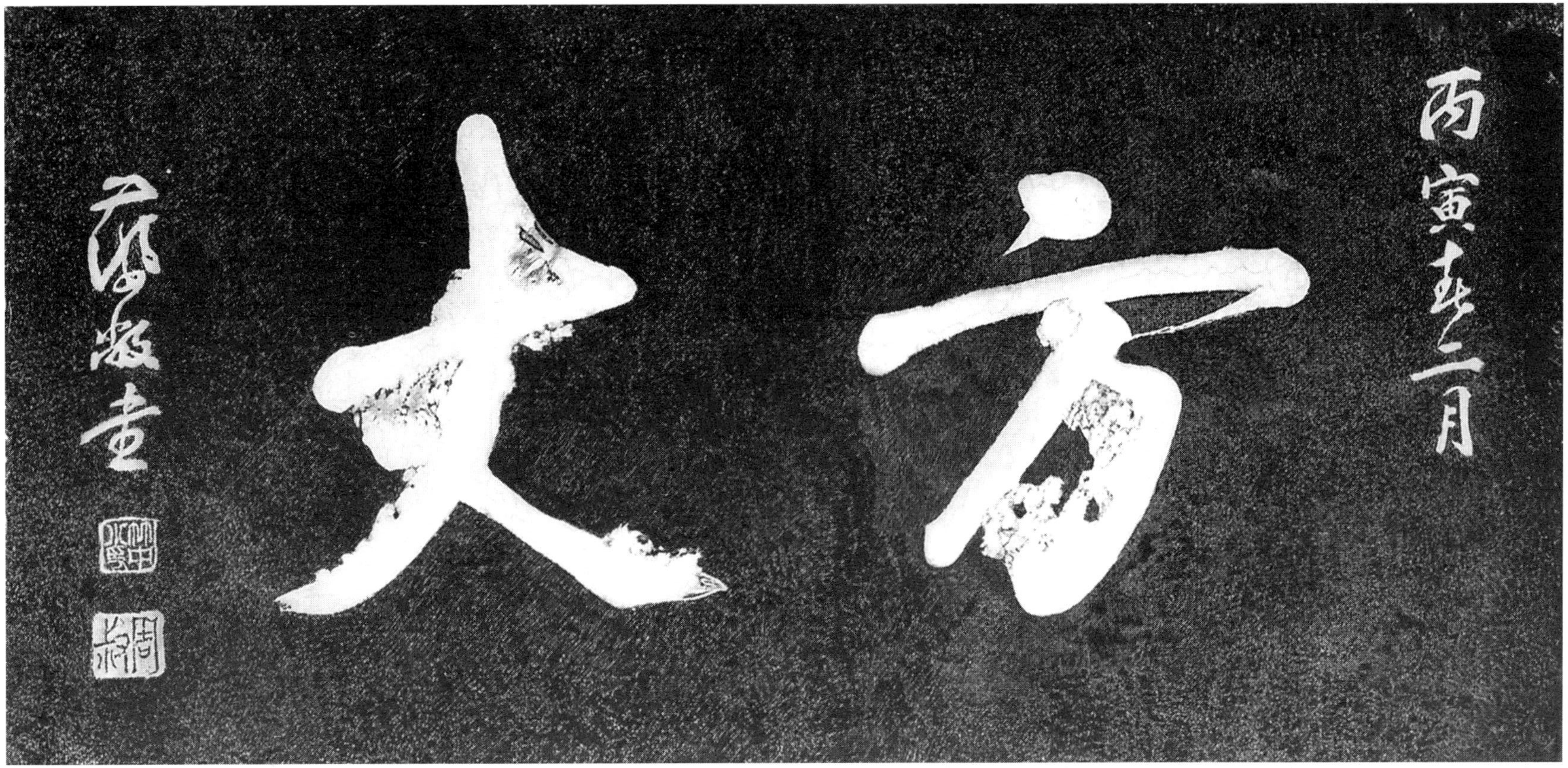

方丈　室額　明

室額高 0.49 米,横長 1.04 米,厚 0.50 米,漢白玉質地。原石額鑲嵌於南郊鶴林寺方丈室門楣上,現存鼎石山積善寺。“方丈”二字,爲楷書大字,由蔡敞題寫,但有人爲鑿刻痕迹。

蔡敞(生卒年不詳),字士弘,别號毅齋,昆山人。明永樂中徙居北京,少年好遊歷,常遇異人。讀書進修後,以翰林秀才,四舉不第,歷官選中書、員外郎,出守衢州府,七十六歲終。

祥葉三多　匾額　清乾隆十五年(一七五〇)

匾额高 0.78 米，橫長 2.47 米，厚 0.05 米，木質。匾中題有“祥葉三多”四個市尺餘的楷書大字。清乾隆十五年丹徒人泰州儒學殷綬爲耆壽翁田日瑞題寫的吉祥和諧祝頌之語。

據《莊子·天地》記載：“堯觀乎華。華封人曰：‘嘻，聖人，請祝聖人，使聖人壽。’堯曰：‘辭。’‘使聖人富。’堯曰：‘辭。’‘使聖人多男子。’堯曰：‘辭。’”舊因以“三多”为“多福多壽多男子之意”。

此匾發現於大港新區一趙姓人家，祖傳(原掛在屋中大堂上)，至今已有二百五十餘年歷史。這爲民間民俗文化的研究，提供了實物資料。

古來書界云：“榜書難寫”啊！此書，運筆沉著穩健，啟、收處多用圓筆，圓潤遒勁，尤爲難得。

翰逸神飛　匾額　清乾隆

匾額高 0.41 米，横長1.10 米，厚 0.40 米，木質。匾中有“翰逸神飛”四個行書大字，上款爲“乾隆戊申年”（一七八八）五個字，下款爲“余集”兩個字。匾額現存於丹陽陸建康先生府中。

余集（一七三八—一八二三），字蓉裳，號秋室，浙江杭州人，年八十六壽終。乾隆三十一年（一七六六）進士，候選知縣，三十八年與邵晉涵、周永年、戴震、楊昌霖同薦修《四庫全書》，授翰林編修，累遷至侍讀學士。工詩，善畫，尤善人物。晚年只寫蘭竹，風神淡逸，其書法古樸而秀潤，八十作蠅頭小楷，“翰逸神飛”匾爲其五十一歲所書，有神韻。

南山現瑞　橫額　清嘉慶

額高 0.35 米，橫長 0.80 米，厚 0.09 米，白石質地。

二〇一〇年春，此額在丹徒區上黨鎮西林寺發現。經調查，該額是在寺西北處遺址上開挖荒地時翻出土的。很顯然，其爲原西林寺廟上的舊物，可能是衆信徒供奉於廟新築的殿堂上的。"南山現瑞"，現什麼瑞，不得而知。西林寺，原名橫山寺，位於十里長山之南。據陳慶年《寺觀調查録》記述："寺在宋乾道二年建，清嘉慶間焦山耕崖和尚來寺做住持，改寺名，在寺北建觀音殿，奈殿成，圓寂，貼金真身。""咸豐十年，發逆（指太平天國起義軍）焚毀，觀音殿未遭劫，鄉人以爲耕崖因果云"，故曰"南山現瑞"。依此推斷，此石額可能就是清嘉慶年間的實物。

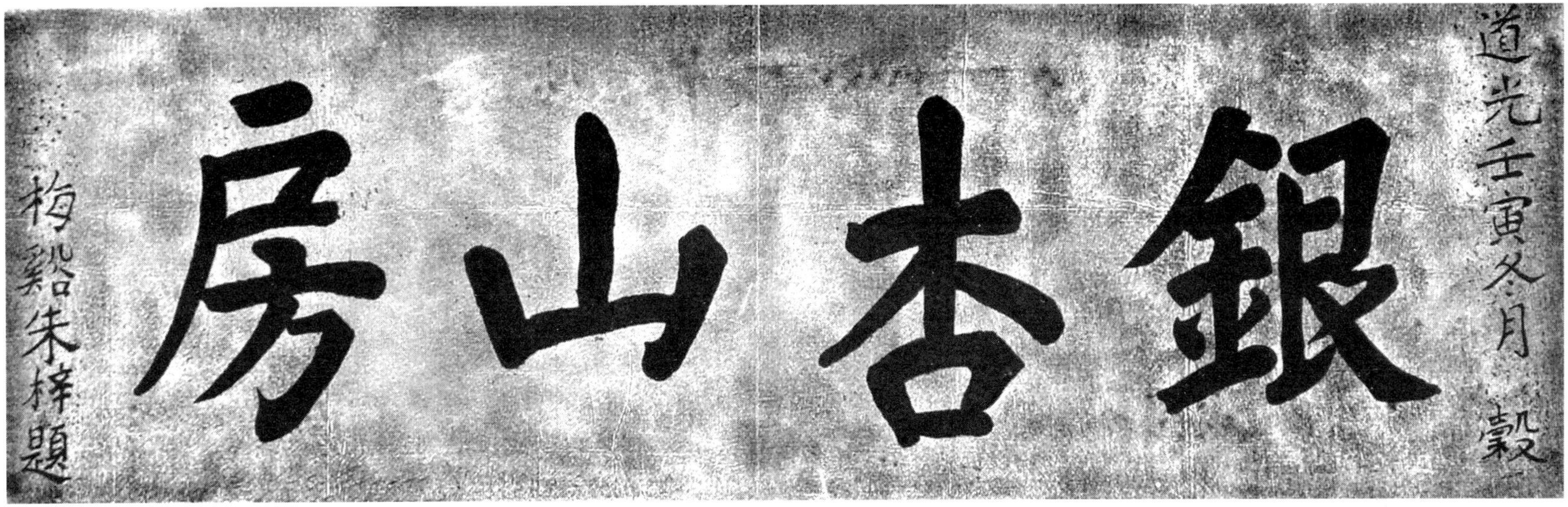

銀杏山房　石額　清道光二十二年(一八四二)

石額高 0.31 米，横長 0.96 米，白大理石質地。其上有“銀杏山房”四個楷書大字，上、下款均爲陽刻。額字由朱梓題寫，現嵌於镇江新區姚橋鎮華山村銀杏樹旁牆壁上。

據《鎮江人物辭典》記載：朱梓，清代學者，一八六〇年前後在世，字梅谿，丹徒儒里人。廩貢生，援例授常州訓導，博學好古，詩文俱佳。咸豐年間卒於家中，著有《潤東雜志》《普勸蠶桑直説》，刊後親送村民手中，自號“癡道人”。

夢焦仙館　石額　清同治

額高 0.32 米，横長 0.82 米，白大理石質地，上刻“夢焦仙館”四字行書，字體流美溫潤，現存焦山公園。

據清《焦山志》記載：同治三年（一八六四）毁於火，越塵上人多方募化始建。光緒五年（一八六六）經吴興人丁桐孫在原址上建屋五楹，易名“夢焦先館”。光緒七年（一八八一）彭玉麟又重建題額，爲焦山諸勝之首。同治甲子年又遭火，瓜洲吴朝傑領軍旅捐集得以恢復。石額由丁彥臣題書。

丁彥臣（一八二九—一八七八），浙江歸安人，精鑒賞，著有《梅花草庵器目》。

流光精舍　石額　清光緒

額高 0.32 米，橫長 0.82 米，白大理石質地，位於焦山文昌閣西與夢焦仙館爲鄰的牆壁上。額中“流光精舍”四字爲行書體，平正工穩，點畫自然流暢，陸潤庠題寫，是當時的館閣體的代表風格。

陸潤庠(一八四一——一九一五)，清末狀元，字鳳石，江蘇蘇州人。光緒年間，歷官至東閣大學士、工部尚書、吏部尚書。宣統年間，升爲弼德院院長。辛亥革命後，留清宮爲溥儀的老師。

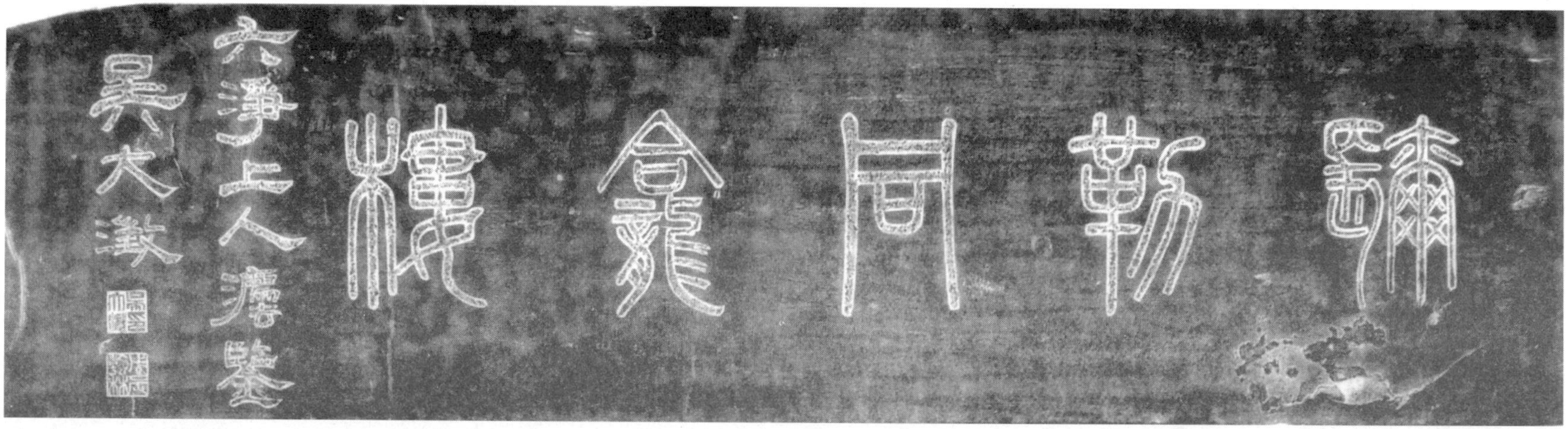

彌勒同龕樓　匾額　清光緒

匾高 0.29 米，横長 1.13 米，厚 0.33 米，木質，中有“彌勒同龕樓”五個篆字。款落爲“六净上人法鑒　吴大澂”字様，鈐两方印章。

經調查，此匾于二〇〇四年重修“焦山行宫”(自然庵内黄葉樓)時發現。顯然此匾是懸於黄葉樓佛龕上的，由吴大澂書寫，贈自然庵主六净和尚，現存焦山公園，保存完好。

吴大澂(一八三五—一九〇二)，據《中國人名大辭典》記載：“吴縣人，字清卿，號恒軒，又號愙齋，同治進士，累官湖南巡撫，曾勘界吉林，立銅柱於中俄交界之地，自以大篆勒銘其上。光緒甲午中國之戰，督師出山海關，兵敗革職”。

大澂擅古瓷鑒賞和金石書畫，尤善篆書(石鼓文)，生前著有《愙齋詩文集》《愙齋集古録》《説文古籀補》等。

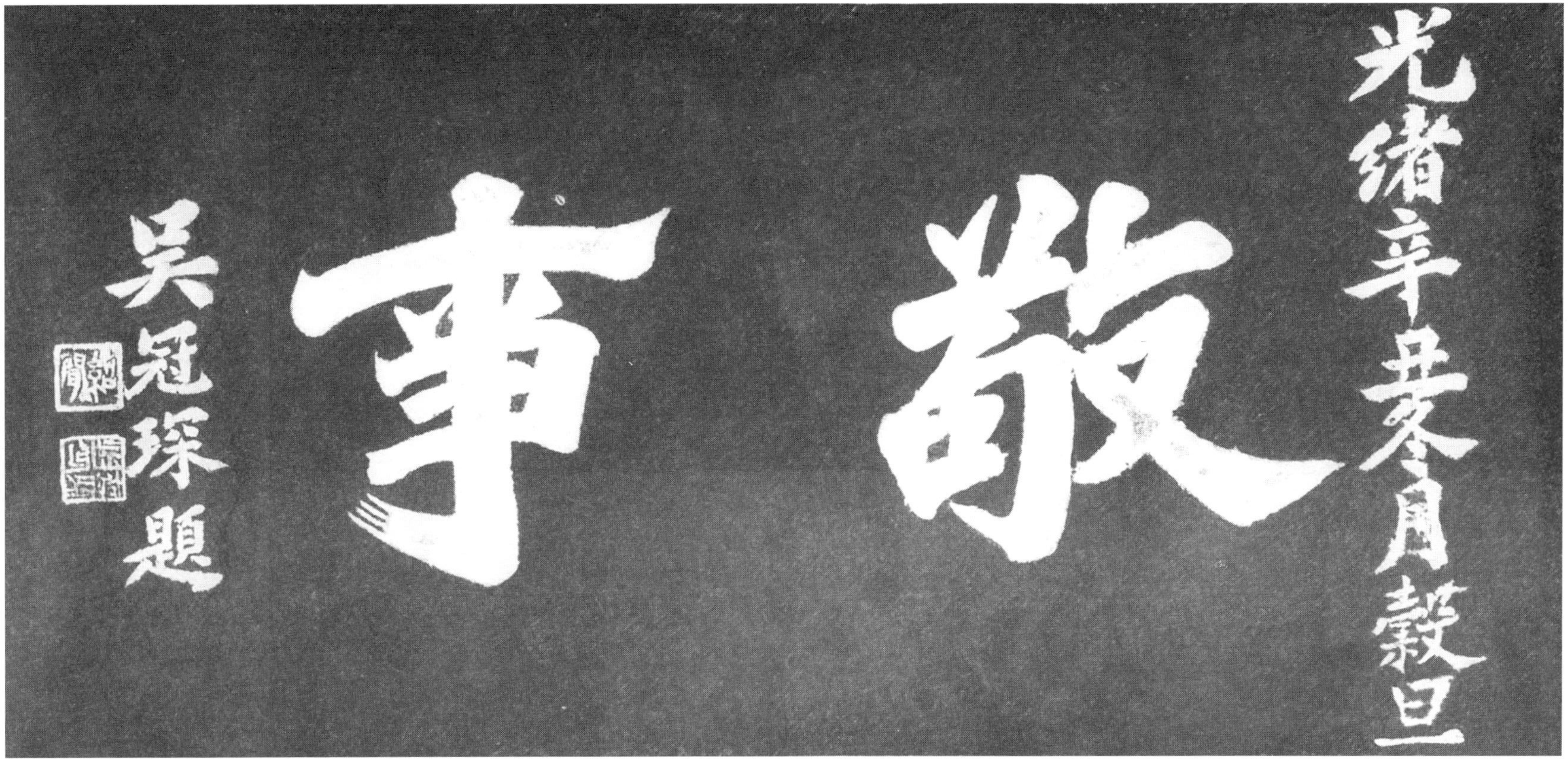

敬事　石額　清光緒二十七年(一九〇一)

額高 0.30 米,横 0.65 米,白大理石質地。額中刻有“敬事”楷書二大字,上下款爲“光緒辛丑冬月穀旦　吴冠琛題”字樣,鈐印两方。

石額發現於二〇一〇年八月鎮江市區第一樓街北端張姓住户内,經查此處原爲清代光緒年間啟善堂粥廠慈善機構,新中國成立後爲生産教養院。

據柳詒徵《京口書人述》記載:吴冠琛(生卒年不詳)是吴地紹興人。他與當時故鄉竹林林兆奎、朱叔獻延琛、何稼孫長慶,都重小楷,而吴冠琛,又習魏碑,魄力過孫永之。“敬事”二字爲楷書,有北碑筆意,結字有法度,這方石額映證了他的書風,是一件難得的墨迹,具有鑒賞和研究的價值,其碑内容也有現實教育意義。

紫竹林　石額　清

石額高 0.39 米，橫長 0.87 米，厚 0.05 米，漢白玉質地。此石額原爲丹徒辛豐鎮辛王廟的舊物。新中國成立後辛王廟曾經改做糧庫，後又辦工廠，石額在“文革”中流失於民間。一九九五年辛豐鎮村民將石額暫歸大聖寺保存，近年辛王廟恢復，又將此額歸還原廟保護。

“紫竹林”三字，楷書字體，豐腴圓勁，蒼潤凝重。無款。

西來門　横石額　清

額高 0.32 米，横長 1.04 米，厚 0.40 米，白大理質地，位於鎮江新區大港鎮鎮北老城區“太平里”巷道西，鑲嵌在青磚砌築的拱門上。近幾年老城區拆遷改造，石額墜地無人過問，流入民間，現石額保存在大港鎮陳姓居民家中，完整無缺。石額上鐫“西來門”三個楷書大字，無款。這是大港鎮老巷道不可多得的實物見證。

城市山林　橫額　民國初年

額高 0.38 米，橫長 1.40 米，青大理石質地。“文革”中墜地斷裂，一九八七年後，招隱寺恢復時，將此額嵌於現今寺中碑壁上。

此为一九一二年，興復招隱寺時清然和尚仿鶴林寺米芾題寫的石額。經對比，此二方石刻，幾乎無異。

米芾(一〇五一——一一〇八)，字元章，號鹿門居士、襄陽漫士，世稱“米南宮”，祖籍太原，後遷襄陽，晚年定居江蘇鎮江。能畫，尤擅書法，以行書成就最高，卒後葬於十里長山。

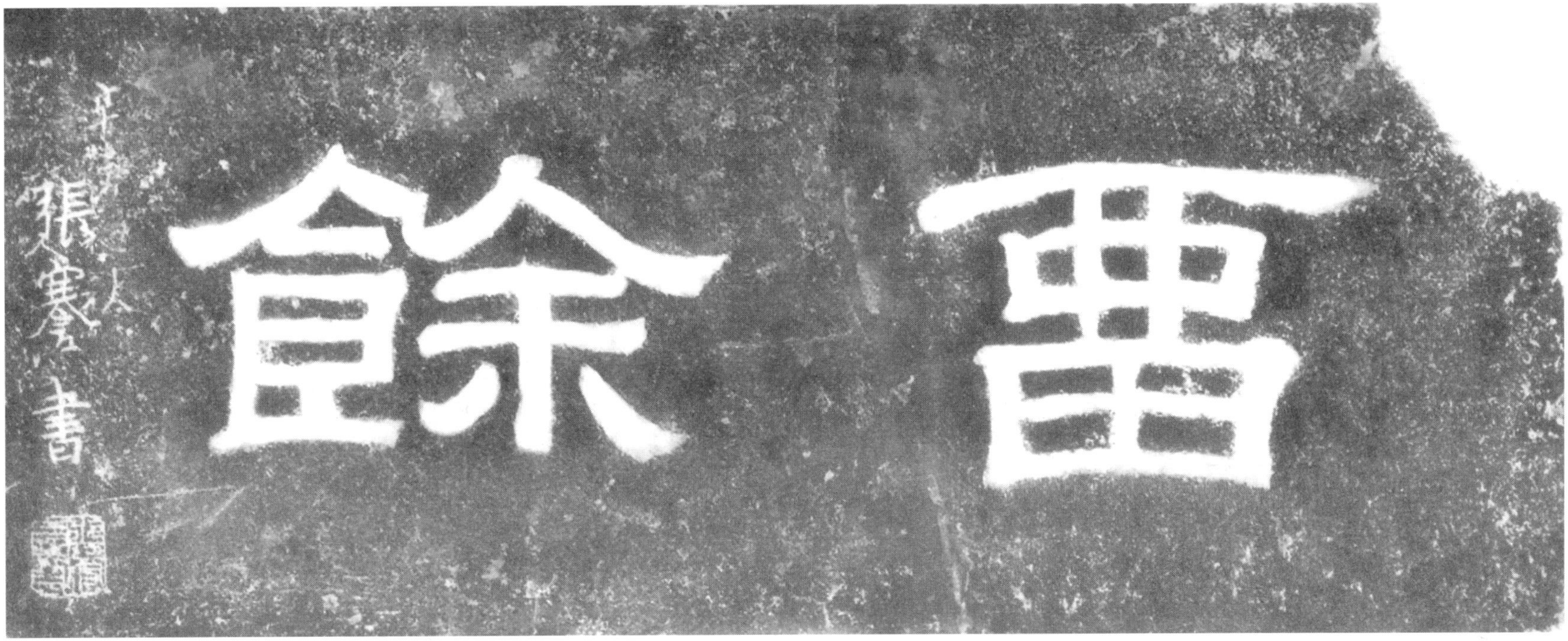

留餘　石額　民國

額高 0.29 米，横長 0.74 米，上刻隸書“留餘”二字，漢白玉質地。此額由張謇題書，原嵌於鎮江市區大西路山巷留餘巷道拱門上。石額早年斷裂黏結過。二〇〇三年山巷街道拆遷後流散民間，現保存在潤州道院。

張謇(一八五三—一九二六)，江蘇南通人，字季直，號嗇庵。十六歲中秀才，十一年後中舉人，二十年後中狀元，授翰林修撰。辛亥革命後任民國臨時政府實業部長等職，由於不滿袁世凱稱帝，辭職，後經營實業，興辦教育等。曾參與鎮江市大照電燈公司的投資，並任總董，著有《張謇日記》等。

瘦竹山房　匾額　民國十年(一九二一)

匾高 0.48 米,横長 1.48 米,厚 0.04 米,木質,匾上字由丹徒許其鬱手書。

許其鬱(一八七三—?),字文卿,號蕉雪,詩人、書畫家,世居鎮江諫壁月湖村,與同里王雪梅、夏筠雪友善,人稱“丹徒三雪”。晚年定居鎮江將軍巷,住宅取名“暢園”,内植瘦竹,自題“瘦竹山房”匾額。在此杜門謝客,詠詩作書。額字跌宕飛動,用筆方圓結合,以厚重爲主,每字筆劃在收筆處有飛白,顯得虚實相生,字不流俗。晚年著有《瘦竹山房詩畫合稿》。

潤州中學校　横額　民國九年(一九二〇)

碑額高 0.45 米,横長 1.85 米,厚 0.10 米,漢白玉質地。額中有“潤州中學校”五個楷書大字,款爲“西曆一千九百二十年”“韓天眷”等字樣,至今已有九十餘年的歷史,保存完好,現存于鎮江市賽珍珠紀念館。

據查有關史料,潤州中學校系美國基督教長老會於光緒十年(一八八四)在鎮江開辦,原名“潤州書院”。光緒二十七年(一九〇一)書院改爲中學堂,一九二七年四月停辦。

韓天眷,原籍鎮江,後考入上海美術專科學校,一九二六年畢業,曾任江蘇省立第九師范、中央大學、國立社會教育學院助教及教授。新中國成立後,在華北革命大學學習一年,後到甘肅西北師范學院、蘭州藝術學院任美術教授、藝術系主任。晚年客居揚州。

韓天眷所畫虫雀、八哥新穎別致,人稱“韓麻雀”。其書法四體皆精,魏體尤爲出色。此額書字楷書,魏法尤重,和他的書風相一致。

清修精舍　匾額　民國十五年(一九二六)

匾額高 0.49 米,横長 1.82 米,厚 0.32 米,木質地。匾額題字爲行書,書體豐潤,風格雅秀,間架平穩,由張壽齡所書。二〇〇六年十月二十三日焦山公園辦公樓修建時發現,經查此處是原焦山自然庵黄葉樓,此額可能就是掛在黄葉樓上的。

據《民國人物大辭典》記載:張壽齡,生於清同治九年(一八七〇),卒年不詳,字筱(小)松,號澹如,江蘇武進人。曾赴日本留學,歷任知縣、知州,辛亥革命後,任江蘇都督府秘書長,江蘇國税籌備處處長,兼江蘇財政司司長。一九一四年任北京政府財政部次長,後任徐世昌總統府顧問等職。此額爲民國十五年(一九二六)他重來焦山遊覽時書贈自然庵滌心和尚時題寫的。

陳氏先塋　橫額　民國二十五年(一九三六)

額高 0.42 米,橫長 2.70 米,白大理石質地,現位於鎮江南郊文苑石牌坊正面石門上。橫書“陳氏先塋”四個行楷大字,款爲“廿五年”“右任”五字,鈐一方印章,均爲陰刻。橫額在“文革”中墜地斷裂,整修後拼接完整,尚無大礙。

據民國六年(一九一七)《丹徒豐城陳氏支譜》記載:“吾族舊居潤南豐城,乾隆高祖容之公始遷城中,因卜兆于竹林寺之夾山,爲世藏魂之所”。“道光咸豐年間,陳氏三世塋葬於此,後建石門山下,曰:‘陳氏先塋’”。長期衆説紛紜的陳氏石坊由誰建的問題,現在終於有了結論。

于右任(一八七九—一九六四),我國著名的書法大家,原名伯循,字騷心、右任,號髯公,後以右任行世。光緒五年(一八七九)生於陝西三原縣,早年加入同盟會,爲國民黨元老之一。曾任陝西靖國軍總司令,國民黨監察院院長等職,一九六四年逝世於臺灣。先生擅詩詞,尤精書法,倡導草書的規范化,編有《標準草書千字文》,具有鮮明的風格。

延鼇垂蔭　横額　民國二十五年(一九三六)

額中“延鼇垂蔭”楷書四字,題寫在“陳氏先塋”石額的陰面,由譚澤闓題書。據一九九五年《書法報》記述:譚澤闓,生於一八八九年,卒於一九四七年,號瓶齋,湖南茶陵人,兩廣總督譚鍾麟之子。其工書法與兄延闓齊名,氣格近翁同和,雄渾腴美,爲藝林推重。寓滬與黄靄農、金息侯、程仰坡相過從,切磋八法,有“滬上四傑”之譽。傳世量墨迹較多,工詩爲書名所掩,著有《止義齋集》。

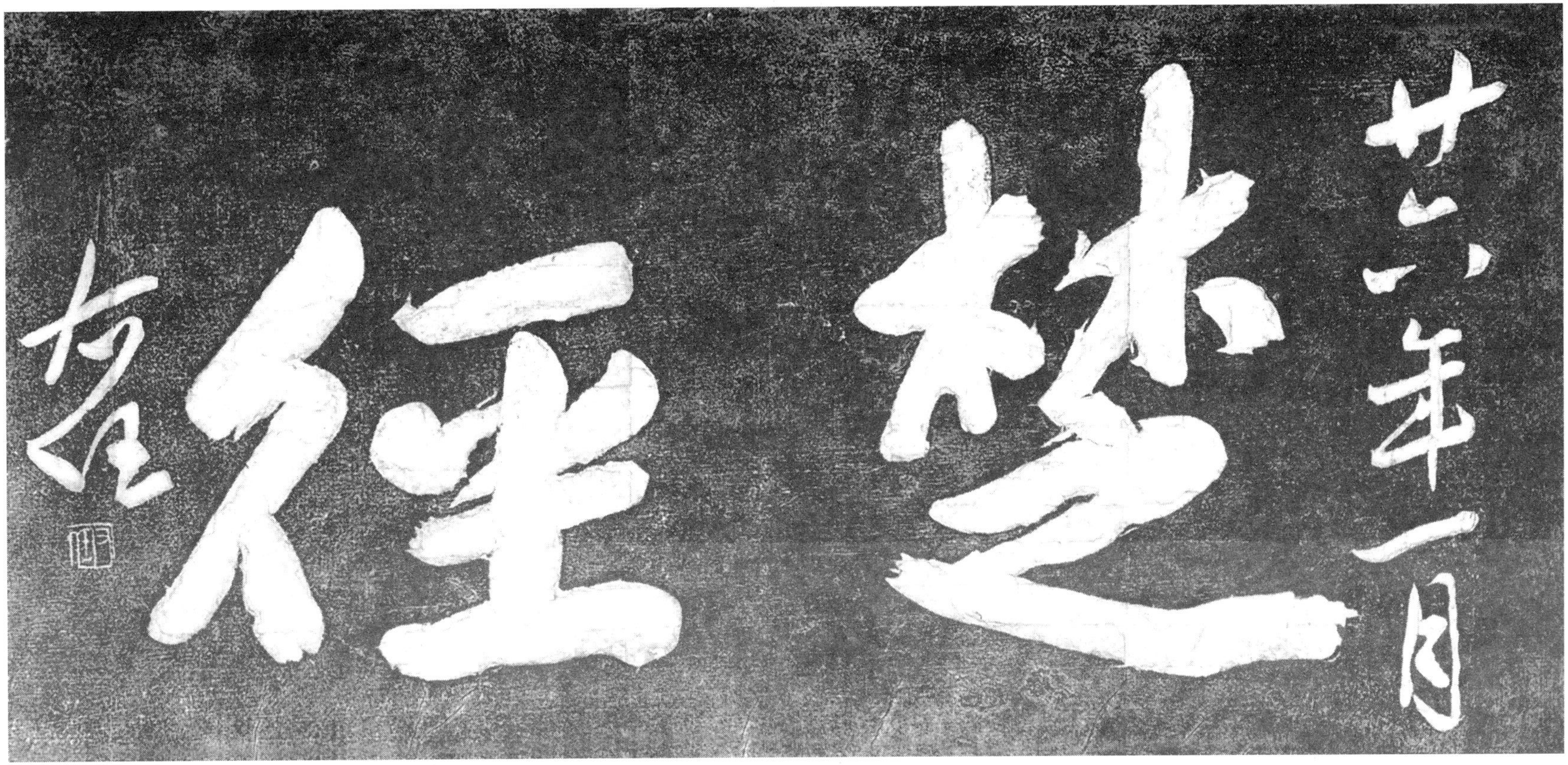

楚徑　石額　民國二十六年(一九三七)

石額高 0.38 米,横長 0.82 米,漢白玉質地,位於鎮江城西伯先路江南旅社旁巷道拱門上。民國二十六年(一九三七)刻石,至今八十餘年,完整無缺。此處是歷史上“吴楚要津”之地,亦有“楚河漢界”之意的雙重比喻,故簡稱“楚徑”。

該石刻是一件絶妙的作品,有奇險之態。“楚”字頂天立地,“徑”之上空下平,二字作不不均衡處理,而有變化。上款亦頂天立地,而下款“右任”二字緊臨“徑”字下押一方小朱文印,不求與上款對稱,又一變化。一般石額題字,講究平穩工整。而此石額,整體視之,像一大舟,在海中前行,極富動勢,這是書法中的技法造險也。

私立達仁學校　校額　民國

額高 0.56 米，橫長 2.48 米，白大理石質地，上刻有“私立達仁學校”六個隸書大字。上款爲“鎮江煤鐵鍋業公會”八字，下款爲“周佛海”三字，下鈐一方印章，現立於鎮江市中華路小學大門西側。“文革”初期險遭損壞。

一九三一年周佛海曾以江蘇省府委員兼任教育廳長至一九三九年，此額爲期間主管江蘇省教育廳之職時書寫的。

周佛海，湖南沅陵人，曾留學日本。一九三八年任國民黨中央宣傳部次長、代部長，南京中央大學講授黨義課時聲稱是共產黨員，第一次黨代會十二代表之一。抗戰中，周氏附逆成爲漢奸。

敏成别墅　横額　民國

額高 0.39 米，横長 1.44 米，白大理石質地，位於鎮江市解放路小學校史陳列室牆基上，由我國近代書畫大師、教育家，海派書畫領軍人物曾熙題書。經考，此額是一九二一年至一九二七年期間，爲鎮江颜料商淩煥曾創辦的“敏成學校”内住宅題寫的，至今已有九十多年的歷史，保存完整。該額字體線條渾厚老辣，天真、童趣，古樸方拙，體勢在楷隸之間。

曾熙（一八六一—一九三〇），字子緝，號嗣元，又號俟園，晚號農髯，湖南衡陽人。清光緒二十九年（一九〇三）進士，官兵部主事兼提學使及弼德院顧問，創辦湖南優級師范學堂，任湖南高等學堂（今湖南大學）監督，湖南教育會會長，辛亥革命後任湖南省議會副議長等職。一九一五年去上海鬻書畫賣詩文兼收門徒，張大千等學子拜入門下。當時他與清道人李瑞清相好，有“南曾北李”之稱。

懷民村　橫額　民國

額高 0.38 米，橫長 1.05 米，厚 0.10 米，位於鎮江市白蓮巷一帶，在城市改造中發現，由市文物管理委員會收集並保護。

據《鎮江市志》記載：陳懷民，一九一六年生，一九三八年卒，原名天民，鎮江市人，一九三八年考取國民黨中央航校，畢業後爲少尉飛行員，同年四月二十九日在武漢對日空戰中擊毁敵機多架，當自己的戰機中彈起火後，駕機與日機相撞，爲國壯烈捐軀，武漢人民將漢口一小街改名爲“懷民路”，以資紀念。

據資料記載：陳懷民出生於鎮江市白蓮巷二十九號（原門牌號），家鄉人民在其出生地立此碑紀念，巧合的是現代著名書畫家楊太晚就住在附近，並爲他題寫碑額。

楊太晚是本邑著名的書畫家，早年執教于南京高等師范學校，新中國成立後爲江蘇省文史館館員。其書法師承八大，“疏狂放逸”自成一家，懷民村牌額反映了他的風格。他著有《岳家軍》《題畫詩》《中國歷代繪畫之研究》等多部作品。

西郊小築　石額　民國二十七年(一九三八)

額高 0.34 米,横長 0.71 米,漢白玉質地。額題“西郊小築”四字爲隶書體,上款爲“戊寅七月既望”六字,下款爲“圖南雁聲”四字,下鈐一方姓名白文印,上篆“南徐王賓”四字。字屬隸書,結體嚴謹,氣質端莊肅穆,以圓筆爲主,近華山碑法。

據姚劍華著述的《姚家橋》一書記載:原在姚家橋鎮西郊高坡上築了一座更樓,防匪侵害,後來又在更樓外加築兩米高圍牆加固,以防匪徒翻越,並在圍牆院門旁嵌了一方石額,上書“西郊小築”字樣,這就是小築的由來。

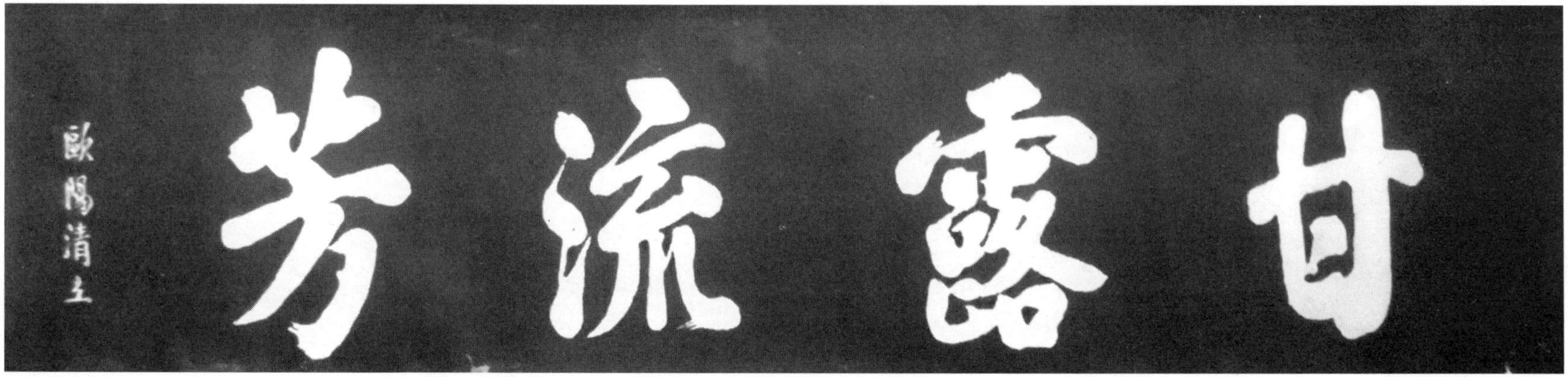

甘露流芳　横額

額高 0.28 米，横長 1.20 米，漢白玉質地，上書“甘露流芳”四個楷書大字，原落款爲“歐陽清立書”五個小楷字，其中“書”字現已損，位於北固山。題字由歐陽清書寫，其字中規中矩，平穩大方，書風雅俗。歐陽清生平不詳。

寶藏庫　石額

額高 0.155 米,横長 0.475 米,厚 0.04 米,白大理石質地。石額上三字粗細疏密,筆筆起止提按分明,很有筋骨,是柳公權的書風。

小孟湖地段原有一座太平庵,巷道以庵名。一九八九年此處開發建住宅,庵牆拆毁,石額散落民間,後在王三元巷一户李姓人家發現。據查,新中國成立以前,太平庵暫停已故人的棺木(存屍體),故名太平庵。庵牆開穴嵌額其上,奠祭已故人焚燒紙錢的焚爐叫“寶藏庫”。

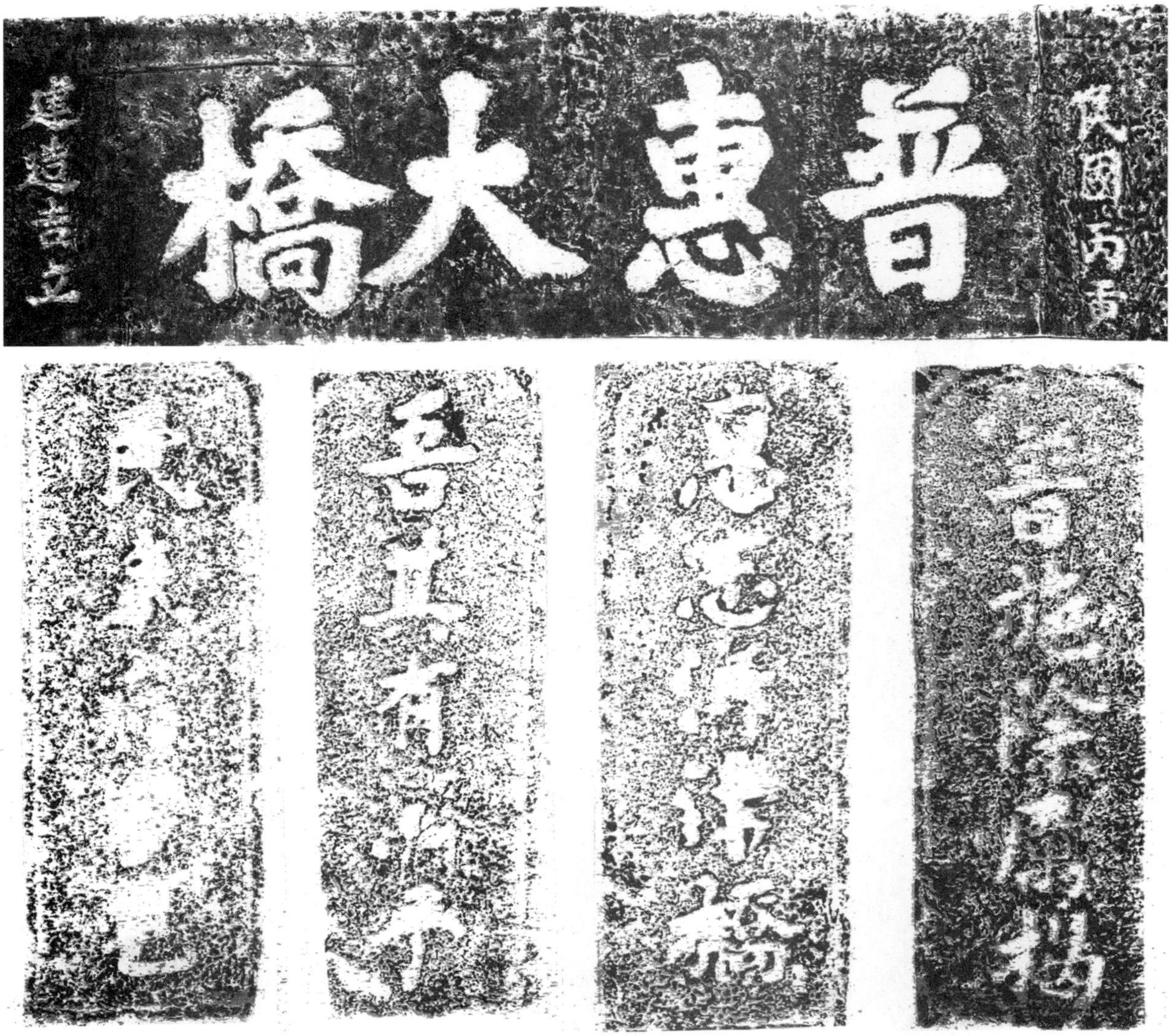

普惠大橋　石額　民國十五年(一九二六)

額高 0.25 米,横長 0.90 米,柱頭聯均高 0.52 米,横長 0.17 米,均爲楷書陽刻,花崗岩質地,現位於丹徒區石馬鎮西斛村村南農田小河上。普惠大桥爲單孔拱石橋,南北走向,造型優美,是石刻與書法楹聯相結合的藝術産物。

柱頭聯計二楹,楹聯殘損六字。橋額字口清晰,字體厚重雄健,茂密圓潤,是颜字筆意。額題字和楹聯爲鄉里人書法家書寫,其字不失大家風范,楹聯有除惡揚善之意。

楹聯附録如下:

普施除厲揭
惠志□□橋

吾其有濟乎
民□病□□

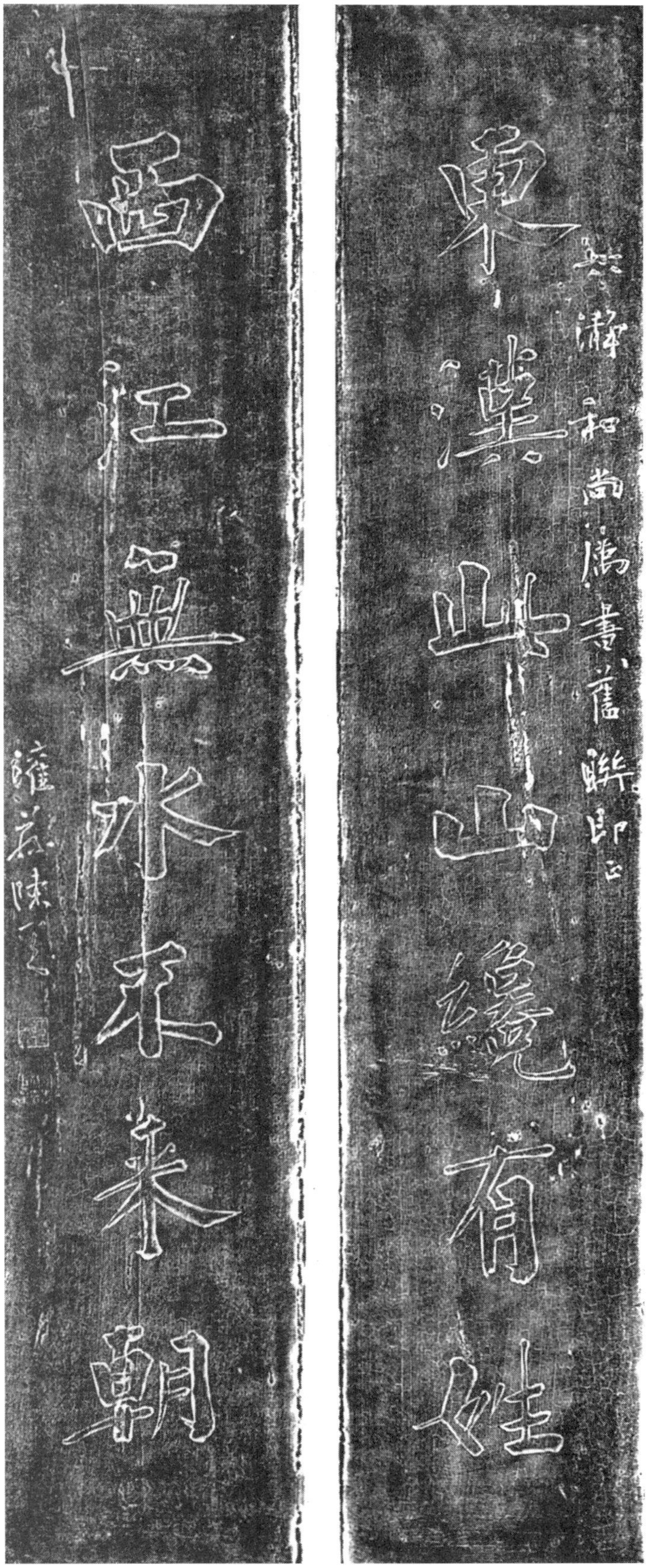

焦山自然庵屏風楹聯之一

上聯爲『東漢此山纔有姓』

下聯爲『西江無水不來朝』

焦山自然庵庵主六瀞和尚用灌蓀陳天贈聯刻之，爲楷書，有唐楷顔柳遺風，用筆爽朗輕快。

焦山自然庵屏風楹聯之二

上聯爲『觀水悟文情極樂』

下聯爲『靜觀流水樂長年』

焦山自然庵庵主鶴山禪師用賓穀贈聯刻之，其字有帖學和晉人遺風，有明人行書氣。曾燠（一七六〇—一八三一），字庶蕃，號賓穀，南城（今屬江西）人，清乾隆進士，累官至兩淮鹽運使，著有《賞雨茅屋集》等。

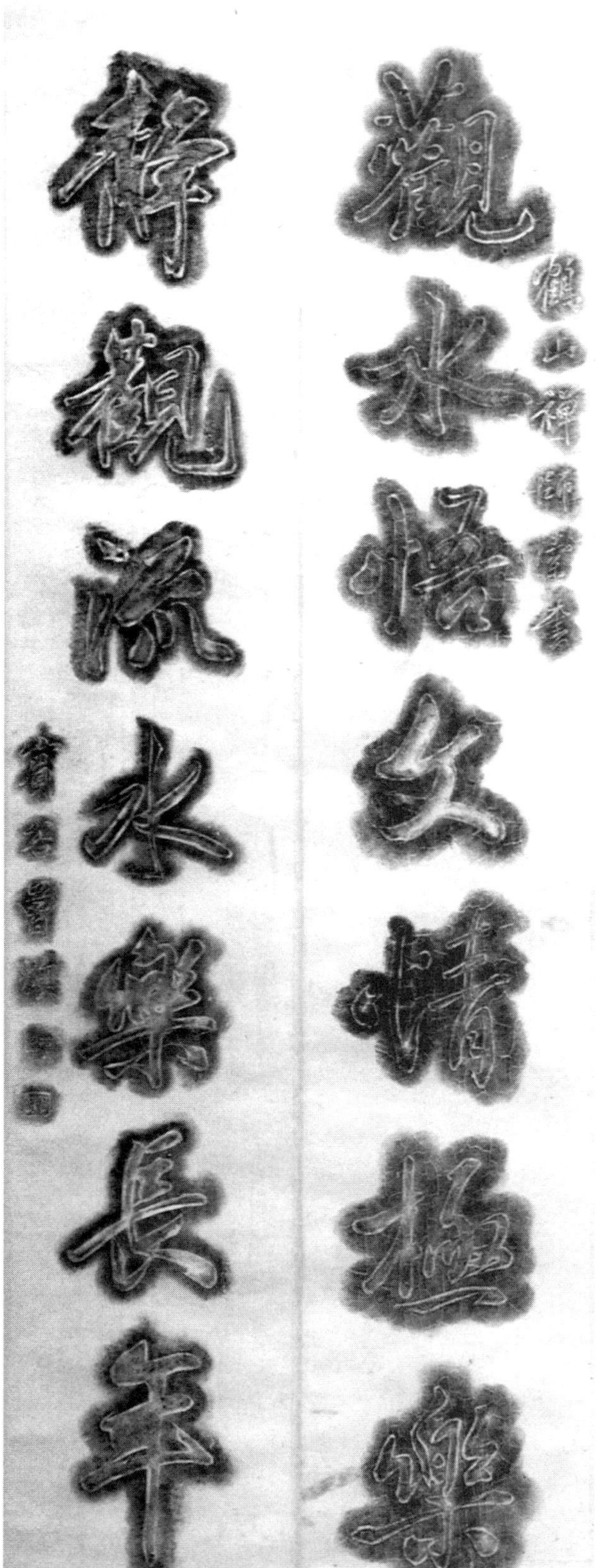

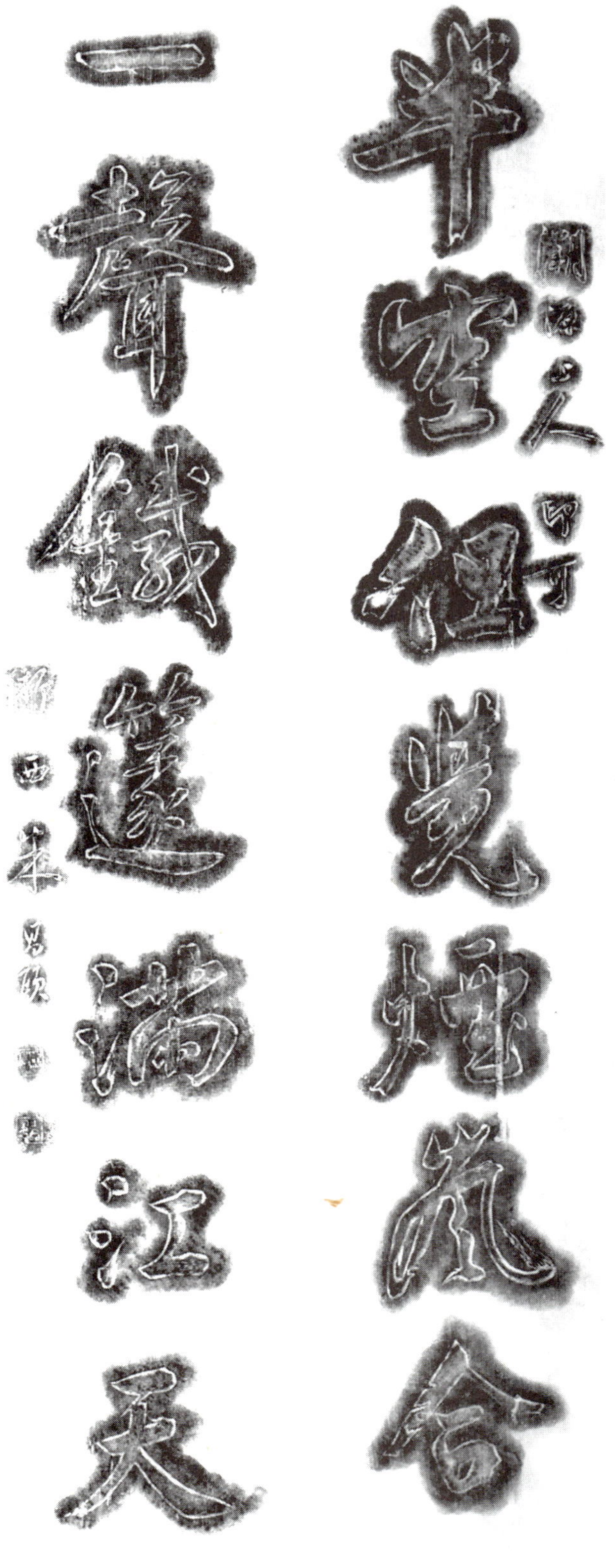

焦山自然庵屏風楹聯之三

上聯爲『半空但覺煙嵐合』

下聯爲『一聲鐵篴滿江天』

焦山自然庵庵主溯源上人索浙西朱昌頤楹聯刻之。聯字書寫恬淡自然，有明清文人的書風。朱昌頤（一七八四—一八五五），字吉求，號正甫，又號朵山，海鹽人。道光丙戌狀元。授編修，歷官吏科給事中，著有《鶴天鯨海焚餘稿》。

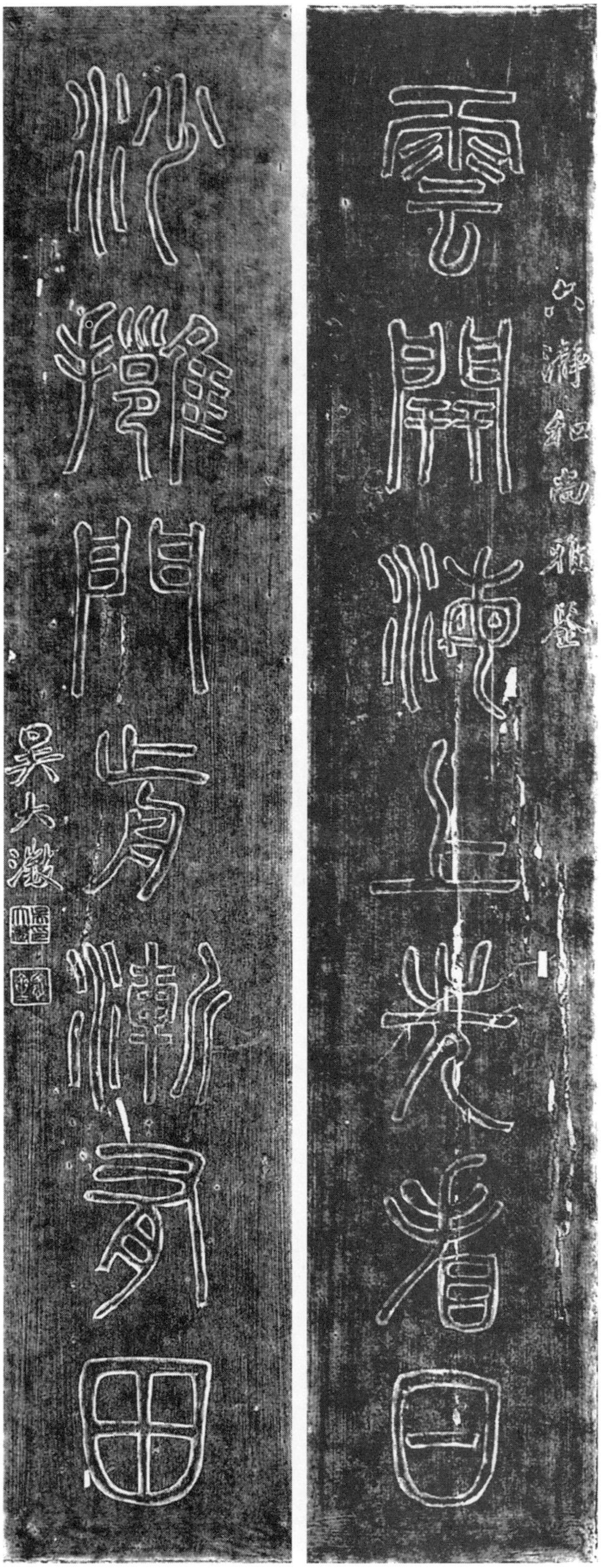

焦山自然庵屏風楹聯之四

上聯爲『雲開海上先看日』

下聯爲『沙擁門前漸有田』

焦山自然庵庵主六瀞和尚索吴大澂楹聯刻之。聯字書寫規矩整齊，開張舒朗，參石鼓文筆法。

以上四聯分刻在八塊屏風板上，高1.26米，横長0.25米，采用雙鉤綫條上板，然後用刀刻之。二〇〇六年焦山公園修建辦公樓時，在樓上天花板裏發現(即原焦山自然庵黄葉樓)。

據《焦山志》記載：『一九三七年，日寇轟炸、侵占焦山爲甚。寺藏珍寶遭焚毁掠劫，幾乎散失殆盡。』或是自然庵庵主見來不及轉出，急時就地隱匿。七十六年後，才得以重見天日。第一和第四聯均直接寫焦山的歷史和滄桑之變。這四副楹聯大約是光緒至民國時的墨迹。

自然庵是『焦山諸勝之首』，園林佈局精巧，景色宜人，書畫藏之也多。庵主多有詩詞書畫之善能，并且出衆，來者都願與他們交友、唱和、潑墨。

珍珠亭楹聯三副　民國十八年（一九二九）

聯石高 3.18 米，横長 0.29 米，花崗岩質地。二〇一一年筆者游南山時，在珍珠水庫南山丘上發現六根亭柱，上鐫刻對聯，聯語如下：

訪戴造山門　深入桃林忘世態

慕蘇留好句　清流明日映珠光

明珠流日夜　印我禪心

盤谷嬝清幽　動人歸思

人傑地靈　沐日浴月

山輝川媚　藴玉懷珠

珍珠泉，又叫真珠泉，位於招隱山北麓，宋代李廸構建亭，名珍珠亭。明朝詩人畫家陳永年曾有詩《珍珠泉》記之；清代也有詩人寫詩，以後泉亭逐漸消失，民國十八年（一九二九）十月又在原址重建（見興復招隱山建置年月碑）。一九五三年此處造水庫，將泉亭遷移到水庫大壩南山坡上，保留下來，『文革』後，因年久失修傾倒，長期無人過問才被湮沒。此三副聯均爲本邑知名人士的墨迹。第一副落款爲『味秋軒主人』，味秋軒爲民國時期本邑實業家吴寄塵，他善書法、詩文，藏書近萬餘册，曾協助南通張謇擔任南通大生紗廠經理。一九三三年發起成立『紹宗藏書樓籌備委員會』。一九三五年因病在紹宗藏書樓休養，當年八月病逝。第二副爲楷書，經裴偉先生考證，仍似吴寄塵所作（見京江晚報《也説珠泉亭楹聯》一文）。第三副爲篆書，款識由邑人李丙榮撰，蘇澗寬書。李丙榮（一八六一—一九三九），詞人，方志編纂家。附貢生官至授安徽候補縣丞署按察司照磨兼署司獄，終年七十二歲。蘇澗寬（一八七六—一九四二）近代書畫家、金石家，字碩人，號考盤居士，蒙古鑲黄旗人，落籍鎮江，一九三八年遷居上海。一九四二病逝於滬上，終年六十五歲。

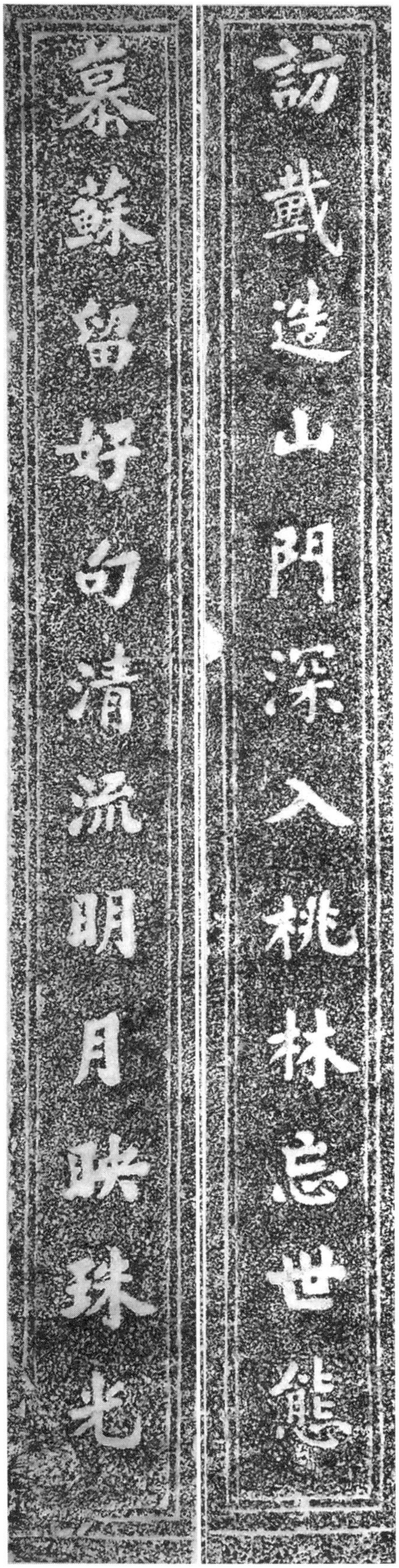

（一）

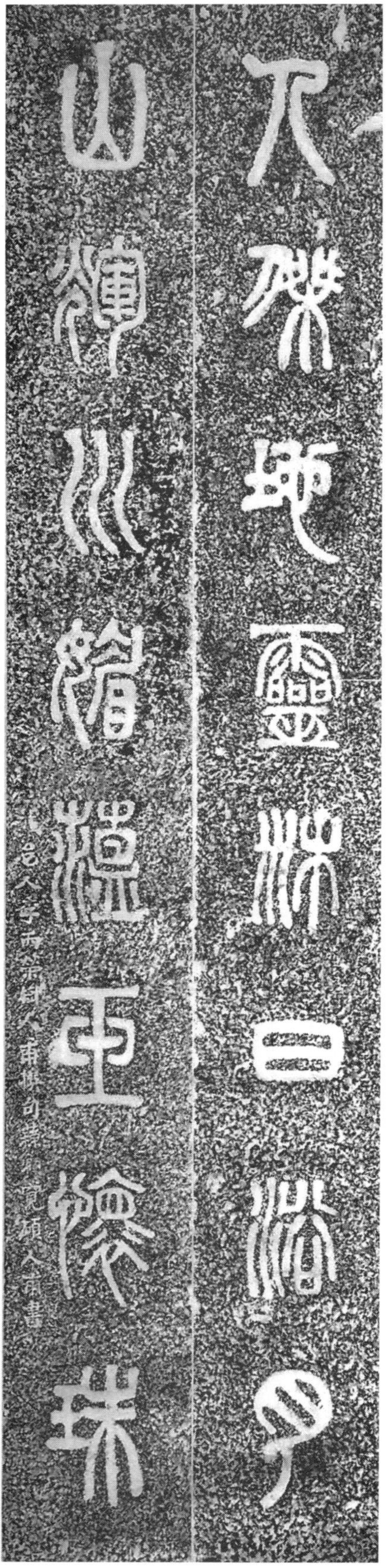

（三）

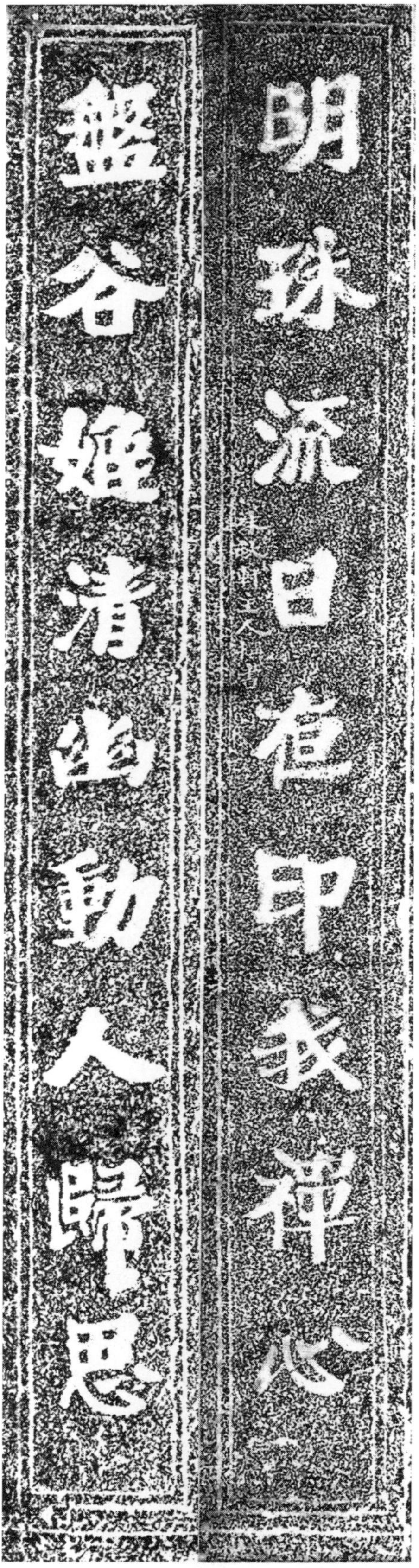

（二）

馬家墳碑亭楹聯二副　民國二十五年（一九三六）

聯石均高 2.02 米，横長 0.30 米，花崗岩石質，撰刻於民國二十五年（一九三六）。

第一副：

玉潔冰清堅貞克守

山環水抱靈秀所锺

第二副：

畫荻丸熊頗徵苦志

貞松勁柏長護幽靈

（一）

上兩副楹聯寫馬席珍之母恭儉婉順，撫孤茹苦，教育子女成人，克守婦道，受到親戚、鄉里的尊敬，連山和水見了都有所鍾情，『你的苦心都有好報，松柏長護著你』。

第一副由民國二十五年（一九三六）江蘇省建設廳廳長沈百先撰並書。

第二副由許沅書。許沅，字秋帆，鎮江人，畢業于南京同文書院。民國初年任外交部上海交涉使，管理上海對外及租界事務，深受國人信賴。一九二七年棄政從商，自理上海大中華飯店，并在南京中央飯店任董事長。在鎮江開辦丁卯學校，出資興建金山活動大橋，協資興修水利，九十五歲卒。聯語題字，非常認真，一絲不苟，筆力遒勁，每字神完氣足。

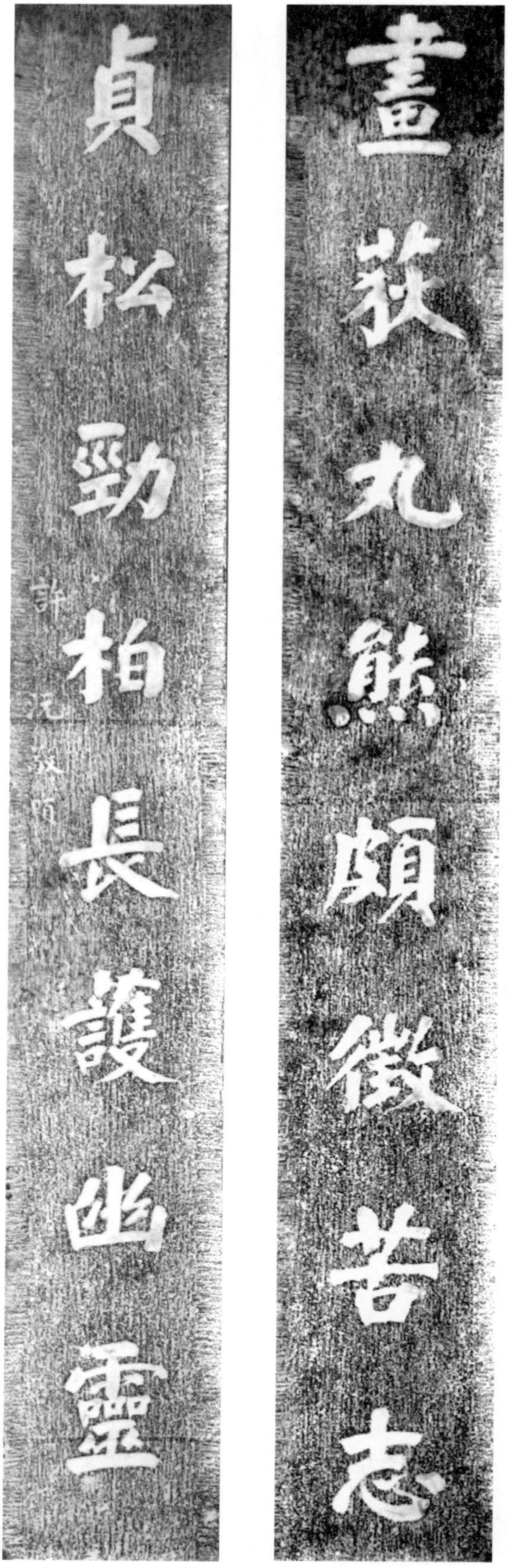

（二）

竹林寺邑江亭楹聯　民國十五年（一九二六）

上聯爲『江流山色晴空外』

下聯爲『笠景鐘聲夕照中』

聯石高 2.0 米，橫長 0.30 米，花崗岩質地。上鐫刻篆書體，由鎮江知名金融家李錫純書，此聯寫登上挹江亭可眺山光水色，俯視古寺，可聞暮鼓晨鍾，好似一幅深山藏古寺的美妙圖畫。

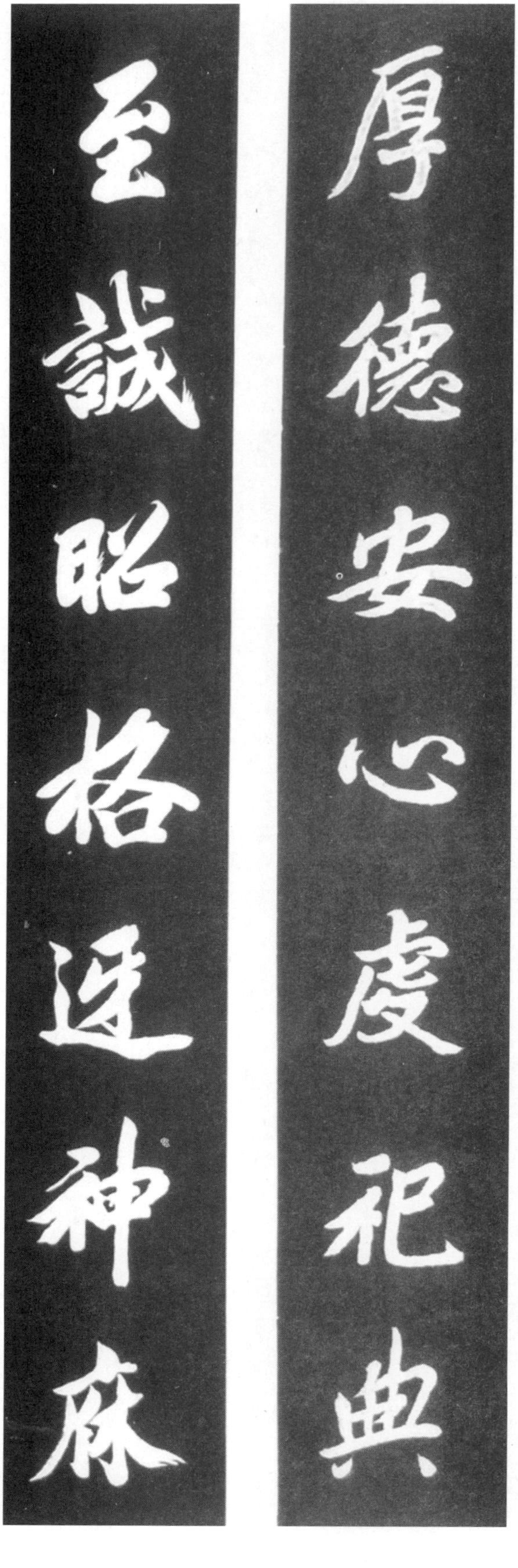

徐東村土地祠楹聯

聯石高 0.69 米，橫長 0.42 米，白石質地，位於丹徒區辛豐鎮徐東村土地祠大門兩側。

上聯爲『厚德安心虔祀典』

下聯爲『至誠昭格迓神庥』

相傳該聯和門額爲王文治所題。經查，徐東村一伙夫（燒飯的）隨王文治在外多年，王歸里後，伙夫提出回家探望父母，主人答應。誰知他一回到村裏，便幫村裏修土地廟，忙完募資後才回鎮江。主人見他遲歸就批評了幾句，伙夫只好如實回話。主人一聽此話，不但不再批評，還當面表揚他：『你心還誠呢！』主人又問：『可有人題字？』伙夫便説没有，王文治就主動要求爲其題寫，寫好後伙夫連晚送回村裏。第二天土地廟上横額和聯石都已刻好並嵌於廟牆上。『文革』破四舊時，土地廟被拆，該聯和石額在河塘邊當腳石，村中老者見此，將此石收藏起來，『文革』結束後，廟又重建，聯石便又嵌於廟上，恢復當年的原樣。

近幾年，廈門大學、日本、香港相關研究王文治的學者、教授紛紛來此考察拓片。

宗澤墓石坊聯　民國二十六年（一九三七）

聯石高 1.40 米，横長 0.50 米，花崗岩質地，位於東郊京峴山北麓宗澤墓石牌坊正面石柱上。上聯爲『大宋瀕危撐一柱』，下聯爲『英雄垂死尚三呼』，由易君左撰並書。據浙江義烏宗澤後裔民國纂修的《麒麟塘宗氏家譜》記載：『（鎮江通訊）此墓於抗戰初期（一九三七年季春）修葺宗澤墓時所立是無疑的，其聯語由江蘇省文聯文藝協會負責人易君左撰並書。』

楹聯概括了宗澤老英雄一生，用典悲狀，對仗工整，字體渾厚有力，反映了易君左深厚的文學、書法功底。

易君左（一八九九—一九七二），湖南省漢壽縣人，北京大學文學士，早年留學日本早稻田大學獲碩士學位。回國後，從事報業文化工作。一九四九年去臺灣，在香港、臺灣大學任教。

宗澤，字汝霖，浙江義烏人，抗金名將，民族英雄，曾上書高宗，趁勝追擊金兵，渡過黄河收復失地，未被采納。臨終前，連續三呼『渡河殺賊』，死後追謚忠簡。岳飛同宗澤子扶柩鎮江與陳氏夫人合葬在京峴山。

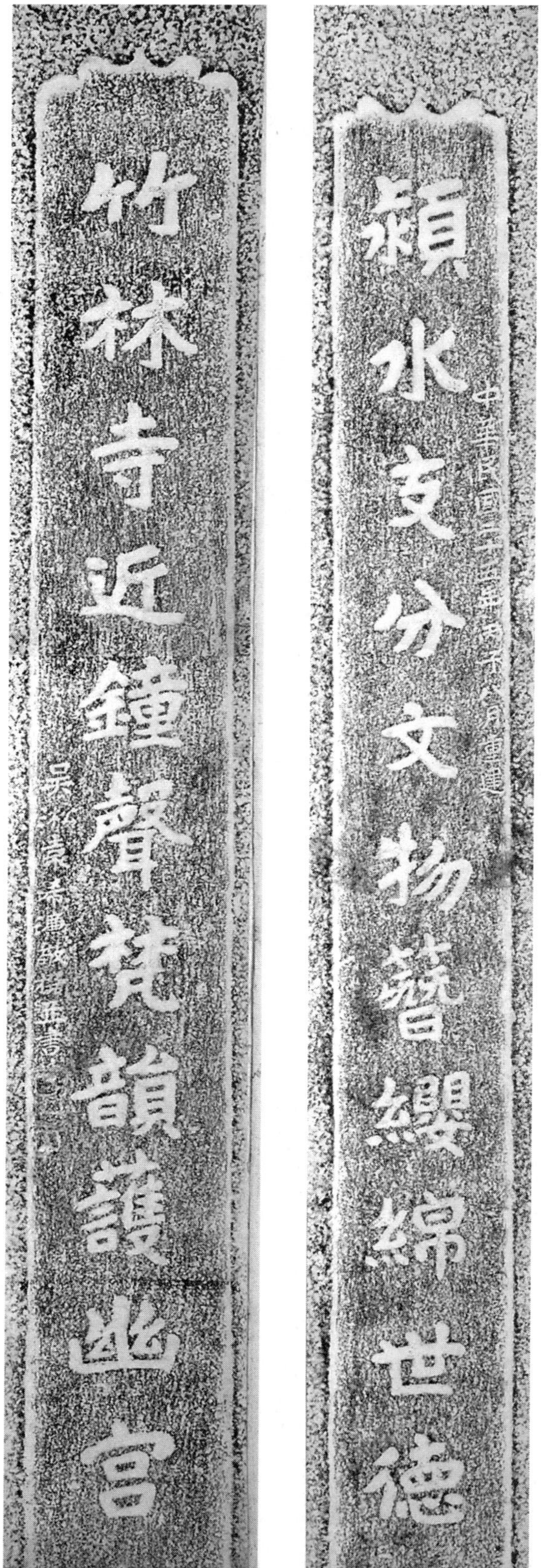

陳氏先塋石門聯　民國二十五年（一九三六）

聯石高 2.39 米，橫長 0.26 米，上聯爲『潁水支分文物簪纓綿世德』，下聯爲『竹林寺近鍾聲梵韻護幽宮』，鎸刻在石門正面的花崗岩石柱上，位於南郊竹林寺東南夾山中。上聯寫陳氏源於潁川（潁水）世代爲官傳之現在；下聯説先塋臨近竹林寺，而山靜寺幽守護著『先塋』。

楹聯由袁希濂撰並書，字爲楷體，有魏碑筆意。

緬怀先烈
啟迪后人
題趙伯先紀念館
何魯麗
二〇〇〇年十月

趙伯先紀念館楹聯　二〇〇〇年

聯高2.38米，橫長0.34米，木質柱聯，位於伯先公園內趙伯先紀念館。聯語簡潔，對仗工整，通俗易懂，由何魯麗先生撰聯並書，字爲楷書，渾厚有力，有巾幗不讓鬚眉之氣勢。

何魯麗，女，一九三四年六月出生，山東菏澤人。一九五七年畢業于北京醫學院，曾任全國政協副主席。一九八六年四月加入民革，任民革中央主席等職。

招隱寺玉蕊亭楹聯之一

聯高 1.94 米，橫長 0.29 米，花崗岩質地，隸書陰刻，民國十五年（一九二六）由邑人張長慶撰聯并書。結字方整，字間疏朗，呈漢隸風格。

上聯爲『華雨憶繽紛，問幾時玉蘂重開，頻來避世』

下聯爲『海天當指顧，任終古石帆高掛，懶去乘風』

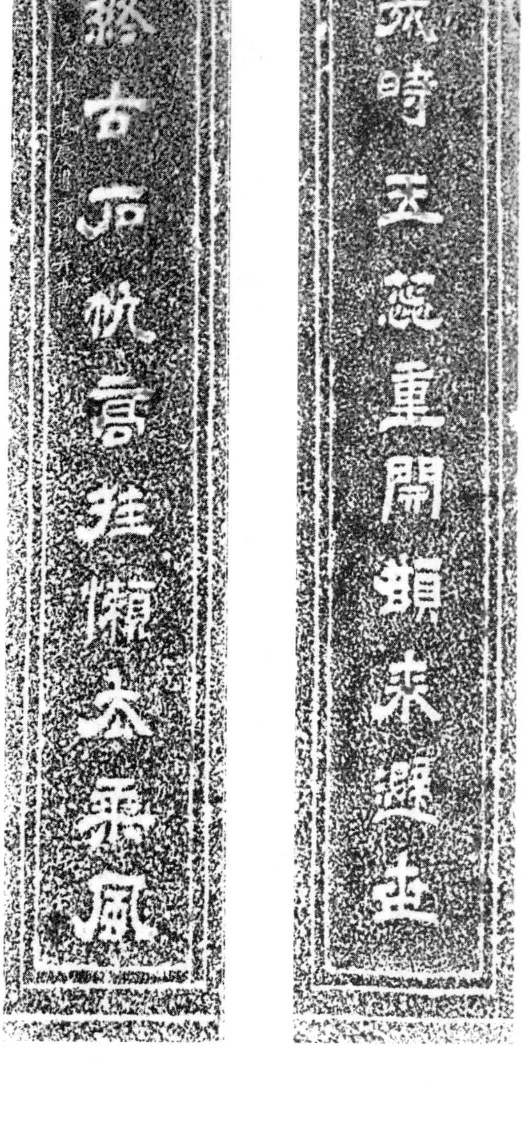

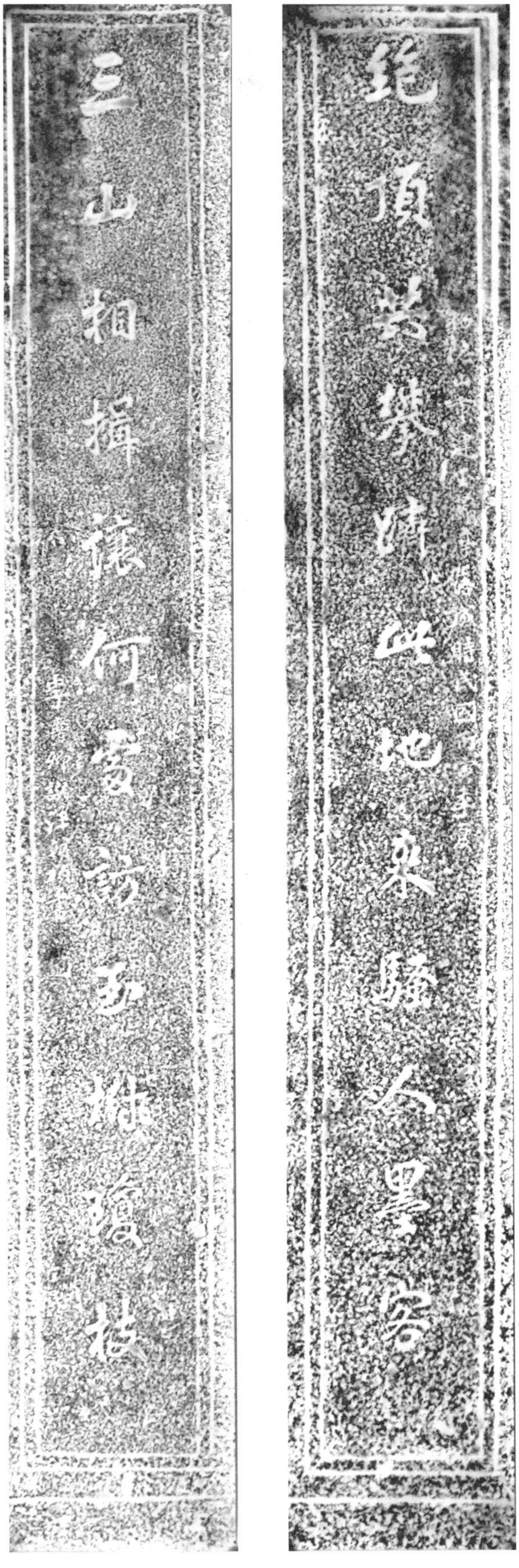

招隱寺玉蕊亭楹聯之二

聯高 1.94 米，横長 0.29 米，花崗岩質，行書陰刻，民國十五年（一九二六）由招隱寺輝山上人募資重建，李壽卿撰，汪朝楨書。

上聯爲『絶頂共攀躋，此地來騷人墨客』

下聯爲『三山相揖讓，何處訪玉樹瓊枝』

招隱寺玉蕊亭楹聯之三

聯高 1.94 米，橫長 0.29 米，花崗岩質地，行楷書體陰刻，民國十五年（一九二六）由邑人李丙榮撰聯，范承銜書。

上聯爲『傑構幸重興久仰宗風食先德』

下聯爲『仙葩渺何許長留佳話在名山』

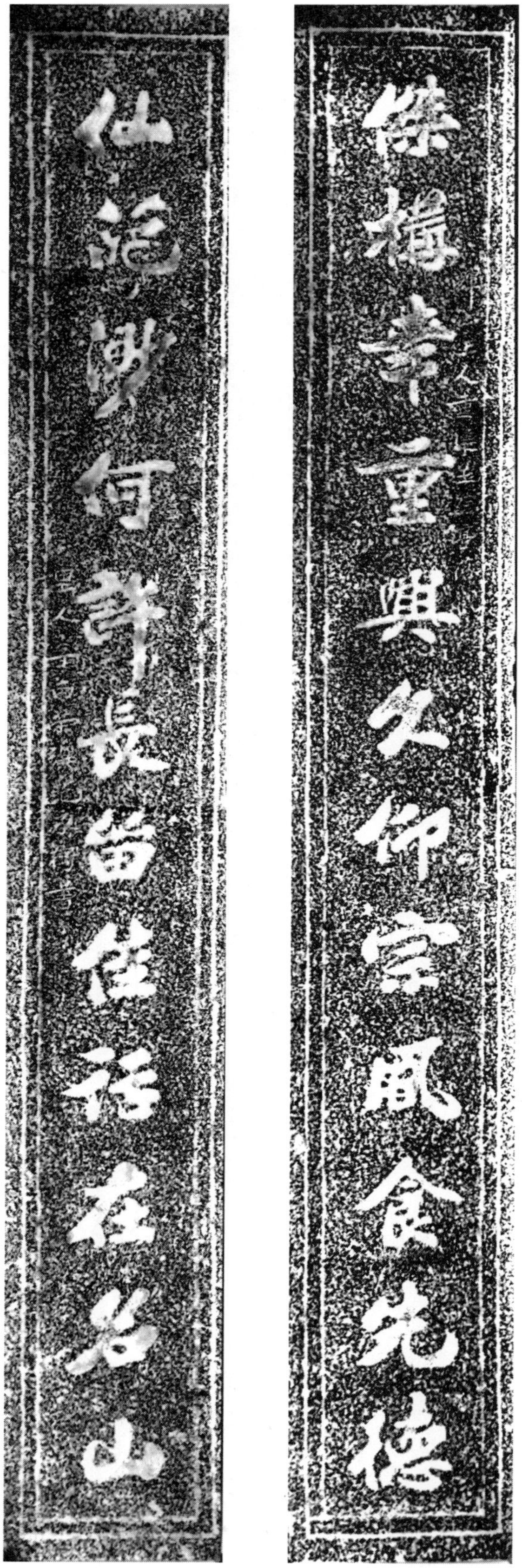

題記·石刻類

瘞鶴銘壯觀亭石刻　摩崖　宋

石高 0.82 米，橫長 1.60 米，位於焦山西麓棧道壁上石刻。不知何時墜入江中，來者無法尋覓，只好在壯觀亭處心追神往，觀看仿刻的瘞鶴銘石刻，這就是後人説的壯觀亭别刻本。該拓本于一九八〇年從街市中購得，應是民國拓本，約五十餘字，字口清晰。余曾向焦山碑刻博物館的專家請教，答曰："現在無法拓到，因岩石風化嚴重，現在不可能有這件拓本清晰"，足見珍貴。

蓮花洞摩崖題記　明萬曆

石高 0.46 米,横長 1.04 米,題刻位於潤州區原蔣喬鄉檀山村白龍崗山北坡蓮花洞口前的蓮花石上,上有“雲峰”二個草書大字,上款爲“敬度王爲”,下款为“竹隱上人題”。崖字陰刻在凹凸不平、風化嚴重的岩石上,至今已有四百三十餘年的歷史。

石上“雲峰”二字爲草書,圓潤遒勁,筆劃簡潔,方圓結合,提按分明,局勢大氣。

據清光緒《丹徒縣志》記載:“相傳明代萬曆年間奇然和尚得龍骨(即化石)於此洞”,另一説《鶴林寺志》記載:“明萬曆三十八年鶴林寺明賢和尚發現並新闢的”,故爲明代題刻較爲合理。

招隱寺賦碑　明代

碑高 0.46 米，橫長 1.02 米，據《招隱山志》卷五記載，此賦有全文，嵌於讀書臺北側墻壁，保存完好，爲李生渠、李生勳、童生舉、王生雲四人勒石。明代招隱寺有題詠詩、賦等十餘塊碑，後來都毀壞，現僅存《招隱寺賦碑》一方。

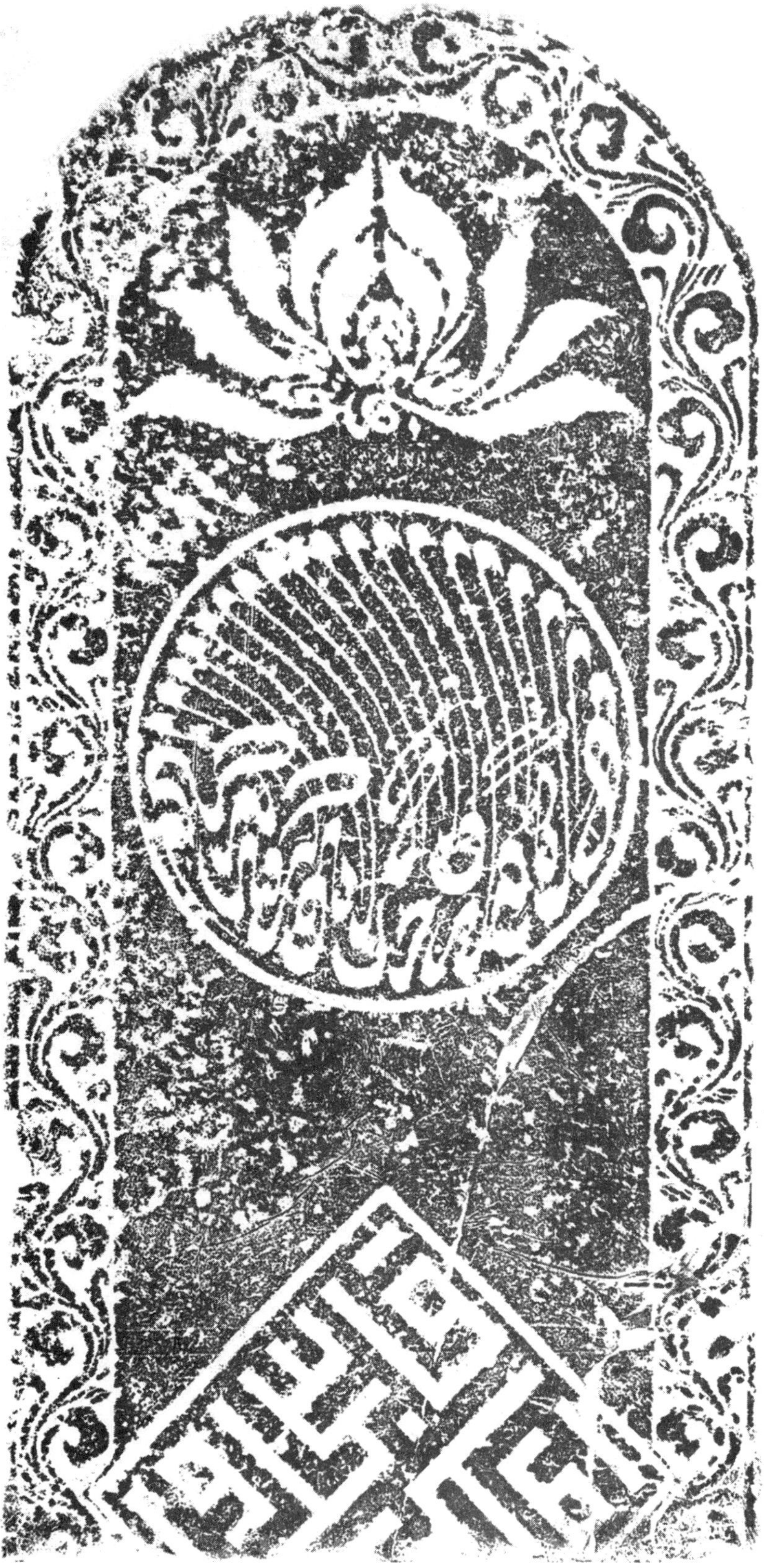

清真寺朝向碑　明

碑高 1.30 米，橫長 0.58 米，厚 0.15 米，漢白玉質地。碑頂呈圓形，周有卷葉紋，位於鎮江城剪子巷禮拜寺，現移至學府路清真寺保護。據有關專家考證，其爲明代産物。該碑原立于我市南門外大街苗家巷清真寺内，因戰火，寺毁，長期流失民間，一九八三年夏容光老人發現并保護起來。

碑文分上、中、下三部分：上呈荷花狀，意爲奉至仁至慈真主之尊名；中爲圓形式，意爲萬物非主，唯有至仁至慈的真主穆罕默德是真主的使者；下似正方菱形，由於碑文殘缺，難以説準，可能爲勸人進行伊斯蘭拜功等意。碑文均爲阿拉伯文字，在形制和紋飾上受到中國傳統文化的影響，是一件中西藝術相結合的石刻産物，也是一件伊斯蘭教珍貴文物和阿拉伯文最古老的『庫法體』書法藝術珍品。

此碑對研究鎮江市清真寺的分佈，考證伊斯蘭教传入鎮江的時間，以及探討阿拉伯文的書法藝術等方面有著重要的價值。

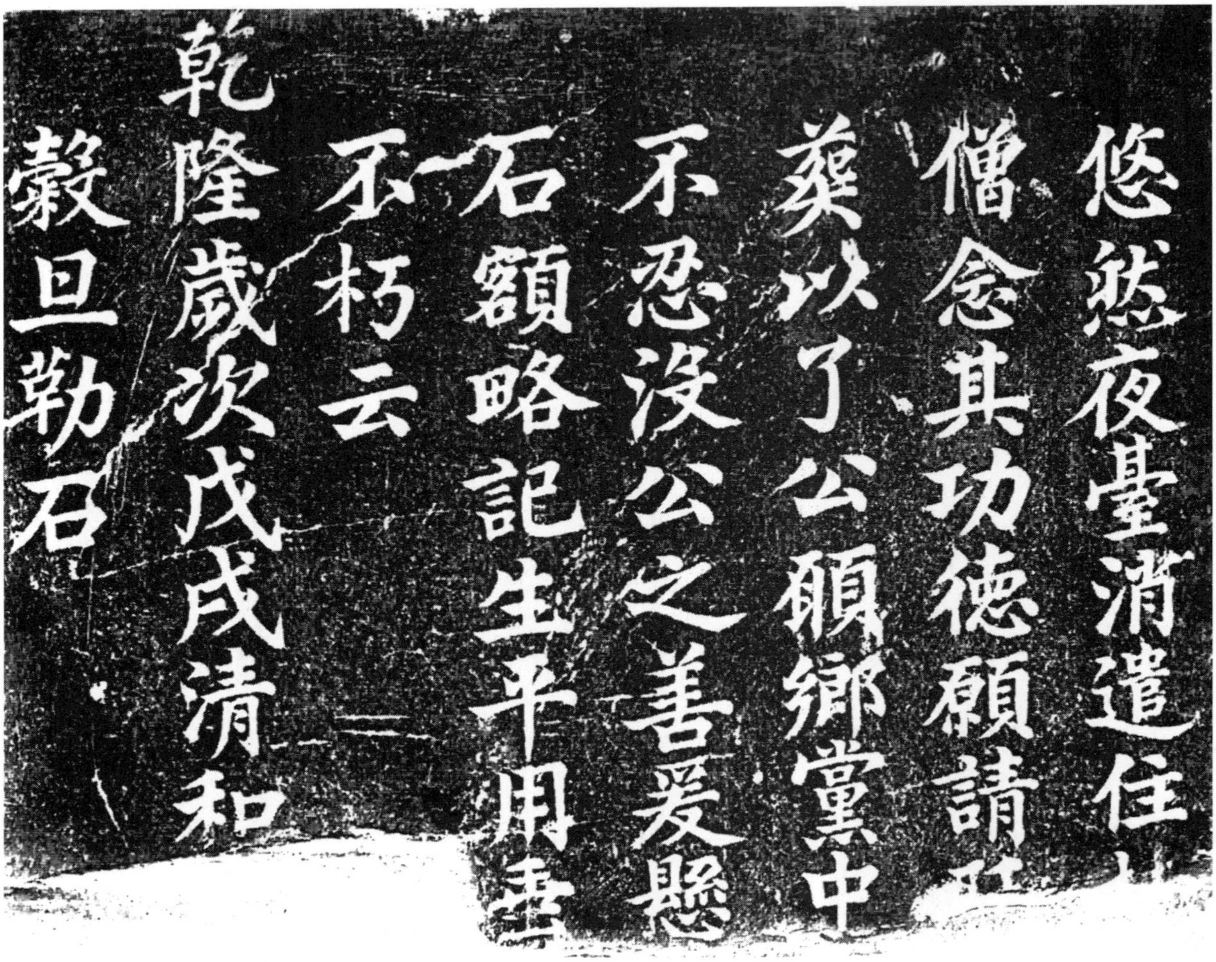
悠然夜臺消遣住
僧念其功德願請
藥以了公願鄉黨中
不忍沒公之善爱懸
石額略記生平用壽
不朽云
乾隆歲次戊戌清和
穀旦勒石

題額　清乾隆四十三年(一七七八)

現存殘額高 0.39 米,横長 0.49 米,青石質地。石碑下部可能缺失,上部正文四十三字損二字,加款共五十三字,字爲楷書,現嵌於招隱寺讀書臺北碑壁上。額中短文寫的是何人,因碑下段缺失不得而知。但文中寫的是對招隱寺有過"善愛"之舉的人,當家大和尚給他立碑,記載他的生平,以昭後者。

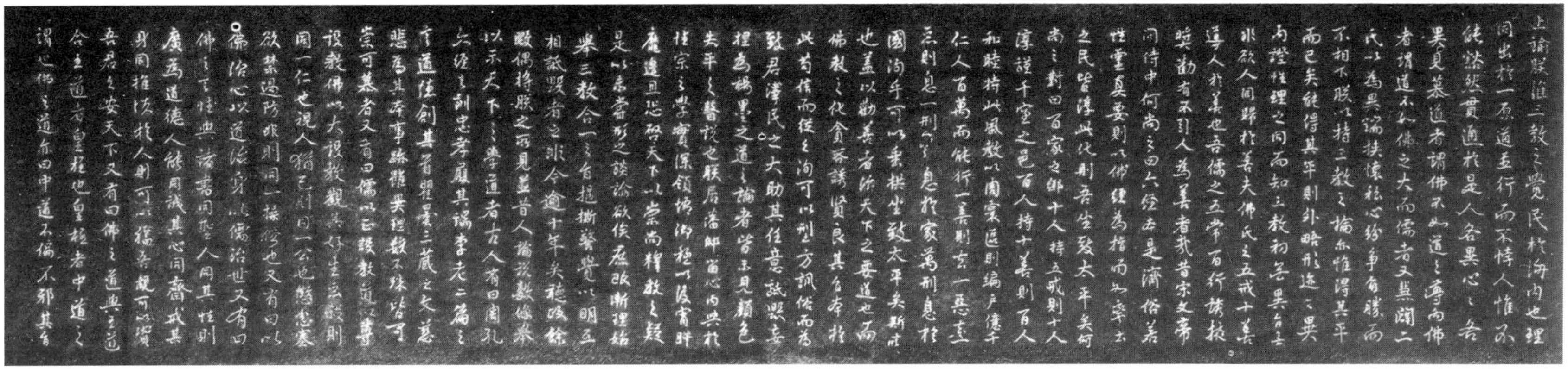

達如書《雍正帝論三教合一》 碑　清雍正十一年(一七三三)

石刻共两方，每方高 0.56 米，横長 1.50 米，青石質地，現位於南山竹林寺大殿遺址北側偏殿牆壁上，保存完整。碑文行書共九十七行，每行十三至十五字不等，計一千三百二十七字，用筆輕妙流暢，靈活秀麗，有書卷氣，碑文刻工精湛，少見著録。碑文記述清朝雍正皇帝論述釋道儒三教，應相和不争的理念，所以該碑具有很高的宗教思想研究價值。

據民國三十年震華法師所撰的《夾山葉集》收録的“恒贊禪師塔銘”曰：“恒贊，别號達如(一七六二—一八四〇)，清僧，廣州南海西樵大沙河氏子。”清嘉慶四年主持竹林寺講席至十六年，前後共十二年，十七年主席天寧寺，師以宏法爲己任，大開爐宗風韝。道光十一年謝院事，退居一室，面壁澄觀兼修净業。道光二十年(一八〇〇)圓寂，世壽七十九，塔建夾山竹林寺净祖塔院左，著有《佛祖心髓》《次寒山拾得詩》《恒贊達如禪師語録》十卷。

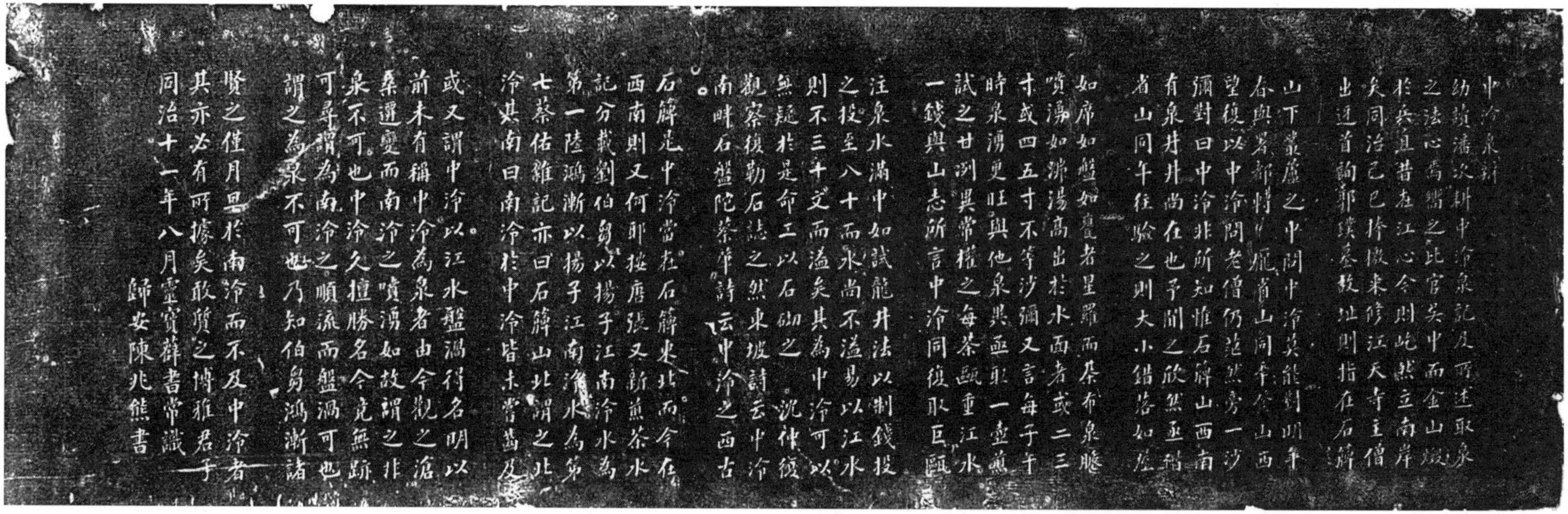

中泠泉辯碑　清同治十一年(一八七二)

碑高 0.35 米,横長 1.10 米,青石質地,字體爲小真書。碑文共四十行,满行三十八,每行十四字,共計五百三十二字,字字清晰完整。现位於金山第一泉茶樓下底層前壁左側。碑文由薛書常識,陳兆熊書,記述了中泠泉眼在清同治年間的重新發現,以及考證等經過。

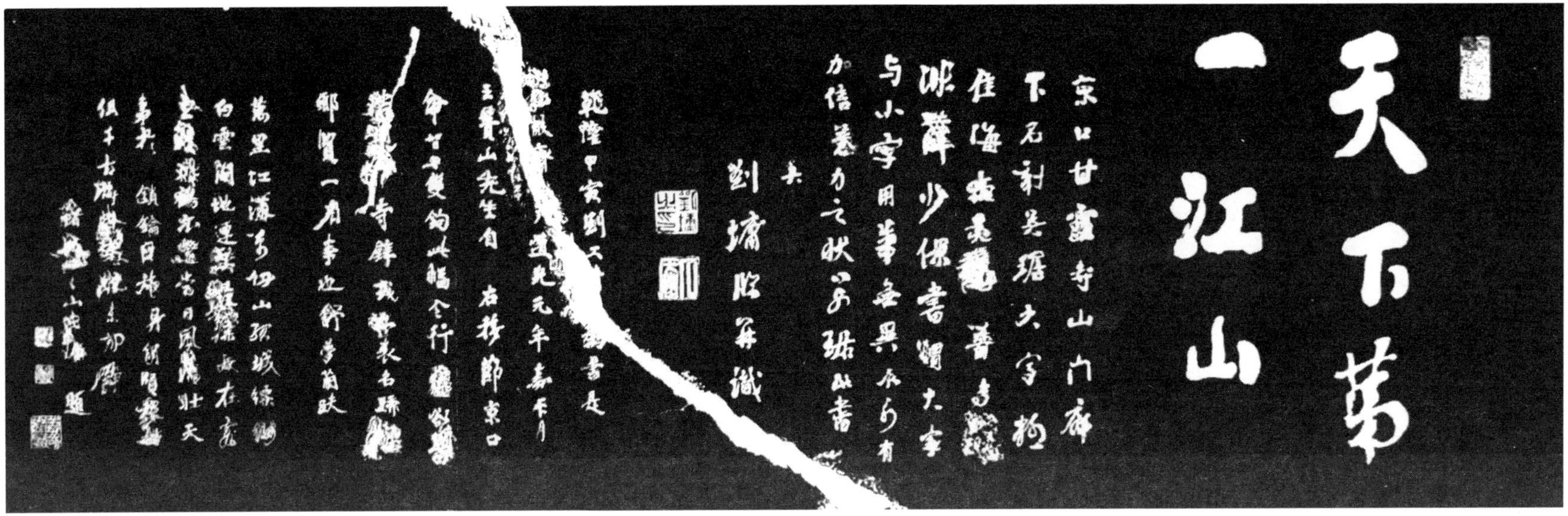

劉墉題《天下第一江山》 碑 清

碑高 0.62 米,横長 1.94 米,青石質地,位於北固山甘露寺大殿西牆壁上。石碑表面風化嚴重,陰刻“天下第一江山”六個楷書大字和跋文。碑已斷裂,尚無大礙,其餘小字跋文,大部分模糊不清。

據清光緒《北固山志》記載:“石庵相國在北固山房大門内朝東牆上”。由此可見原碑是在北固山中峰北固山房門内牆上。民國二十三年十月江蘇省建設廳在中峰建北固山氣象臺時,將碑移到現在的地方。

劉墉(一七一九—一八〇四),字崇如,號石庵,山東諸城人。乾隆間大學士,官至東閣大學士、吏部尚書等職,卒謚文清。劉氏書法工行楷,運筆圓勁渾厚,骨力内藏,他喜用濃墨,時稱“濃墨宰相”。但其字體肥不傷雅,外柔内剛,與同時期的梁同書、王文治、翁方綱齊名。

附劉墉的跋文:“京口甘露寺山門廊下,石刻吴琚大字極佳。海岳疑慧普寺額,非薛少保書,謂大字與小字用筆無異,不可有加倍著力之狀,若琚此書無其弊矣,劉墉臨並識。”

乾隆甲寅,劉文清爲書是牓,懸敞齋久矣。道光元年嘉平月,王簣山先生自江右移節京口,命智子雙鉤此幅,入彼行篋,欲補鐫寺壁,或亦表名迹,壽鄉賢亦韻事也。舒夢蘭跋。

石刻最後還有一首詩:

萬里江□萬仞山,孤城飄渺白雲間。
地連□□□長在,露□□□鶴□□。
當日風□壯天事,□□鎖鑰□□□。
□□□□俱千古,□□□□未□□。

《北固山志》載得兩跋,不見詩,因而只能將現有詩可辨字迹示予讀者。

兩江督練公所營基　界碑　清光緒

石高 0.70 米，石首橫長 0.26 米，厚 0.07 米，呈上大下小錐形，白大理石質地。上陰刻"兩江督練公所營基"八字，楷書摻以魏碑法，結體偏方，中宮緊密，外展舒張之勢。

經考，督練公所是晚清爲訓練新軍的管理機構。後來新軍成爲推翻清王朝的一支重要的革命力量。

辛亥革命大烈士趙聲，曾任南京督練公所參謀官。此碑石的發現足以證明，京峴山麓是訓練新兵之營地。鎮江新軍回應辛亥革命，一九一一年十一月七日在京峴山宣佈起義，光復鎮江。這塊碑石是研究鎮江近代史的重要實物證據。

京滬鐵路界　碑　清光緒

界碑縱高 1.09 米，横長 0.308 米，厚 0.095 米，水泥質地。上有模印英文字母"N.S.R"三字和中文"京滬鐵路界"五字，楷書。其中，英文 N 指南，S 指北，R 指鐵路。

據《鎮江交通史》記載，該鐵路線爲清光緒二十九年(一九〇三)開始建，到光緒三十四年(一九〇八)歷時六年，全線修通。鎮江站始建於一九〇六年，位於城西京畿嶺西，全線通車後，列爲大站。這塊界碑就是這時期立於寶蓋山隧道兩側的。

茨山摩崖題記　民國五年(一九一六)

該題記高約 0.60 米,横長約 1.40 米,楷書大字,位於南山竹林寺後山崖上。其横刻在五米高的山體岩層中,上有“碧岩”二字,從左向右書寫,每字約寬三十四厘米,高四十五厘米,落款为“南海康有爲丙辰九月”九字,由右向左内縱書。岩石面風化嚴重,字已漫漶剥蝕,但尚可辨認。

康有爲(一八五八—一九二七),原名祖詒,字廣厦,號長素,又號更生,廣東南海人,世稱“南海先生”,清末“戊戌變法”主要發起者,提倡“碑學”。其書中宫緊密,四周伸展,體勢開張,雄偉寬博。理論著作以《廣藝舟雙楫》著名於世。他主張用實筆,追求厚重與氣勢,一反清代纖弱媚好的書風。

康有爲曾多次來到鎮江,茅山、焦山、南山都有他的墨迹遺存。茨山摩崖是目前南山境内發現的第二方摩崖石刻。

五卅演講廳紀念碑　民國十四年（一九二五）

碑高 1.08 米，横長 0.53 米，漢白玉質地，位於鎮江城西伯先公園五卅演講廳正門右下牆角處（另一塊相同碑嵌於西北牆角），上刻『中華民國十四年八月鎮江各界紀念五卅慘案，建築此廳永示不忘』二十七個隸書字，由著名史學家柳詒徵題書，至今已有八十八年的歷史，仍然保存完好。

據有關記載：講演廳是一座長方形的建築，座北朝南，内有小舞臺，可供演講和演出。一九二五年五月三十日，上海工人、學生遊行反帝示威，罷工領導人顧正紅遭到日英租界巡捕屠殺，造成慘案。鎮江積極回應，成立『五卅外交後援會』，暫作上海工人、學生的後盾，開展反帝運動，清查、銷毀日貨，對販賣的奸商罰款並建築了『五卅演講廳』。這是一座進行愛國主義教育的紀念性建築。

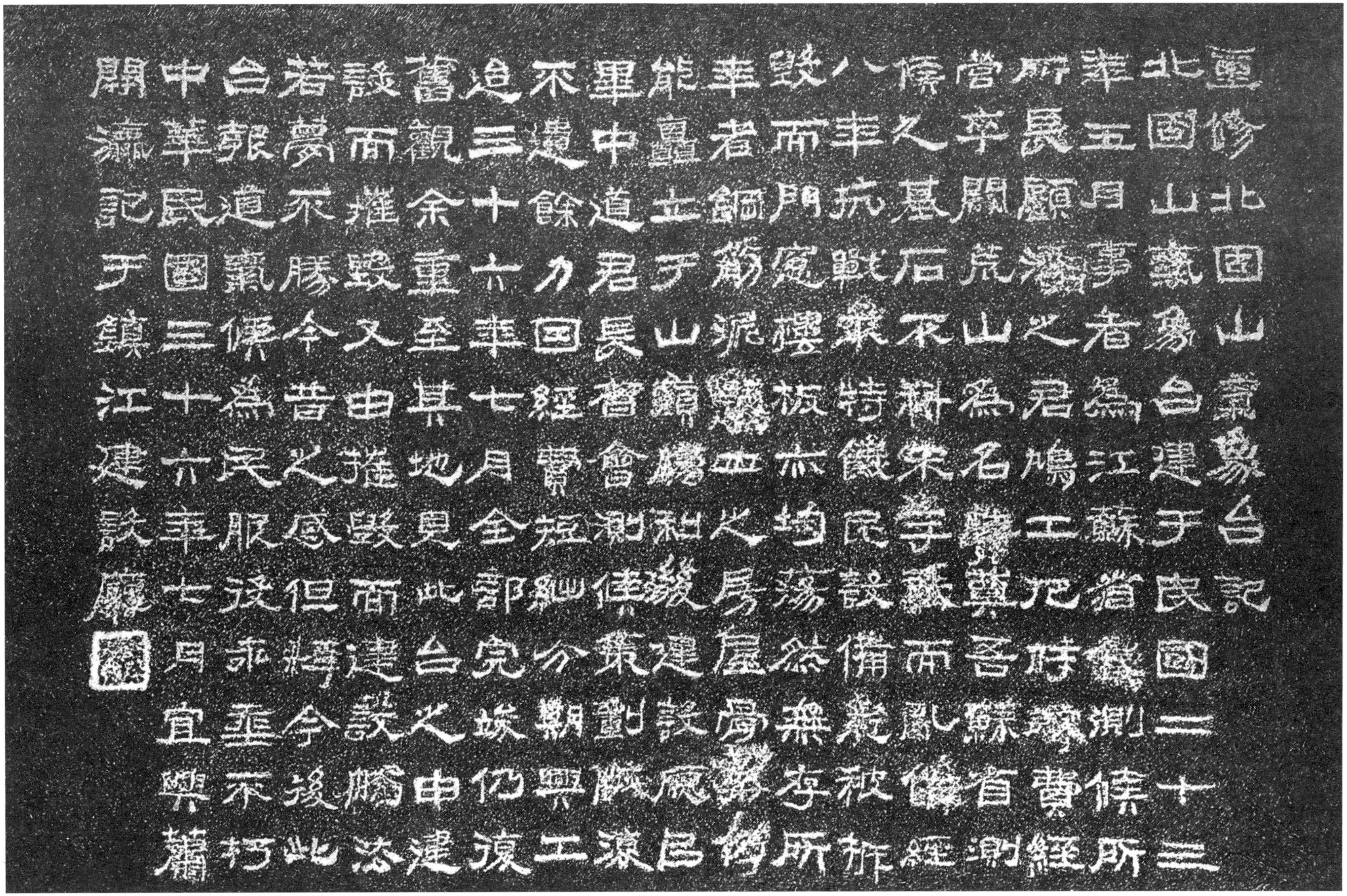

重修北固山氣象臺記　碑　民國三十六年(一九四七)七月

碑高 0.435 米,横長 0.68 米,漢白玉質地,位於北固山中峰氣象臺正門南凸出牆面上。碑文隸書體,共十九行,滿行十三字,共二百一十九字,由當時江蘇省鎮江建設廳負責人宜興蕭開瀛撰文並書。

中華民國二十三年
十月十日江蘇省建
設廳北固山氣象臺
奠基　廳長沈百先

北固山氣象臺奠基碑　民國二十三年(一九三四)十月

碑高 0.675 米,横長 0.43 米,漢白玉質地,嵌於北固山氣象臺正門右側牆面上。碑文由江蘇省鎮江建設廳廳長沈百先題字,隸書體。

中華民國三十
六年七月重修
董贊堯題

北固山氣象臺紀念碑　民國三十六年(一九四七)七月

碑高 0.79 米,横長 0.41 米,漢白玉質地。上有“中華民國三十六年七月重修”十二個隸書字,款爲“董贊堯題”四個隸字,下鈐一方名印。以上三碑,均爲民國期間所立,反映出北固山氣象臺從民國二十三年(一九三四)奠基至重修完成(一九四七)有三個階段,用十四年時間建成的艱辛歷程。

趙伯先造像石刻　民國二十六（一九三七）

石刻高 1.88 米，横長 0.84 米，厚 0.20 米，青石質地，現位於南山碧榆園碑亭内，保存完好。原石刻像立於伯先墓道上。該石刻是按照一九〇七年趙伯先領導欽州起義時期的戎裝照片像改畫成線條式勒石的，大致與照片無異。

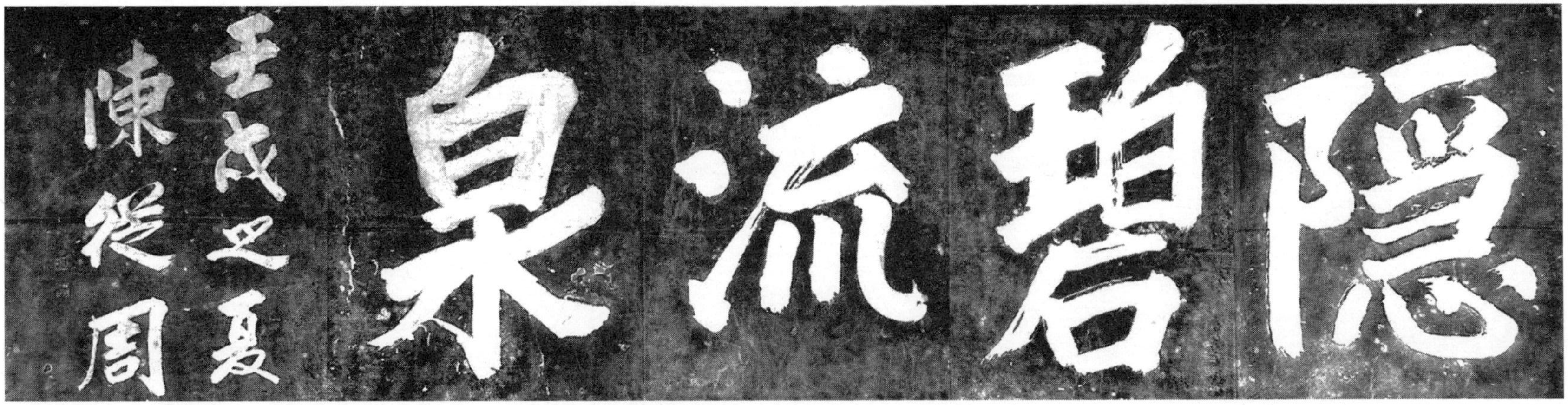

隱碧流泉　題刻　一九八二年

題刻由上海同濟大學教授陳從周題寫，分刻于五塊長一百厘米、寬八十厘米的青石上，鑲嵌在招隱寺山門西側花牆上。

一九八二年，陳從周來鎮參加南山風景區名勝保護規劃大綱方案審議會議期間題寫此石刻。題字端莊大方，遒勁有力，有顔書筆意，反映了其文化修養和深厚的書法功力。題句富有詩意，概括了南山招隱景區的特色，至今仍吸引遊人到此駐足觀摩、拍照留影。

陳從周(一九一八—二〇〇〇)，原名郁文，筆名梓室，浙江紹興人，同濟大學建築系教授，著有散文、詩詞集等。

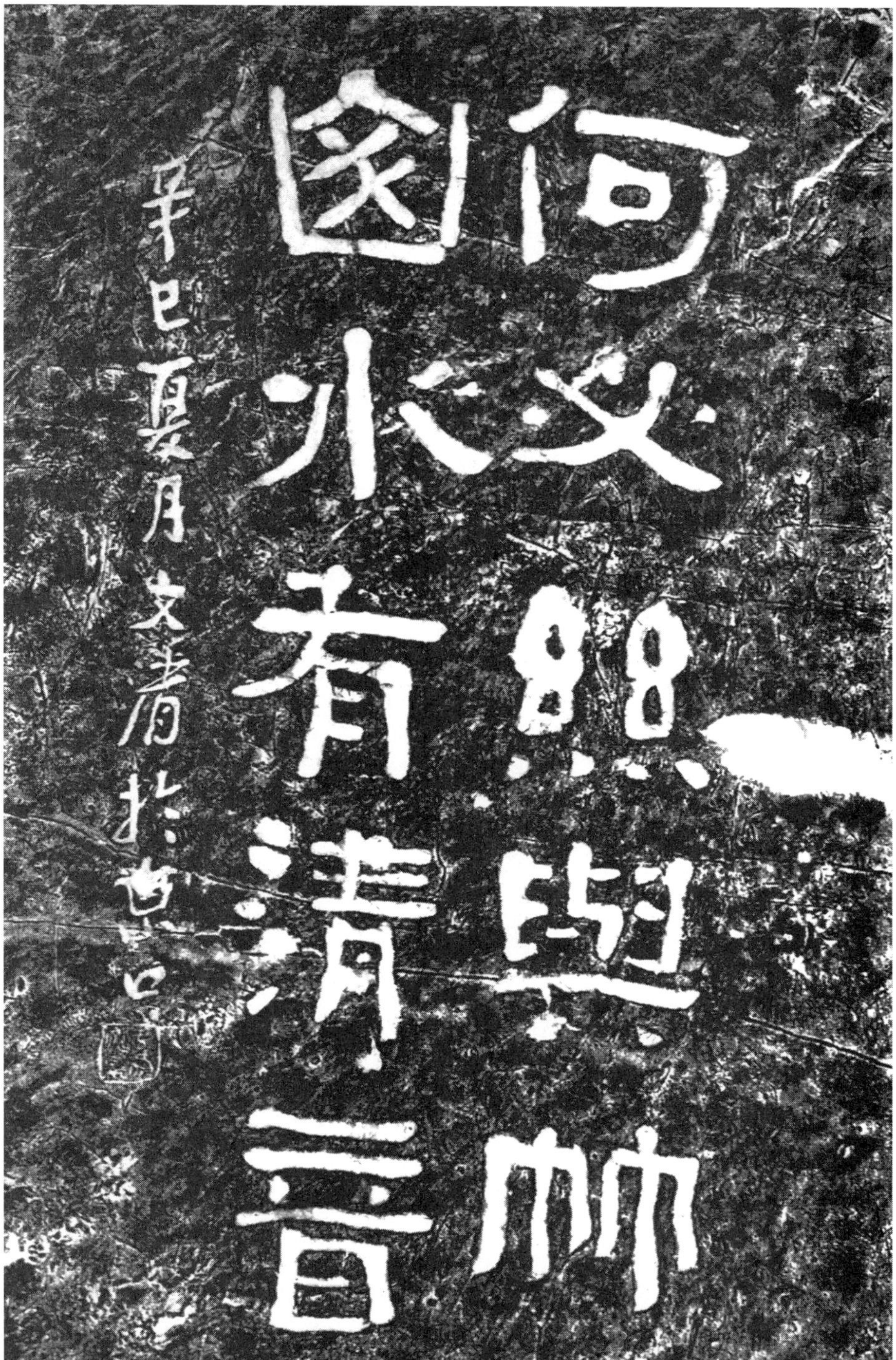

華影池石刻　二〇〇一年

石刻高 0.69 米，横長 0.42 米，青石質地，位於招隱寺老山門外石牌坊山道旁。上有題句“何必絲與竹，山水有清音”，是鎮江市著名的書法家、詩人于文清題寫的。題句源出於蕭統爲左思所作《招隱詩》中的集句，其意説，招隱山這裏不需要絲管演奏，即可聞到山水淙淙、鳥語啼鳴之音。

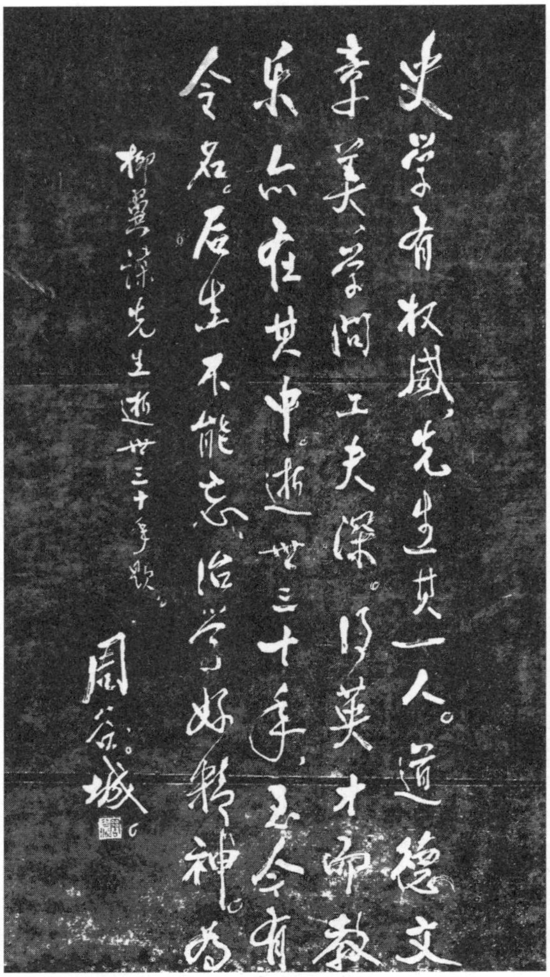

柳詒徵墓題詩碑两方

第一方爲周谷城題詩碑,碑高 1.25 米,横長 0.68 米。第二方碑由柳曾符書,金山慈舟上人撰詩,碑高 1.46 米,横長 0.94 米。二方碑均厚 0.10 米,青色大理石質,位於南郊菊花山西麓山下,柳詒徵墓碑立于墓包後。

二方題詩附録如下。

其一:

史學有權威,先生其一人。
道德文章美,學問工夫深。
得英才而教,樂亦在其中。
逝世三十年,至今有令名。
後生不能忘,治學好精神。

其二:

漢學宗師惟柳公,
才華書藝世稱雄。
曾留文墨遭焚燼,
更使難忘心意中。

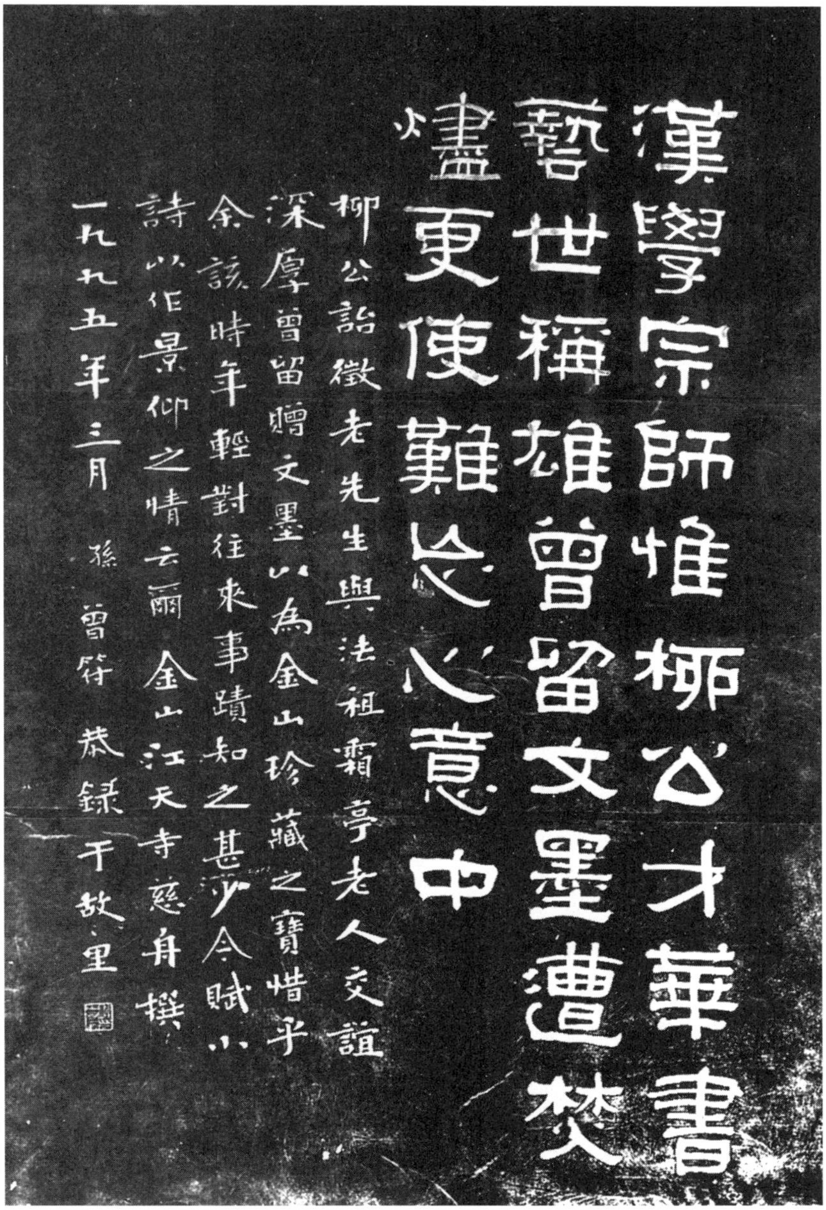
漢學宗師惟柳公才華書
藝世稱雄曾留文墨遺梵
燼更使難忘心意中
柳公詒徵老先生與法祖霜亭老人交誼
深厚曾留贈文墨以為金山珍藏之寶惜乎
余該時年輕對往來事蹟知之甚少今賦小
詩以作景仰之情云爾 金山江天寺慈舟撰
一九九五年三月 孫 曾符 恭錄于故里

柳詒徵(一八八〇—一九五六),文史學家、圖書館事業家,是鎮江著名的國學大師,字翼謀,號劬堂,其著作宏豐,有《中國文化史》《國史要義》,參加編寫《江蘇通志》等。

慈舟(一九一五—二〇〇三),法名月濟,俗名史源,江蘇興化人,十三歲出家,寶華山隆昌寺受戒。一九三九年參學金山,一九五三年于北京中國佛學院深造;一九六六年爲金山江天寺監院;一九八〇年爲鎮江市佛協秘書長,金山寺住持。一九八五年十一月榮升金山寺第八十一代方丈,晚年傾力恢復大雄寶殿等殿宇的復建,一九九〇年竣工,使金山江天禪寺成爲名副其實的全國重點寺廟。二〇〇三年二月壽終八十九,歸葬句容寶華山山中。

柳曾符(一九三二—二〇〇五),鎮江人,字申耆,柳詒徵孫,復旦大學教授,其書法作品多次在日本、新加坡等地展出,著有《隸書基礎知識》《中國書法鑒賞大辭典》等作品。

周谷城(一八九八—一九九六),湖南益陽人,中國著名历史學家,曾任全國人民代表大會副委員長,上海復旦大學教授、歷史系主任、教務長等職。

蘭

梅

鶴林寺第一代道法性公靈塔石刻　清道光

舍利石塔是等面六角圓柱形，每面高 0.8 米，横長 0.24 米，上刻有“四君子”紋樣，清代石塔尤其多。所謂“四君子”，即“梅、蘭、竹、菊”。

文人高士常借“四君子”來表現自己清高拔俗的情趣，或作爲自己的鑒戒，來表現正直、虚心、純潔、有氣節的思想情操。因而“四君子”圖案不但在寺院石塔上流行，在民間其他方面亦一直廣爲流傳。

性公靈塔，塔柱分六角，每面分刻梅、蘭、竹、菊，簡潔大方，得體統一。

菊

竹

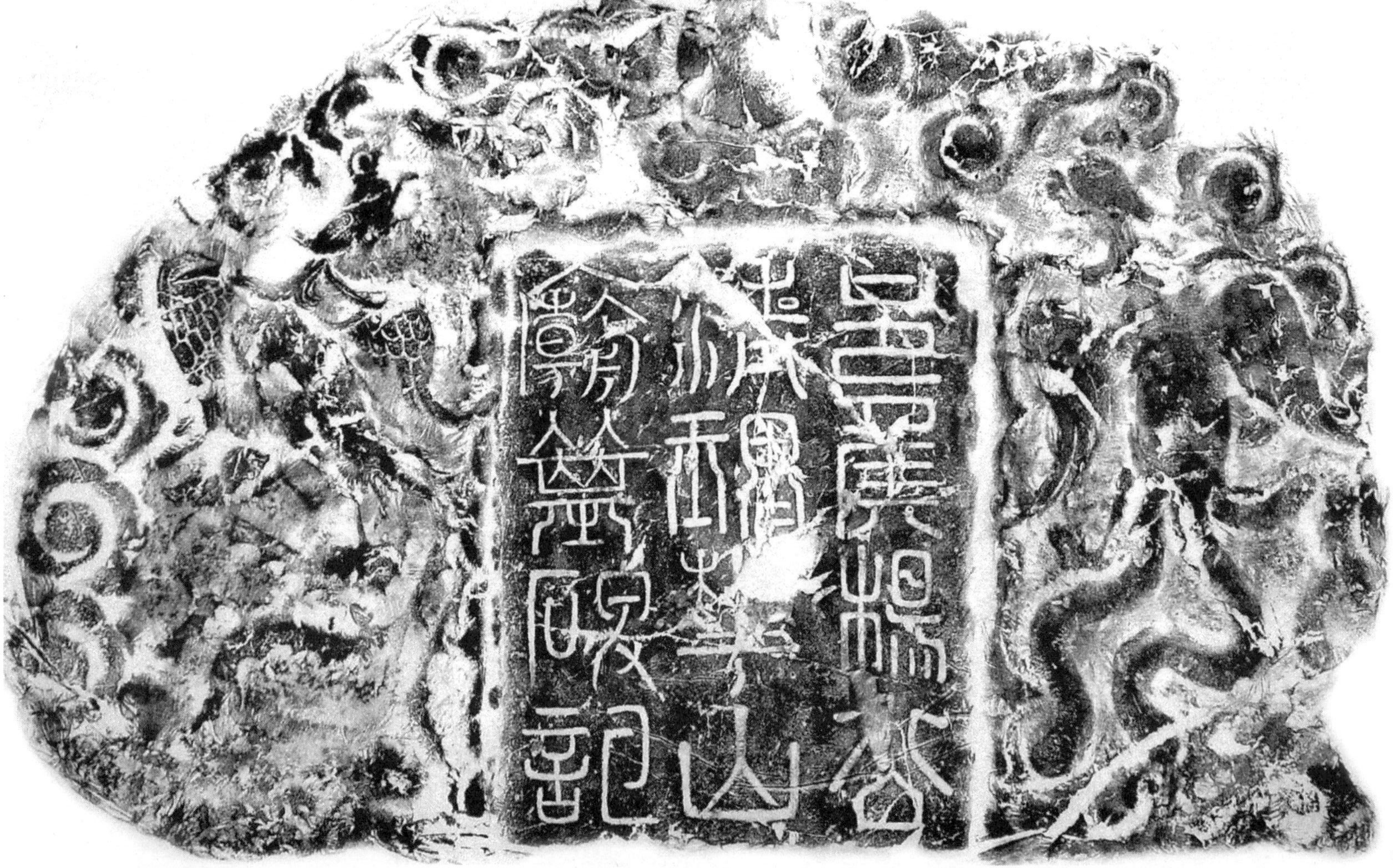

華山村廟基碑額首　石刻　明

額首石刻是"邑侯楊公清理華山廟基碑記"上的額首，現碑身和額首俱在華山村。時代久遠，碑身上的文字，風化磨平，無法拓片。現僅存少數碑文隱約可見，所幸額首還完整存在。額首巨大，呈半圓形，三面雕刻龍紋，中陰刻碑名十二個篆字，青石質。額首上"邑侯楊公"即指華山村的前清舉人楊元盛。

舍利靈塔石刻　清光緒三十二年(一九〇六)

石塔是等面六角圓柱形,每面高 0.80 米,横長 0.26 米。石塔正、反两面題有文字,两側有四幅圖案:“龍頭望月”“鳳尾朝天”“喜鵲登梅”“金雞唱菊”。右側“龍松”圖上有聯語:“老松漏出,龍頭望月”;左側“鳳竹”圖上有聯語:“嫩竹擺開,鳳尾朝天”。

這件石刻紋飾,在鎮江及周邊地區是少見的。其靈活混用“歲寒三友”和“四君子”圖案,並含刻有一副楹聯,但通體上還是傳統的吉祥寓意圖案。

靈塔指金山高僧密源大定禪師的舍利塔。大定禪師,諱字大定,名密源,俗姓鄧,湖北黄陂人,一八二三年生,天性純厚,從小吃齋茹素,有出家之志,出家於隨州,受戒於襄陽,後弘法於鎮江金山寺,影響全國,成爲一代禪門宗匠,公認的“禪定第一”。一九〇六年,大定世壽八十三,圓寂後葬紹隆寺後山塔林。

龍鳳圖石刻　清光緒

石高 0.77 米，橫長 1.80 米，白大理石質地，鑲嵌於招隱寺讀書臺北側碑刻牆壁上。

該石刻由三個開光圖案所組成：左龍、右鳳，中爲荷花，四角有暗八仙圖案和素邊紋飾，寓爲“釋、道、儒”三教和諧之意。很明顯，受到當時宗教社會思潮的影響。

清朝光緒末年，一方面，“釋、道、儒”三教思想鬥争很激烈，不團結，另一方面當朝慈禧太后“垂簾聽政”，掌控實權，影響當時社會，也影響宗教及藝術等領域。迫於慈禧的淫威，同時爲了迎合她，竟刻成了“右鳳左龍”這一反常態的藝術形式。這一石刻真實地反映當時的藝術思潮，具有重要的宗教文化和研究價值。

該石刻，用料碩大，選用上等石材，出土于招隱寺濟祖殿、增華閣讀書臺遺址，可能爲前閣走廊的使用之物，稱爲“石欄板”。

柱礎石刻　清光緒

柱石高 0.315 米，直徑 0.44 米，周長 1.52 米，柱礎兩頭小中間大，呈鼓狀，白大理石質地。上刻牡丹纏枝紋，線條流暢，深淺凸出，雕刻精美。柱礎是招隱寺清代殿宇的原物，保存完整，現存原大殿遺址上。

五福團壽石刻　清光緒

石刻高 0.86 米，橫長 0.93 米，近正方形，白大理石質地，位於招隱寺讀書臺北側碑刻牆壁上。

該石刻保存完整，刻工精湛，蝙蝠生動，線條穩重，整體風格樸素大方。

“五福團壽”石刻是我國民間傳統的吉祥圖案。所謂五福即“壽、富、康寧、攸好德、考終命”。蝙蝠與“福”字同音，故爲“福”。五福中常圍一圓“壽”字形，“五福團壽”的寓意爲幸福像蝙蝠那樣自天而降，是表示健康長壽的吉祥圖案。

經調查，該石刻是招隱寺讀書臺增華閣濟祖殿遺址上出土的，應爲走廊居高臨下處的建築物邊沿防止人、物墜落的擋礙物，稱爲“石欄板”。

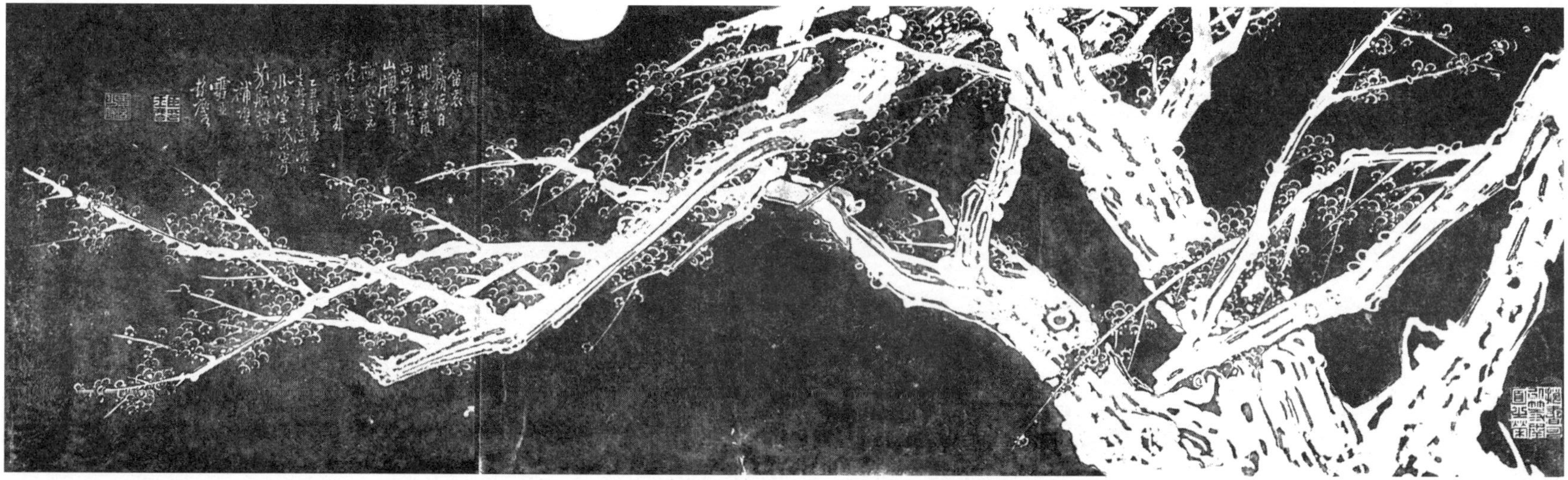

梅花圖石刻　清光緒

石碑高 0.6 米，横長 2.0 米，青石質地，鑲嵌於焦山定慧寺天王殿後西牆壁上，保存完整。該圖上，詩書畫印皆妙，枝展有情，月灑清暉，蒼虬道勁，雕刻精湛。此幅畫爲彭玉麟五十歲繪就，多年後，贈給焦山芥航大和尚。

彭玉麟（一八一六—一八九〇），湖南衡陽人，字雪琴，清末湘軍將領。清咸豐三年（一八五三）從曾國藩治水師，同治十三年（一八七四）奉命進駐焦山，督造炮臺數年。一八八三年任兵部尚書，受命赴廣東辦理防務，後以疾病，開缺回籍。

彭公有“天下愛梅第一人”之譽，與鄭板橋墨竹齊名，譽爲“清代書畫雙絶”。

芥航，即大須，清僧，字芥航，一作芥舟，號六不頭陀，晚號不不頭陀，俗姓蔡氏，名敬之，江蘇鹽城人，生於道光十四年（一八三四），光緒十五年（一八八九）五月圓寂，塔葬竹林寺。其有《芥航詩存》等著作傳世。

荷塘清趣圖石刻

該石刻圖刻于石香爐上,高 0.40 米,横長 0.96 米,青黑石質地,現爲丹徒辛豐鎮大聖寺收藏。圖案刻在香爐的正面,爲開光圖案。中刻荷花在水塘中盛開,两側對稱各一翠鳥,栖息在荷花根莖上凝視水波。一幅荷塘清趣,給人以一種脱俗的境界。畫面古樸,刻劃生動簡潔,主題鮮明,渾厚傳神,采用浮雕和線刻鑿底技法表現,躍然於視覺中,給人以美的享受。

鄭燮木刻竹圖　屏風

圖高1.89米，橫長0.50米，厚0.045米。此两件竹刻圖是從楠木屏風板上傳拓下來的。作品以清代著名書畫家、揚州八怪之一的鄭板橋竹圖仿刻而成。其刀法熟練，雕工精細，不失原件風貌，應屬上乘之作。何時刻制，尚不清楚。

鄭燮（一六九三—一七六五），清代書畫家、詩人，字克柔，號板橋，江蘇興化人，乾隆進士，官至山東濰縣知縣。後因荒年請賑而獲罪，辭官後以賣畫爲生。其詩、畫、書法均有成就，號稱『三絶』，爲時人争求，尤善蘭花、墨竹、怪石，秀麗蒼勁。他與寓居於揚州的金農、李鱓、黄慎等七位畫家合稱爲『揚州八怪』，著有《板橋全集》。

記事·文告類

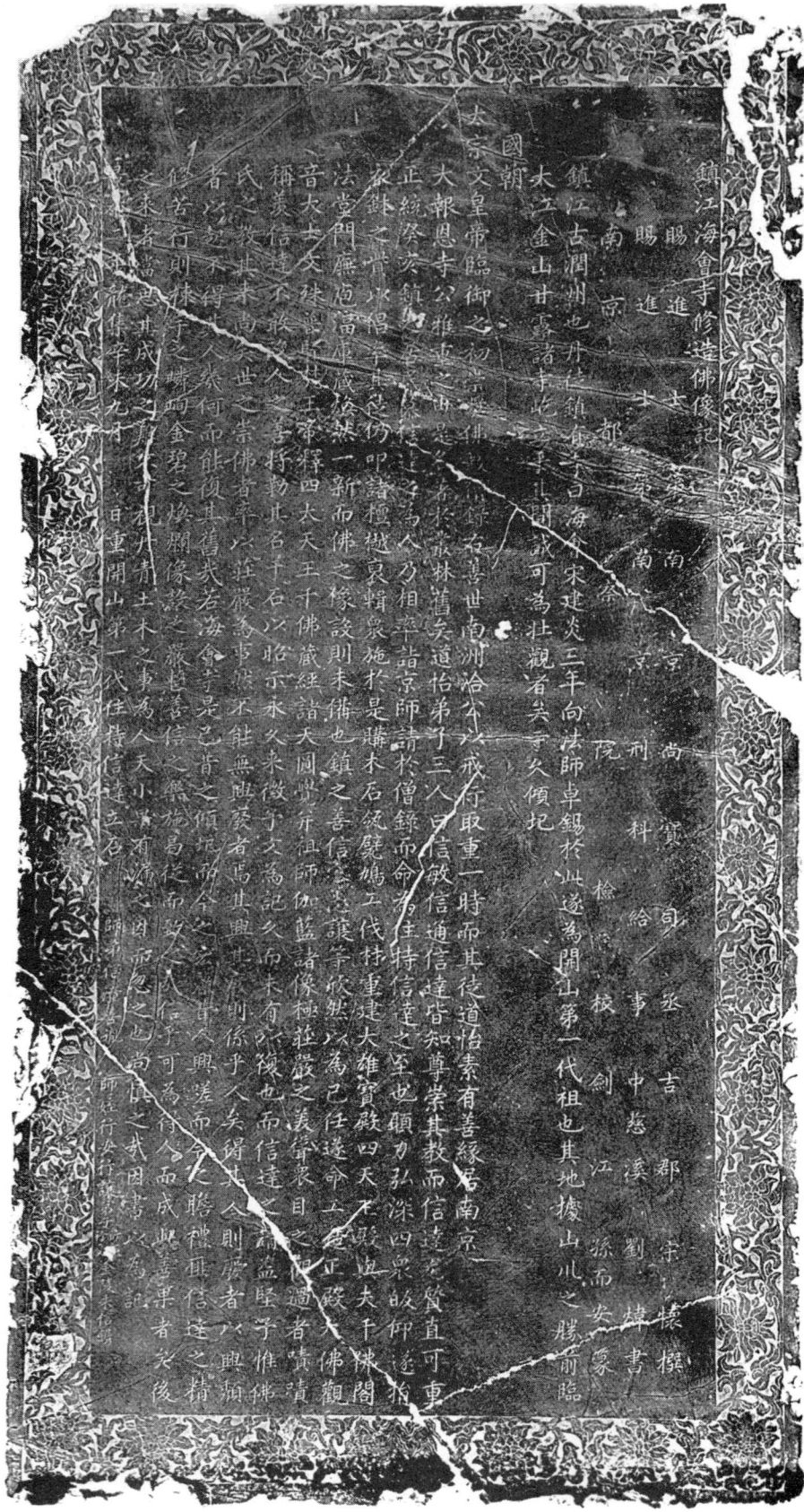

鎮江海會寺修造佛像記碑　明景泰二年（一四五一）九月

碑高1.98米，横長0.86米，碑正文共五百五十一字，青石質地，出土於京口區丹徒鎮橋南古運河畔。經調查，此處原是海會寺遺址。該碑因拆遷開發出土，現存焦山碑刻博物館保護。

碑文記述：明景泰年間，南京大報恩寺僧通怡有弟子三人：信敏、信通、信達，而信達尊其教，正統年。丹徒鎮居民歡迎信達來海會寺修造做住持，信達願意出力持缽募化，不久竣工建成大殿等，使殿堂煥然一新，唯缺佛像，不久像成，受到信徒們的稱讚。信達不敢没人之善，將勒其名于石，以昭示後人，故寫下文字刻於碑上，使後人知曉成功之難。

據記載：海會寺，宋嘉定志稱海安院，此前稱尊至院，元至明正統兩志記爲海惠寺。清康熙以後諸志均稱海會寺。

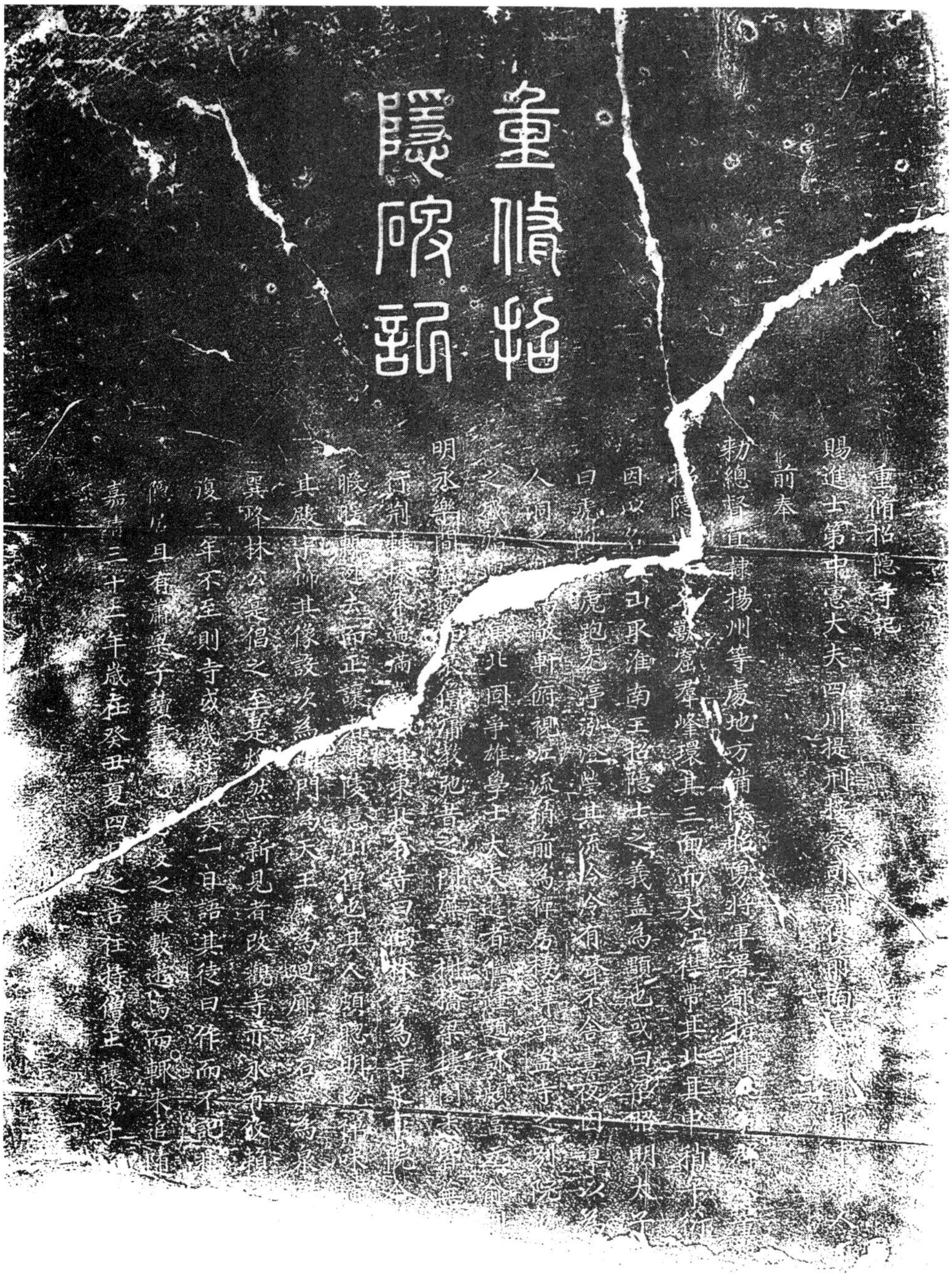

重修招隱碑記　碑　明嘉靖三十二年(一五五三)

碑高 1.10 米,横長 0.84 米,青石質地,碑文楷書陰刻,額首篆書“重修招隱碑記”六字。碑體下部已殘損,但大部分碑文清晰,現位於讀書臺北碑壁牆上。碑文由四川提刑按察司、南京禮部郎中郡人鄔紳(字佩之,邑人,嘉靖癸未進士,知浙江烏程縣)書丹,由勅總督直隸揚州等處地方備倭昭勇將軍署都指揮□事,郡人童(名殘)。

碑文記述招隱寺演變的概况,同時記載寺院興衰的過程。此碑是研究招隱寺在明代永樂至嘉靖年興衰狀况的實物史料。

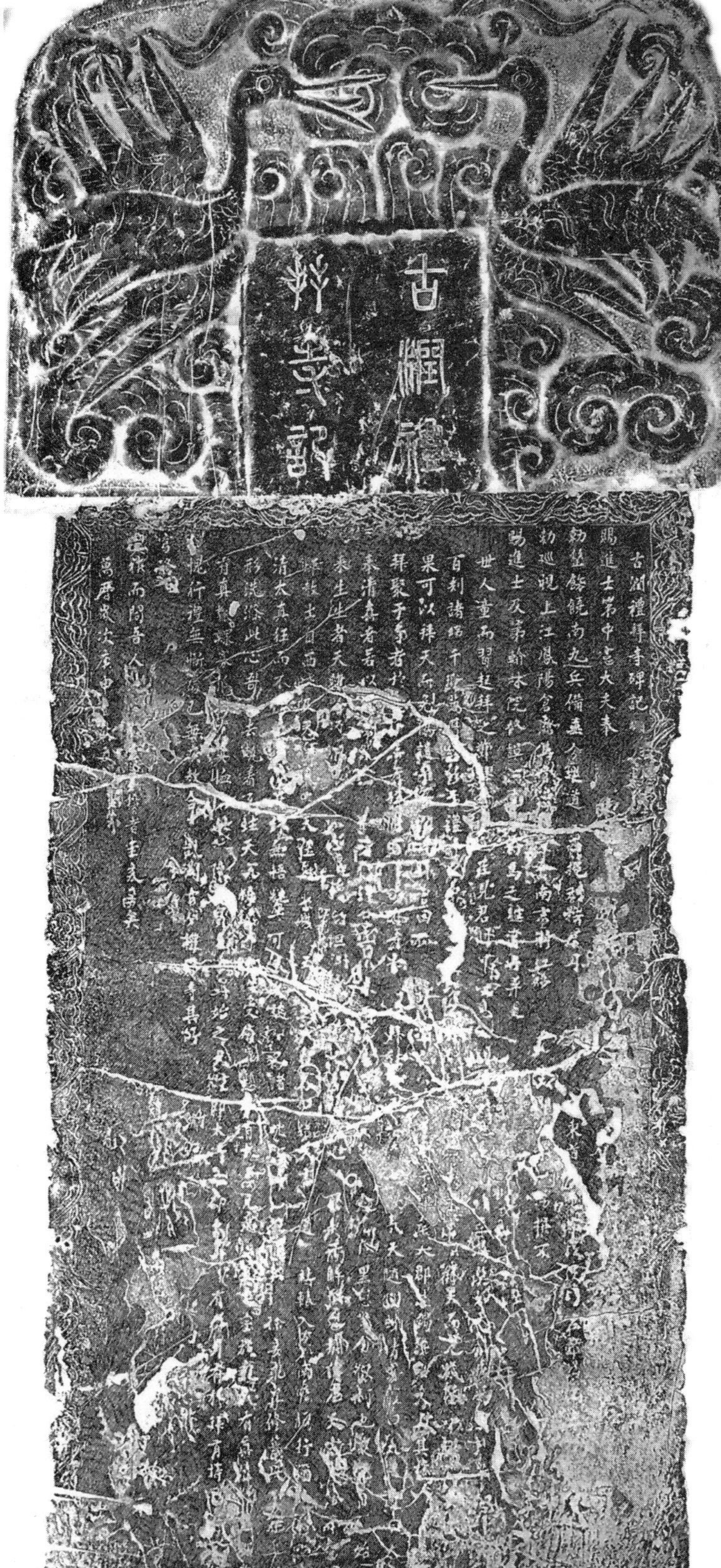

古潤禮拜寺記　碑　明萬曆庚申年（一六〇二）

碑高（含額首）2.17米，橫長0.81米，青石質地。碑額首上篆書陰刻『古潤禮拜寺記』六字，額首周邊浮雕祥雲飛鶴，碑身四周刻雲紋，碑下部分模糊不清，僅首尾尚可辨認。首行有『賜進士第中憲大夫奉敕整飭口南九兵備道……』等字樣，末行依稀可見『萬曆』二字，此碑當爲萬曆三十年（一六〇二）禮拜寺移建時李一陽所撰。

李一陽，明代官吏，字長卿，號復吾，丹徒人。明萬曆五年（一五七七）進士，任西安令，升南京浙江道御史，外補廣東布政右參議，分守嶺東道，升江西按察副使等職。後引疾而歸，七十二歲卒，葬桃花山（在長山西南別支，近雞籠山）。

原碑在城内剪子巷古潤禮拜寺，因拆遷現移至學府路清真寺内。

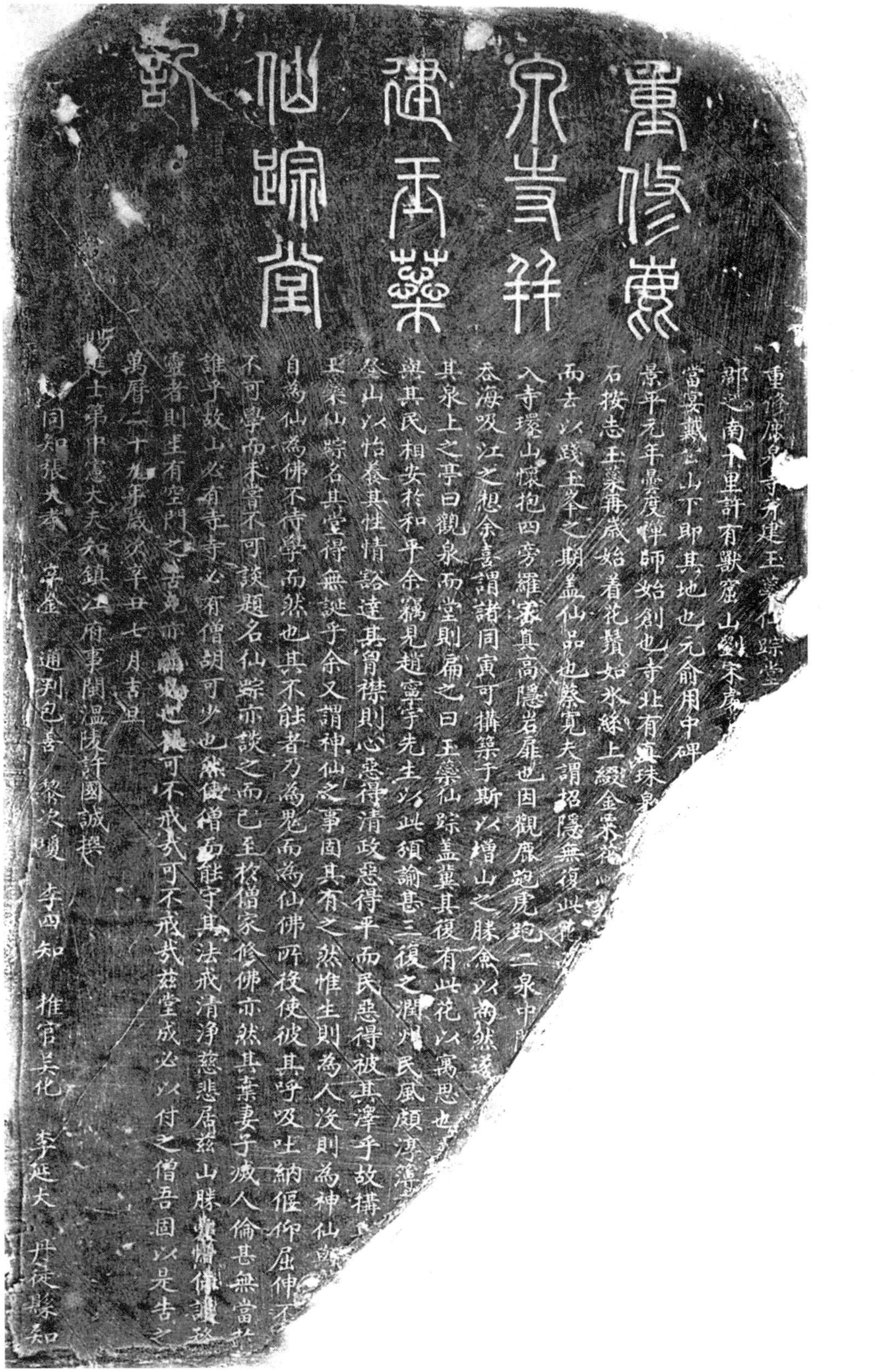

重修鹿泉寺並建玉蕊仙踪堂記　碑　明萬曆二十九年（一六〇一）

碑殘高 0.88 米，横長 0.50 米，青石質地，額首呈半圓周型，上刻篆書『重修鹿泉寺並建玉蕊仙踪堂記』十三字。正文十八行，約四百八十三字，小真書，碑右下角殘損。碑文由鎮江府事閩溫陵許國誠（字孟葵，一字鼎臣，福建晉江人，萬曆癸未進士）撰寫。文雖殘，但殘留部分尚能反映寺院初期演變的概況，後段寫明萬曆年間寺院及玉蕊仙花，並建仙踪堂等事，告誡後來者甚多，望寺僧好身愛惜保護仙花和仙踪堂等事。

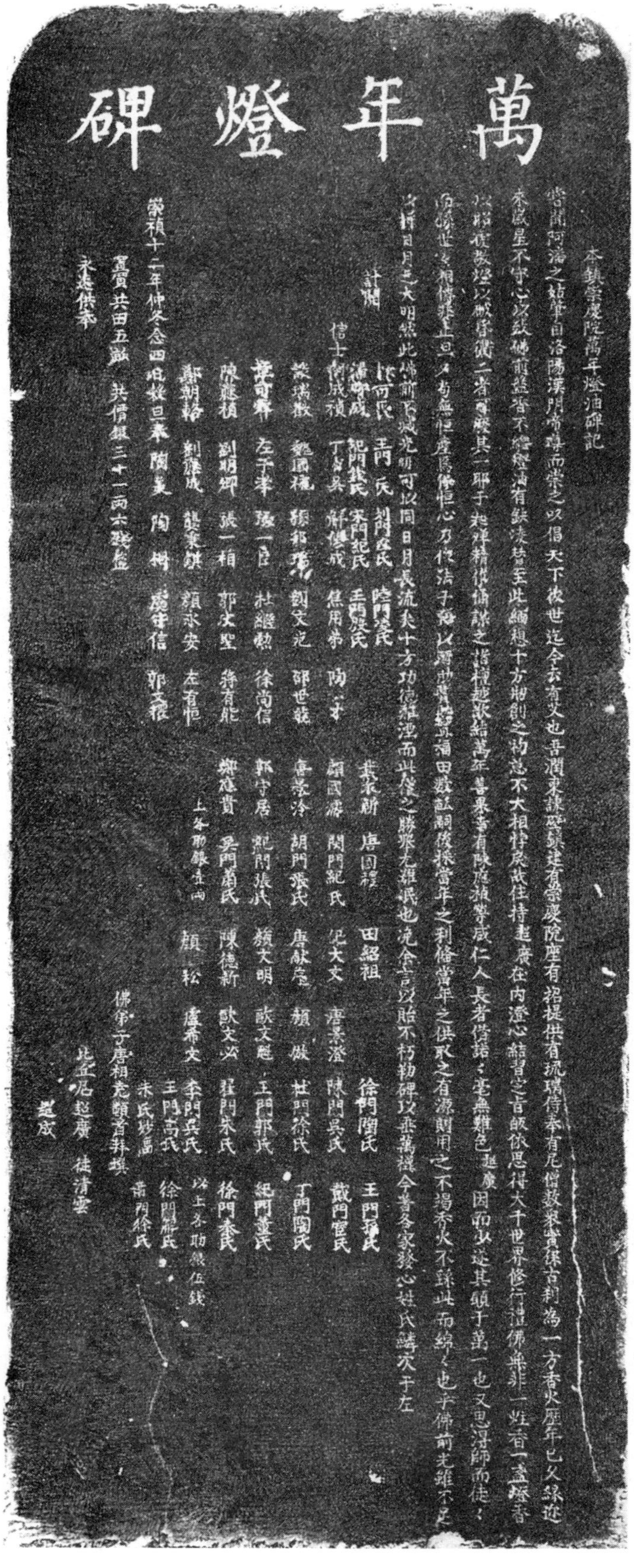

萬年燈碑　明崇禎十二年（一六三九）

碑高 1.24 米，横長 0.48 米，白石質地，嵌於京口區諫壁鎮崇慶禪院内西偏殿牆上，完整無損。碑正文共三百五十四字楷書，記述明崇禎年間崇慶禪院因歷年已久，佛前盤香不濟，燈油有缺，住持超廣倡議諸檀越欲結萬年善果，當地長老響應，紛紛捐資，使佛前常明不滅，由佛弟子唐相堯撰文立石，□建間書並鐫刻，記此盛事，以垂萬禩。

鼎建翠岩禪室碑記　碑　清康熙十七年（一六七八）

碑高1.58米，橫長0.74米，厚0.16米，碑首呈圓形，青石質地，上題『鼎建翠岩禪室碑記』八個篆字，由何絜撰。碑正文爲楷書仿宋體，共二十二行，一千六百七十八字，殘缺三十三字，陰刻，現保存於潤州區蔣喬鎮五州山净因寺，保存完好。該碑在一九九六年十月在蔣喬鎮調查時在一户村民家中發現。碑文記述了五州山净因寺創建的經過及山中勝迹，碑後附八條寺規等情况，此碑爲潤州區目前唯一發現的一塊完整的記事碑，是研究該寺的實物證據。

何絜（一六二〇—一六九六），清代詩人，字雍南，號晴江，丹徒人。少時研讀經史，富有才華，曾修纂府、縣二志，主編《江南通志》，有《晴江閣集》《何絜文集》等著作存世。

董建竹林寺記　碑　清雍正十二年(一七三四)

碑高 0.55 米,横長 0.84 米,厚 0.30 米,青石質地,位於南山竹林寺大殿遺址南側偏殿壁上,保存完整。碑文共三十三行,滿行十八字,計五百五十字,楷書字體。碑文記載竹林寺自東晉始建以來,歷經一千三百載,已成空山敗壁。康熙南巡至此賜額,雍正帝時下旨改建。碑文由淮安宿遷等處關政兼倉廠税抽事務廣寧年希堯撰文,吴郡謝淞洲書,李士芳鐫。

此碑的存在是研究竹林寺的創立和興衰情况的實物史料,有重要的研究價值。

重修丹徒縣城隍廟碑記　碑　清乾隆二十一年（一七五六）

碑高1.96米，橫長0.84米，厚0.31米，青石質地，位於京口區丹徒鎮丹徒機電廠内（原丹徒城隍廟遺址）。二〇〇九年七月因拆遷被發現。碑首上鐫刻『重修丹徒縣城隍廟碑記』十一個隸書字。這十一個字多成半字，但尚能讀通。碑正文絶大部分漫漶不清，不能讀通。上有『丹徒鎮古縣』『固歲久有廟』『江聲漸遠』『乾隆二十一年丙子……月吉』等字樣，可知立於清乾隆年間。丹徒古鎮曾經是縣城，據有關記載：『從秦始皇三十七年後稱丹徒』。丹徒鎮有城隍廟、東嶽廟等作爲縣城才有的廟宇。所以此石的發現，對於考定丹徒古城又多了一個佐證。

解氏宗祠堂碑記　碑　乾隆四十三年（一七七八）

碑高1.70米，横長0.73米，厚0.16米，青石質地。碑正文七行，每行五十五至五十八字不等，計三百六十八字，其中實缺七十字（風化）。碑文記述：清乾隆四十三年（一七七八）解氏遷徙潤州，傳至十三世，祖廟（祠堂）荒疏，到明萬曆时已三百餘年，於是族人踴躍捐銀，直到清乾隆十三年祠宇才重修，重修後，祠宇宏敞，盛極一時。數十年後祠又摧殘剥落，由子孫按章修建。

葛村解氏建分祠碑記　碑　清乾隆五十九年(一七九四)

碑高 0.87 米,横長 1 米,青石質地。碑正文共三百三十五字,小楷書爲陰刻。碑刻四周有萬年青卷葉紋,保存完整,現位於鎮江新區葛村東解氏分祠内(分祠破敗,現存放農具)。

碑文記述:乾隆五十九年(一七九四)解氏枝繁葉茂已分成小宗族,按禮制而建分祠。分祠在乾隆三年(一七三八)開始建,分三期到五十九年告成。

解氏來自山東,八百餘年前宋高宗及皇室南逃,大批北方難民隨之遷徙江南,解氏解壽輝南渡中見"潤東四十里地處僻形勝,蓟築定居以舊名爲葛村"。現在解氏成爲潤東之大族。解爲幹、解朝東都是解氏後裔的傑出代表人物。此碑是研究解氏繁衍的歷史狀況的實物資料。

續刻檀信布金功德芳名記　碑　清嘉慶四年(一七九九)

碑高 0.48 米,横長 1.25 米,青石質地,位於南郊竹林寺大殿遺址南偏殿壁牆上,保存完整。碑正文共四百四十七字,楷書體,由竹林寺住持僧達如和尚撰文勒石。正文後部,刻有捐資銀兩和芳名。碑文反映了清嘉慶四年,竹林寺常年荒廢,無人經理的狀況,由王夢樓和本郡紳士發起,請天寧寺達如來山主持恢復寺院,募集多方布金,恐日後埋没此功德,故勒石。

此碑石的存在記載了地方一批熱愛名勝古迹的人倡議修復南山著名的竹林古寺的事迹,特别是通過郡人王文治和紳士們的努力,竹林寺才得以保護,功不可没。

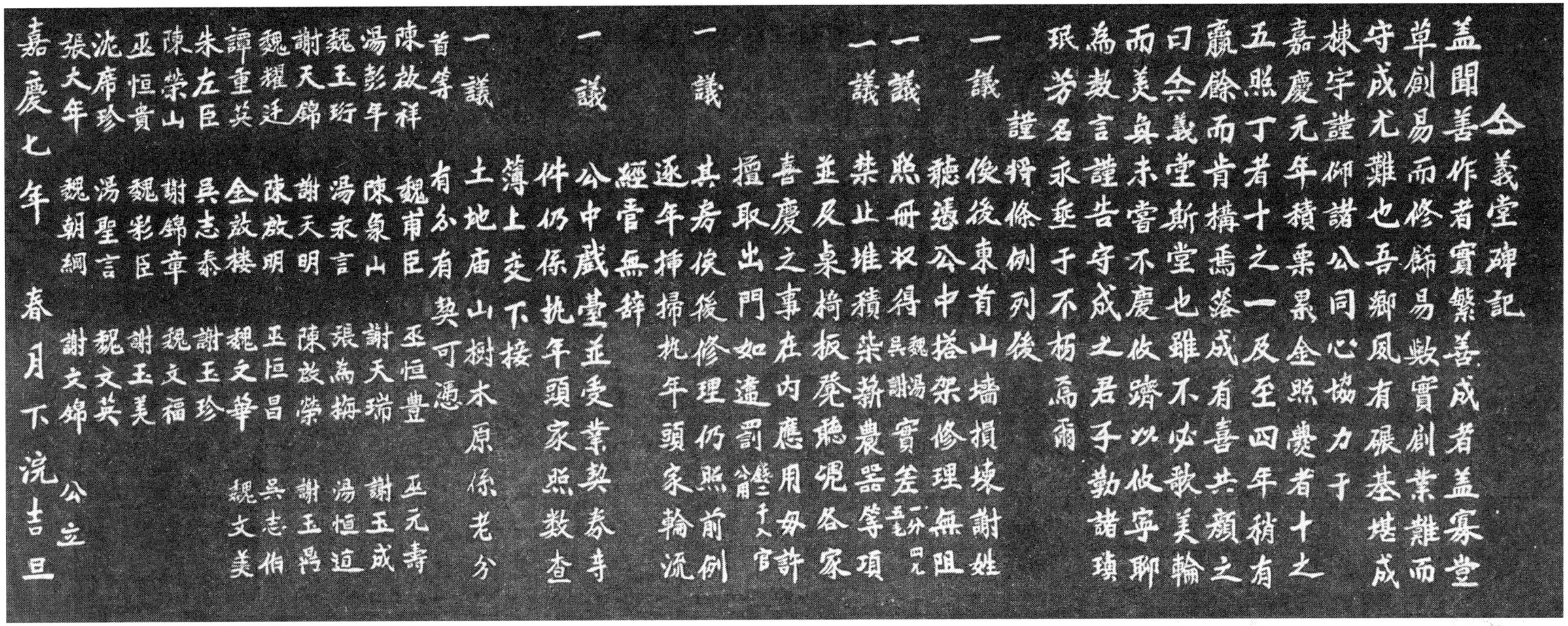

仝義堂碑記　碑　清嘉慶七年(一八〇三)

碑高 0.41 米，横長 1.04 米，青石質地，原立於宗祠内，現移至三茅宫内圍牆上。

有關資料記載，五州山下北麓留脈灣村，原宗祠内有戲臺等建築圮傾，因資金問題暫停建，現今有贏餘資金，經衆議，營造一座大堂，取名“仝義堂”，今後村中有事，均可在堂内辦，還制定堂規六條，故立碑爲據。

觀音庵捐送香火田碑記　碑　清嘉慶十年（一八〇五）

碑高0.74米，横長0.30米，白石質地，位於潤州區蔣喬鎮南大圩村觀音禪林中進廟堂牆壁上。上鐫刻『觀音庵捐送香火田碑記：信女田門何氏捐送南小圩鍒田三畝　永供　鍒銀當推本庵完納　大士聖前萬年香火本庵不得擅售　永保康寧　嘉慶十年五月　種玉堂　立』。總共六十三字的一篇短文，記述信徒何氏捐送三畝田作爲香火鍒銀給觀音庵，並定下制度，本庵（指庵内和尚）不得以任何名義出售或轉讓他人，僅永遠供奉庵内香火之用。

碑文为楷書體，隨意、率真，没有匠氣味。

大士聖，即觀音菩薩。種玉堂为南小圩村村民，粗通文墨。嘉慶十年五月，即一八〇五年六月。

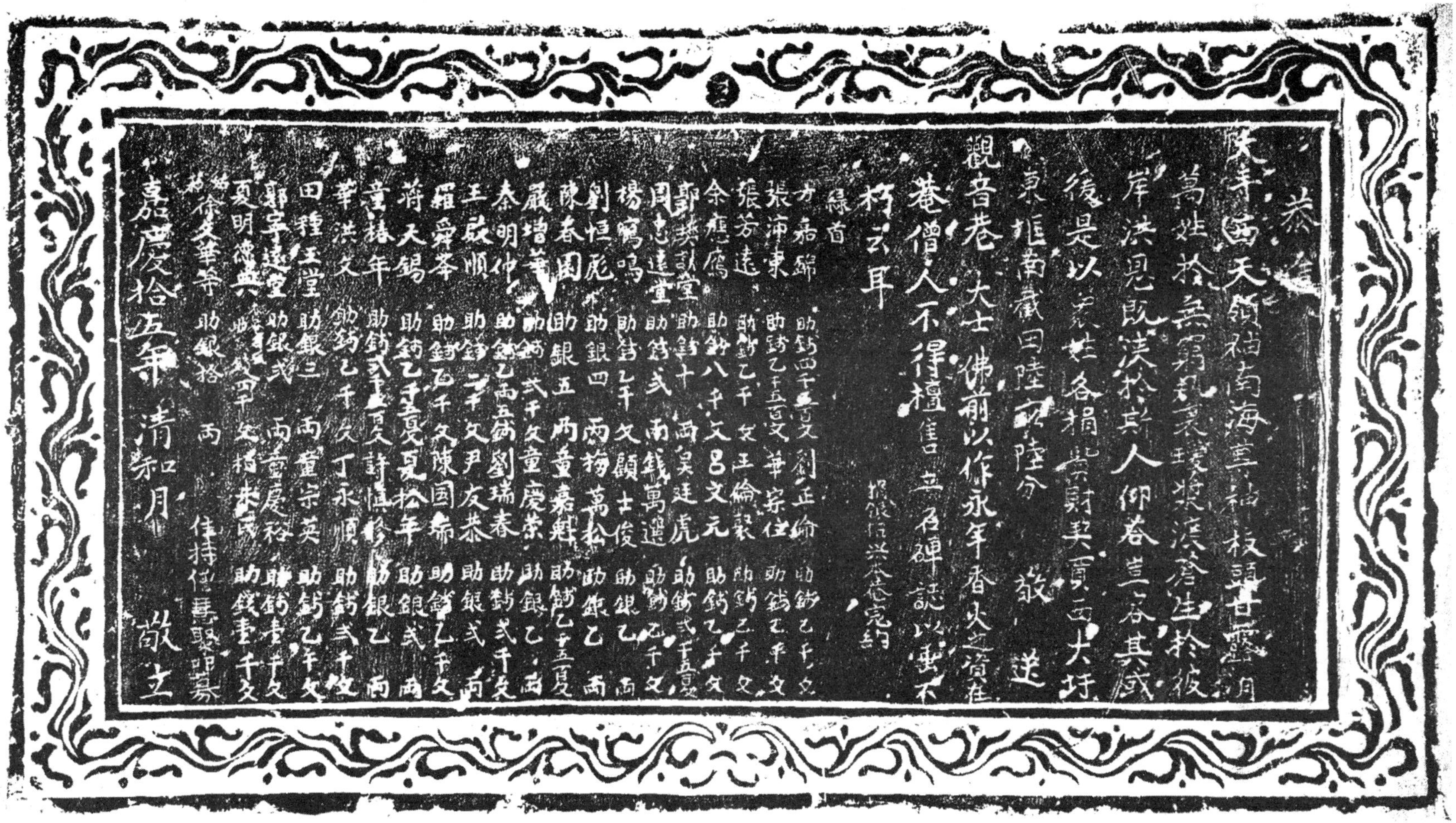

供奉香火捐資碑　清嘉慶十五年(一八一〇)

碑高 0.48 米,横長 0.91 米,白大理石質地。碑周刻有卷葉紋,正文一百一十一字,主要記述蒼生受南海觀音大士枝頭甘露的洪恩,應捐資陸畝陸分田産作爲恩謝,並定下庵規,立碑志,以垂不朽。碑正文下部爲捐資數量和芳名,以及五年後南小圩村信徒第二次向庵内捐資的情況。

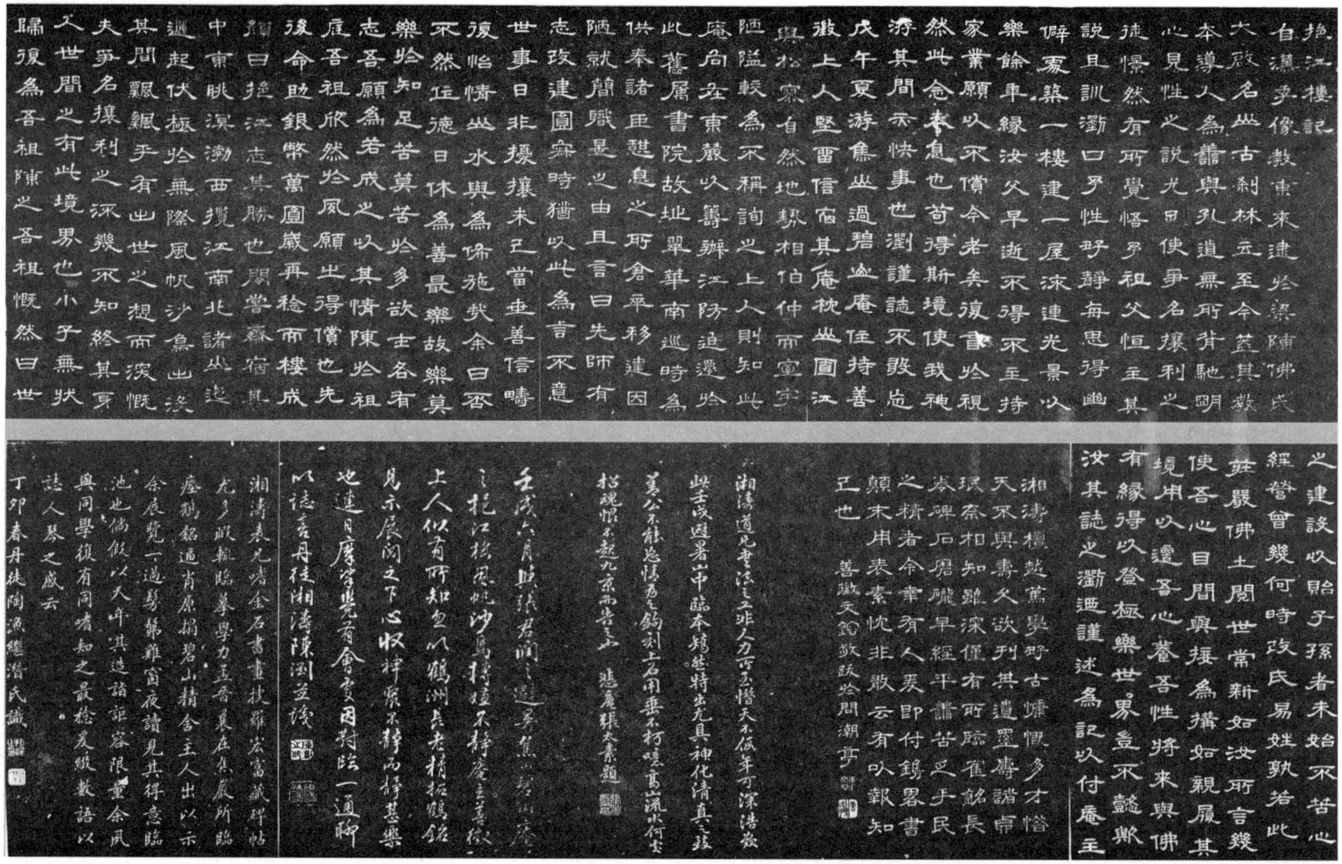

挹江樓記　碑　清同治六年(一八六七)

碑高 0.33 米，横長 1.38 米，此拓本約在清同治六年(一八六七)以后所拓，至今已有一百五十年的時間。該拓本剪裁裝裱成册頁，大港劉曉順先生在街頭發現購之，得以保存。原碑已無從尋覓，故此拓本十分珍貴。現册頁完整，碑文滿行四十一，每行十三字，共五百三十七字，隸書體，文後附題跋。跋文是刻于石上的還是裝裱時附上去的現在不得而知。其碑文書風屬方正秀潤一路，與《史晨》《乙瑛》《華嶽廟》碑相近。結字中宫緊密，左右相展，横畫長，波磔明顯，用筆圓轉。

據清同治《焦山志》記載：“碧山庵舊爲朝陽庵，在友竹庵右，明正統間僧宏達建，乾隆間重建，改名碧山别墅，後改今名。”“挹江樓建於碧山庵内。咸豐八年(一八五八)因築江防工事迫遷，又因翠華南巡時爲供奉諸臣憇息之所，倉卒移建，因陋就簡而成。後在同治年間新建此樓，此碑文記此其勝矣。”

該碑文由瀏迺撰，湘濤書。正文後附有焦山善徵上人、悲庵張太素、丹徒湘濤、陳瀏、陶渙潛五人題的跋文。

京江廣肇公所記　碑　清光緒三十三年(一九〇七)

碑高 0.55 米，横長 1.35 米，青石質地，楷書陰刻，位於伯先路廣肇公所廳前南側廂房牆壁上。碑記正文共六百一十八字，字字清晰完整。

此公所是由廣州、肇慶兩府旅鎮客商會議協力由原地處偏僻運糧河邊建至南馬路銀山坊(即今伯先路)。公所是爲會議、商談業務的地方，由廣州香山人卓翼堂總負責，經營兩載告成，來之不易，故撰文立碑，記其事。

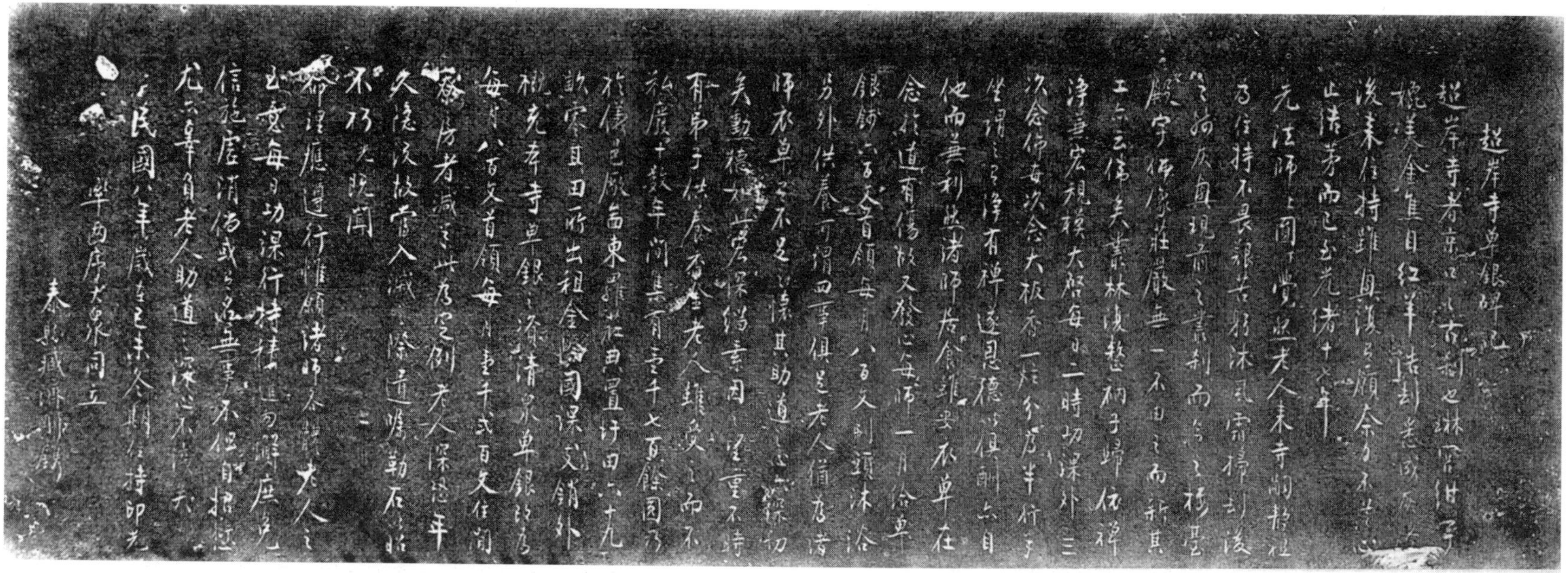

超岸寺單銀碑記　碑　民國八年(一九一九)

碑高 0.34 米,横長 0.94 米,青石質地,位於小碼頭街超岸寺藏經樓内南牆壁上。小楷陰刻共四百六十餘字,清晰完整。碑文記述:太平天國期間,京口各寺院遭劫。印光法師主持寺事,生活更加清苦,民國八年(一九一九)開始規定眾僧每月單銀制度,恐年久隱没,大師勒石,以昭後者。

印光法師,諱聖量,字印光,别號常慚愧僧,陝西郃陽縣人,生於清咸豐十一年(一八六一),寂於民國二十九年(一九四〇),世壽八十。據《江蘇近代宗教》一書介紹:幼年讀儒書,有佛緣,陝西終南山五台蓮花洞寺出家,曬經文得净土文,而知佛門,後多參訪各山名寺。出家三十餘年,始終韜晦,不喜與人往來。静心署文,開導學人,一生儉以自奉,厚以待人,宿誓不作寺主,而枝暢所至,敞門佛課,替普陀、清涼、峨眉、九華名志修輯,直至終老,著有《印光法師信稿》《印光法師文鈔》等。

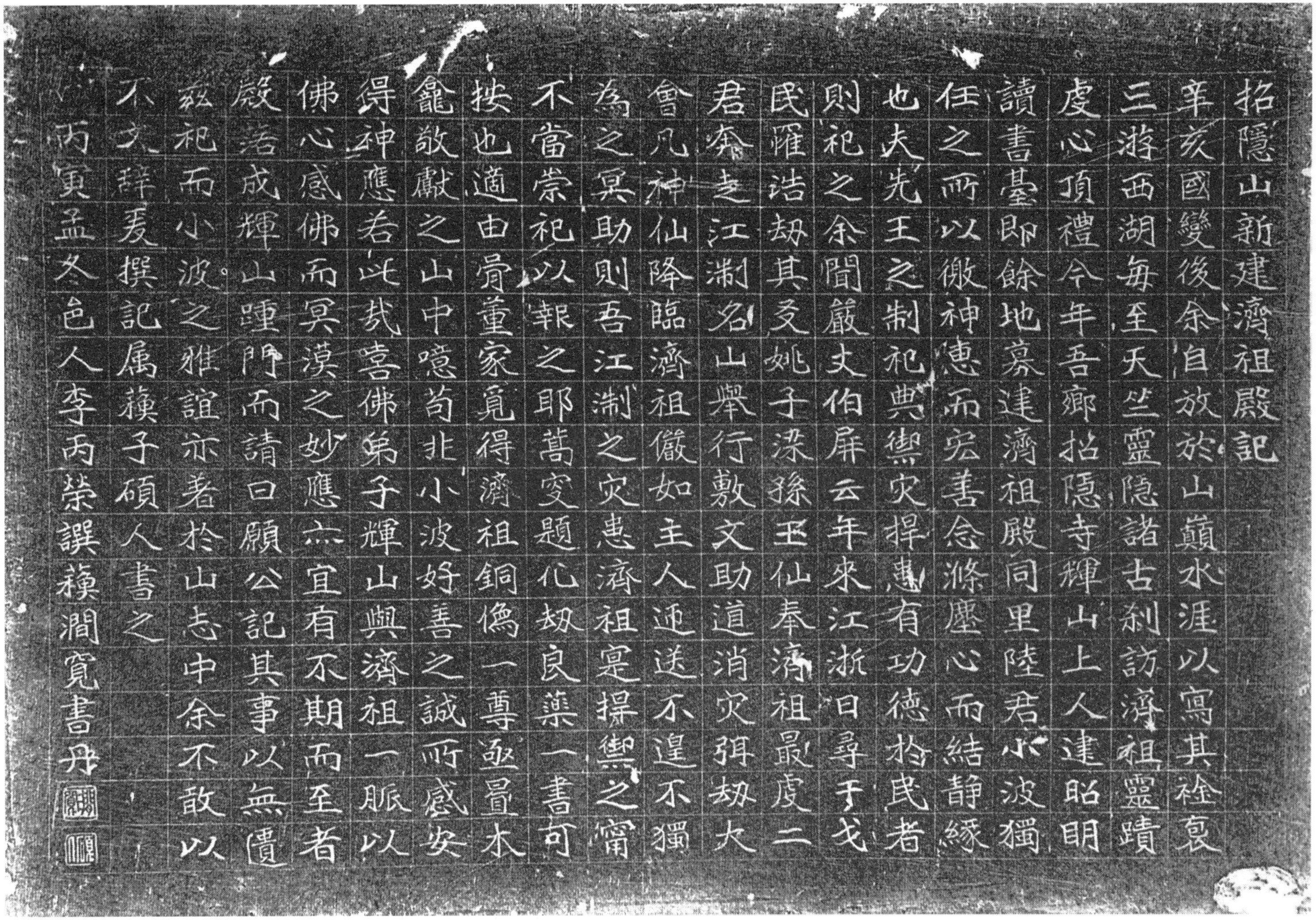
招隱山新建濟祖殿記
辛亥國變後余自放於山巔水涯以寫其拴衷
三游西湖每至天竺靈隱諸古剎訪濟祖靈蹟
虔心頂禮今年吾鄉招隱寺輝山上人建昭明
讀書臺即餘地募建濟祖殿同里陸君小波獨
任之所以微神惠而宏善念滌塵心而結靜緣
也夫先王之制祀典禦災捍患有功德於民者
則祀之余聞嚴丈伯屏云年來江浙日尋干戈
民羅浩劫其叟姚子溁孫玉仙奉濟祖最虔二
君奔走江湖名山舉行敷文助道消災弭劫大
會凡神仙降臨濟祖儼如主人迎送不遑不獨
為之冥助則吾江湖之災患濟祖寔操禦之甯
不當崇祀以報之耶萬変題心劫良藥一書可
按也適由骨董家覓得濟祖銅偽一尊亟量木
龕敬獻之山中噫茍非小波好善之誠所感安
得神應若此哉喜佛弟子輝山與濟祖一脈以
佛心感佛而冥漠之妙應亦宜有不期而至者
殿落成輝山踵門而請曰願公記其事以無遺
茲祀而小波之雅誼亦著於山志中余不敢以
不文辭爰撰記屬蘇子碩人書之
丙寅孟冬邑人李丙榮撰蘇澗寬書丹

招隱山新建濟祖殿記　碑　民國十五年（一九二六）

碑高 0.38 米，横長 0.56 米，青石質地，碑文共三百六十字，楷書陰刻，有界線，位於南郊招隱寺讀書臺北碑壁上，由邑人李丙榮撰文，蘇澗寬書丹。碑文記載鎮江商界知名人士陸小波一人獨資新建濟祖殿，功德無量，住持僧輝山上人特勒石記其事。

碑文和書字均爲本邑知名人士蘇澗寬書寫，工整秀氣，筆筆見功，其楷書中參魏法，深得好評。

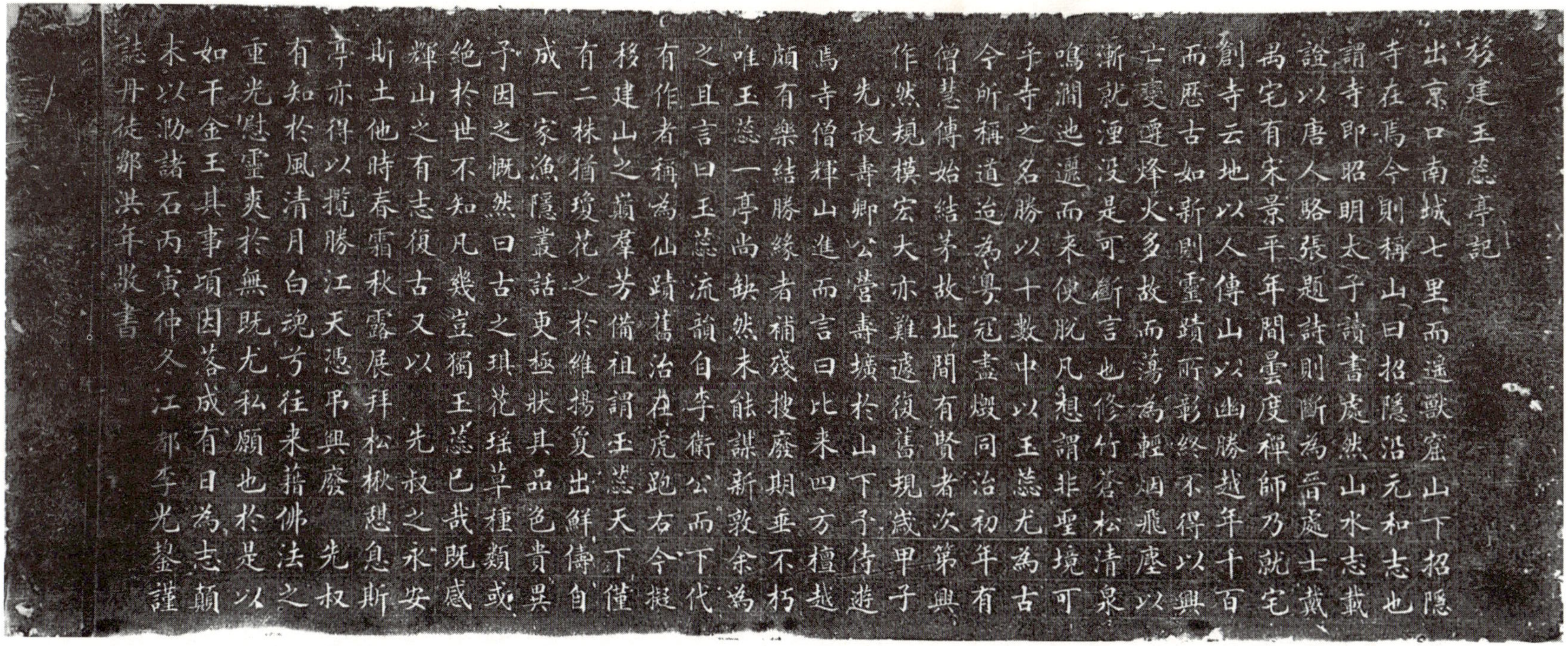

移建玉蕊亭記　碑　民國十五年(一九二六)

碑高 0.42 米，橫長 1.06 米，厚 0.65 米，青石質地。碑文共四百八十一字，楷書陰刻，位於招隱寺南半山玉蕊亭旁，保存完整，無一損字。碑文概述招隱寺沿革的歷史及屢興屢敗的狀況，到民國初期住持僧輝山上人要恢復尚缺一景的玉蕊亭，復古建亭，攬勝江天。碑文由鎮江人李壽卿的侄子李光鍪志，丹徒鄒洪年書。碑文小真書，端莊、秀麗、工整，頗具功力。

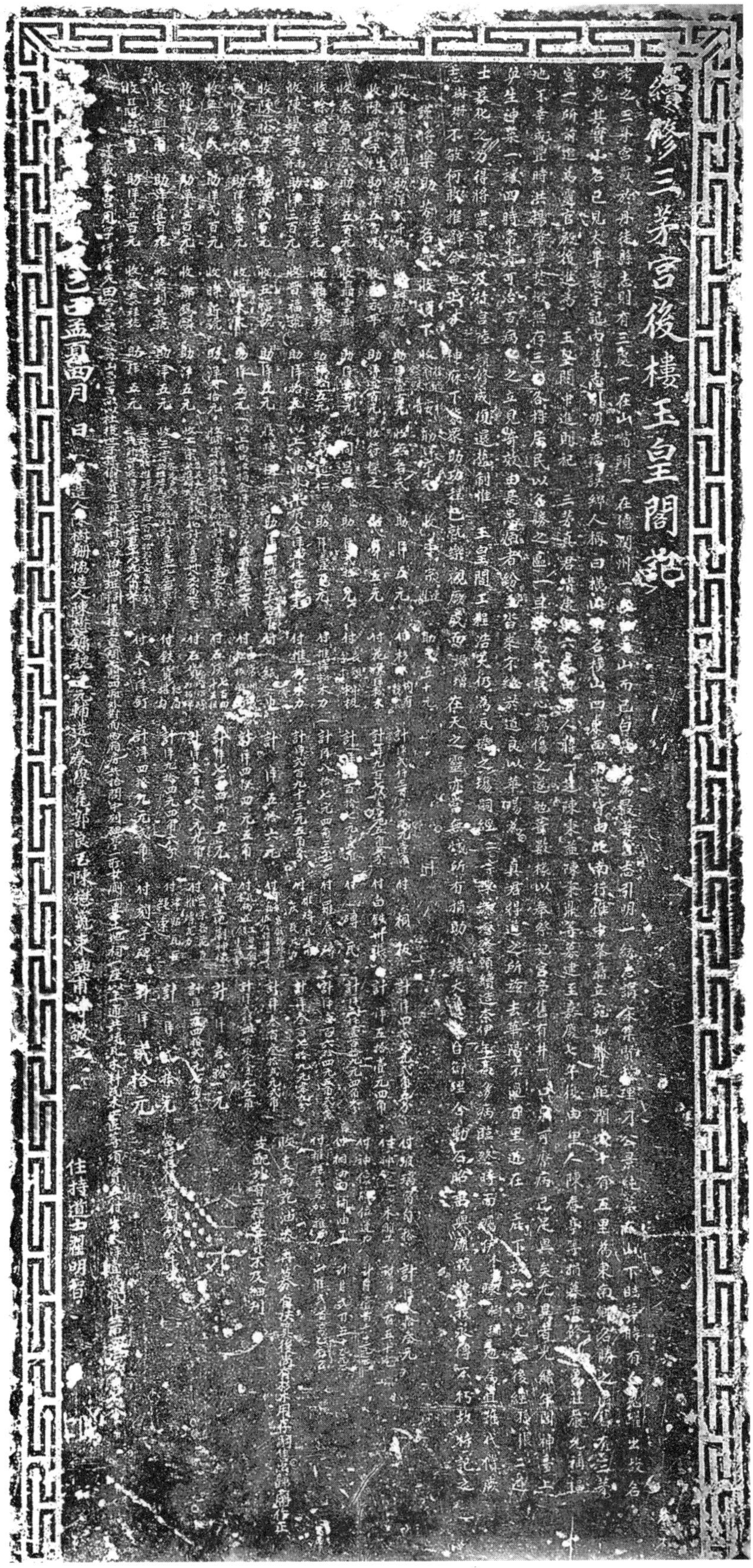

續修三茅宫後樓玉皇閣記　碑　民國十八年（一九二九）

碑高1.81米，横長0.80米，厚0.14米，青石質地，位於丹徒區辛豐鎮北横山凹三茅宫碑亭中。碑正文楷書陰刻，共十八行，每行二十六字不等，計四百八十一字。碑文刻録了横山凹三茅宫興衰演變的歷史狀況，以及神奇的傳説。道宫周邊鄉村耆老恢復在『洪楊肇事』中焚毁的道宫，因樓玉皇閣工程浩大，無力重建，只好續修，終於在民國十八年（一九二九）告竣的艱辛歷程。

横山凹三茅宫在《太平寰宇記》及後來的明志、清方志中均有記述。三茅宫在清康熙至嘉慶年間道宫碑刻中都有記載。

横山離市區十五里，有『東南鄉名勝之區』的美譽。現三茅宫道院在新任道長姚建君的帶領下，發生了新的變化，道宫早已對外開放，不久將躋身於重點風景名勝遊覽勝地之列。

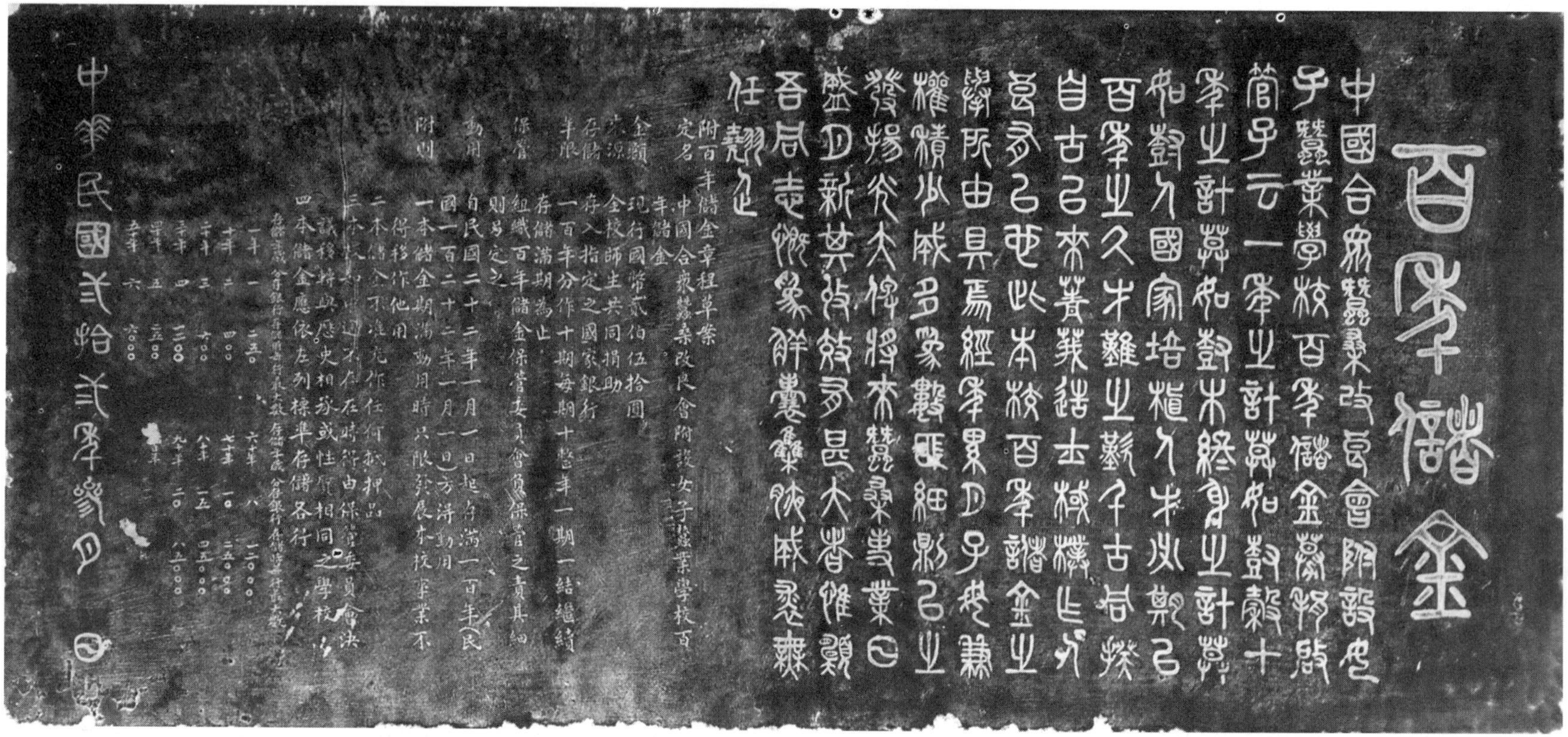

百年儲金　碑　民國二十二年(一九三三)

碑高 0.55 米,横長 1.22 米,厚 0.11 米,白大理石質地。經調查,此碑于二〇〇一年八月在城西七里甸鎮四擺渡中國農業科學院蠶業研究所拆除民國二十年(一九三一)建造的紅樓時發現。

百年儲金碑正文共一百五十九字,采用篆書體書寫,正文下部是“百年儲金章程草案及附則”,采用正楷字書寫。碑文記述民國二十二年,女子蠶業學校爲發展我國蠶桑教育事業,在師生中發動捐款,將一百年分作十期整,存滿爲一百年,故名“百年儲金”。據王福海、黄爲民撰寫的《百年儲金碑》一文記載:“中國合眾蠶桑改良會,鎮江女子蠶業學校,自民國十六年(一九二七)創辦,歷經十八年,培養九届畢業生計六百七十七人,畢業後分佈全國各地,在振興中國的蠶桑絲綢業生産,加強品種改良,趕超世界先進水準方面發揮了重要作用”。

《百年儲金碑》碑文用字的格式很有特色。一般碑文,常規有两種書體,標題和正文各用不同書體,或標題和正文用同一種書體(但名稱字大);亦有標題用篆書隸書,正文爲楷書。《百年儲金碑》正文與標題全用篆書,增加了難度。這在本邑碑刻中幾乎僅有,没有深厚的書法功底是不可能這樣處理的,可能是一位頗有建樹的書法家所爲,可惜碑刻上没有署名。

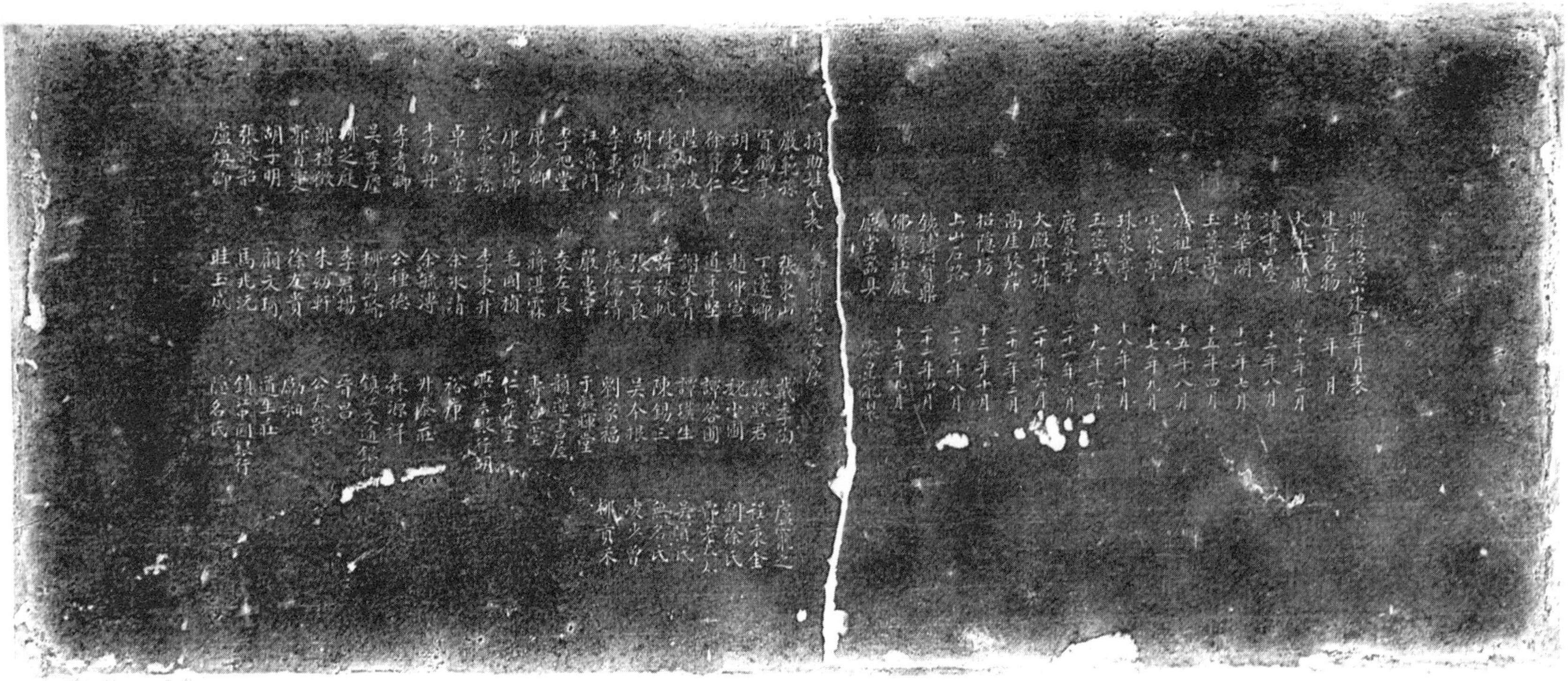

興復招隱山建置年月表　碑　民國二十二年(一九三三)

碑高 0.36 米,横長 0.89 米,青石質地,位於南郊招隱寺讀書臺北側碑壁上。該碑主要記載民國十一年(一九二二)七月至民國二十二年(一九三三)八月十二年時間興建增華閣、讀書臺、大雄寶殿等十四處寺院建築和捐助人的芳名。由此可知,招隱寺現在的殿宇大多是民國期間重建和修復的,捐資的人員幾乎都是鎮江的知名人士,有政府要員、商界巨賈、金融家、知名學者、老董經理以及文藝界的名人等。

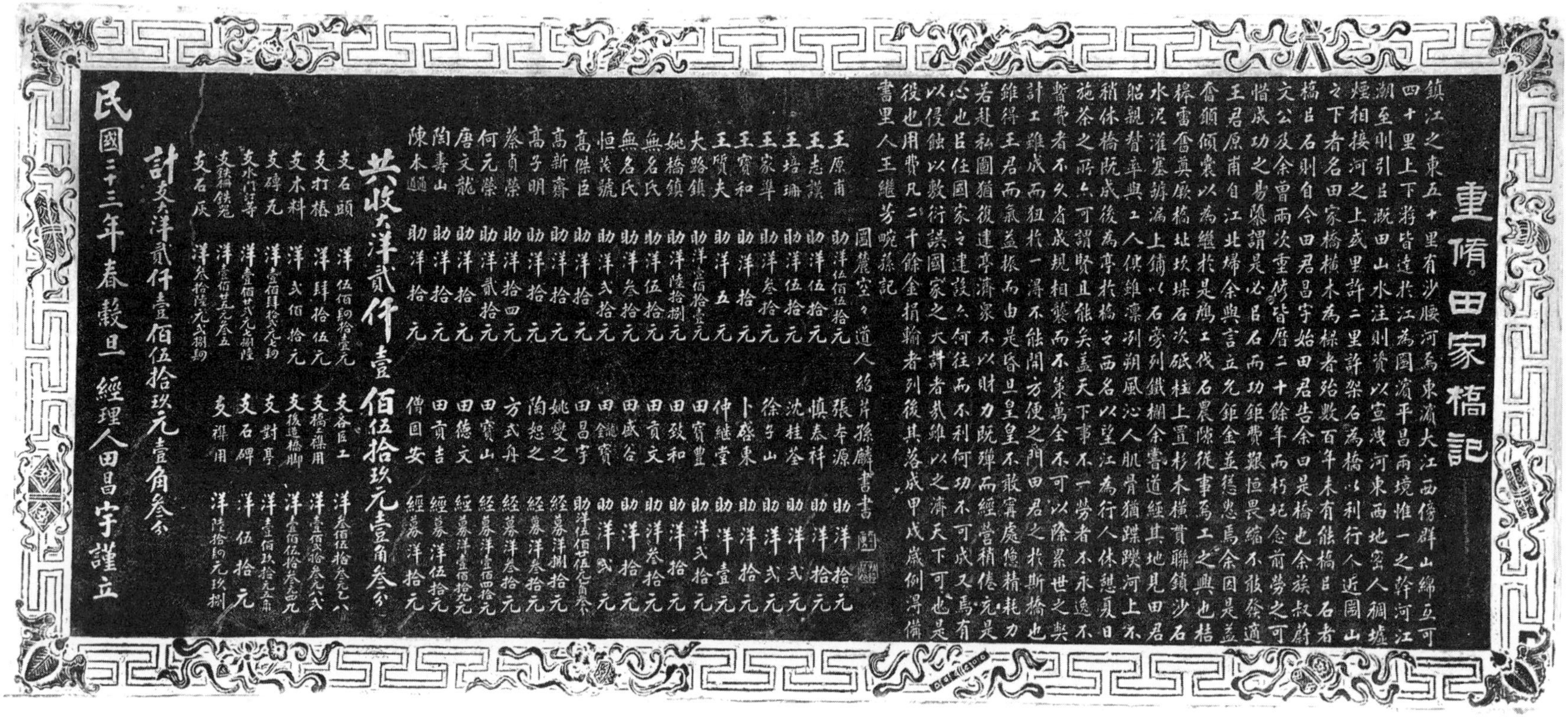

重修田家橋記　碑　民國二十三年(一九三四)

碑高 0.78 米,橫長 1.80 米,青石質地,位於鎮江新區大路鎮田家橋村望江亭内。碑文題字爲隸書,下款爲“民國二十三年春轂旦經理人田昌宇謹立”,文由里人王繼芳畹蓀記,空空道人紹芹孫麟書書。正文序二十四行,每行二十三字,共計五百五十二字。碑文記述:“鎮江東鄉圌山下田家橋村,數百年來受江潮之險害,未有石橋,只有木橋,常年以巨費修木橋派累之苦,該村有識之士和村民盼營造石橋爲村造福緣由”。

孫紹芹(一八八二—一九四二),著名書畫家,字麟書,號空空道人、芹香館主,世稱“九先生”,以“紹芹”行世,丹徒大路孫家村人。據《丹徒丹青》一書載:孫出於書香門第,少時受家庭熏陶,有文名,成爲“文會公所”的領軍人物。青年時期作詩、畫、書歌頌愛國之士。在鄉里教書,後投筆從戎,參加辛亥革命。民國成立後,回鄉教書創辦教育,堅持金石、書畫的創作,名重鄉里,義賣書畫賑災鄉民,贏得好評,六十歲時逝世,著有《藝苑南箴》一書。其金石書畫均自學成才,歷年無間斷地臨摹前人法帖自有心得。該碑字字如珠璣,筆力遒勁挺拔,功力很深。石碑邊周刻回紋飾相纏,中有暗八仙圖案相間,在碑刻上是很少見的。

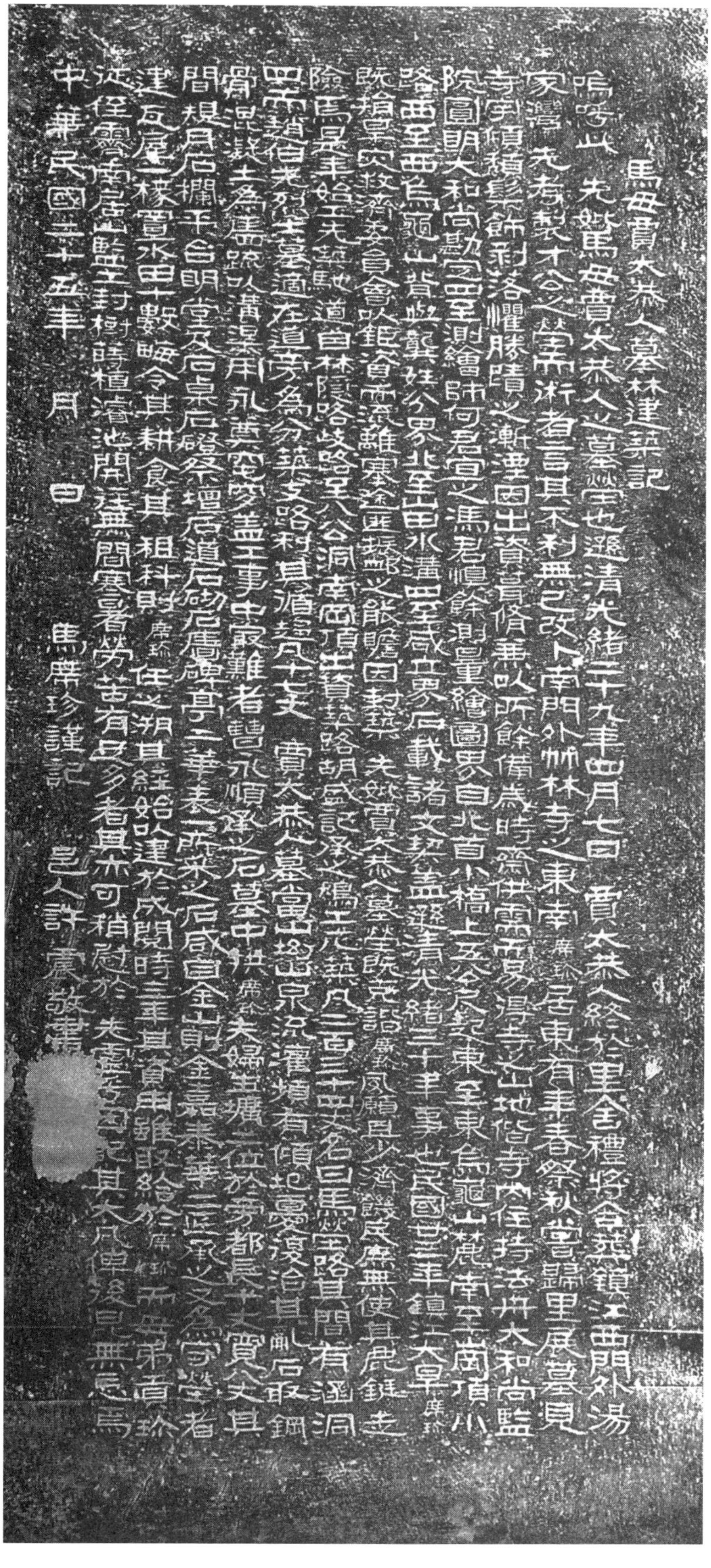

馬母賈太恭人墓林建築記　碑　民國二十五年（一九三六）

碑高2.01米，横長0.90米，花崗岩質地。碑文隸書陰刻，共十四行，計六百一十五字，文由馬席珍撰，許震書寫，立于南郊馬家墳南側祭亭中，保存完整。

許震爲民國鎮江書法家，書法得力于《石門頌》《張遷碑》，字舒展自然，筆劃瘦勁，體呈偏形，意趣横生。由於文獻缺乏，許震經歷不詳，待考。

馬席珍（一九一二年前後在世），清末官紳，丹徒人，倭選同知，曾隨戴振赴日考查政務。宣統二年（一九一〇）去日本經商，選爲江蘇咨議局華僑議員兼神户三江會商務全議所理事。

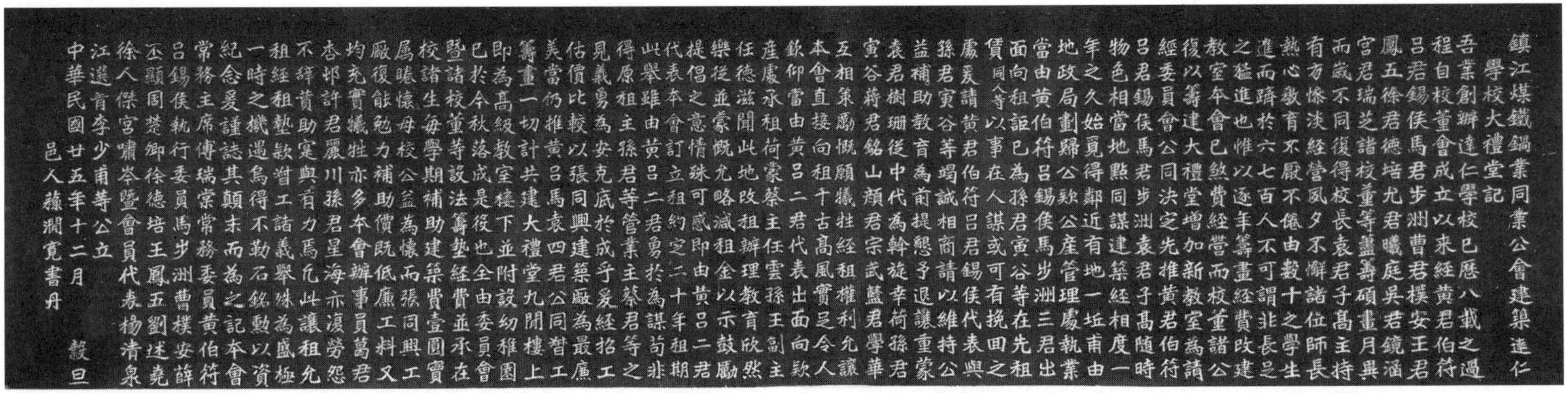

建築達仁學校大禮堂記　碑　民國二十五年(一九三六)十二月

碑高 0.62 米,横長 2.48 米,厚 0.10 米,碑文共六十行,滿行五十六行,每行十四字,計八百一十八字,字大寸許,楷書陰刻,位於鎮江市中華路小學大門西内側,保存完整。碑名全稱“鎮江煤鐵鍋業同業工會建築達仁學校大禮堂記”計二十字。碑文概述:學校創辦八載,在校董和校長的共同努力下,長足猛進發展,决定籌建大禮堂,增加新教室等,校董們分工籌款、督工,吃盡辛苦,大禮堂終於在民國二十五年十二月建成,立碑於校,記此義舉一事。

碑文書寫是本邑著名的書畫家、金石家蘇潤寬的手迹,也是迄今爲止發現的其最多文字的碑文,十分珍貴。

義學碑記　碑　民國二十六年（一九三七）

碑高 0.60 米，橫長 1.05 米，青石質地。碑文記述：留脈灣村有識之士認爲國家和鄉黨之興必須興辦學堂，否則目不識丁，是耕讀傳家的一大憂慮，於是合村衆姓紛紛捐資辦學。

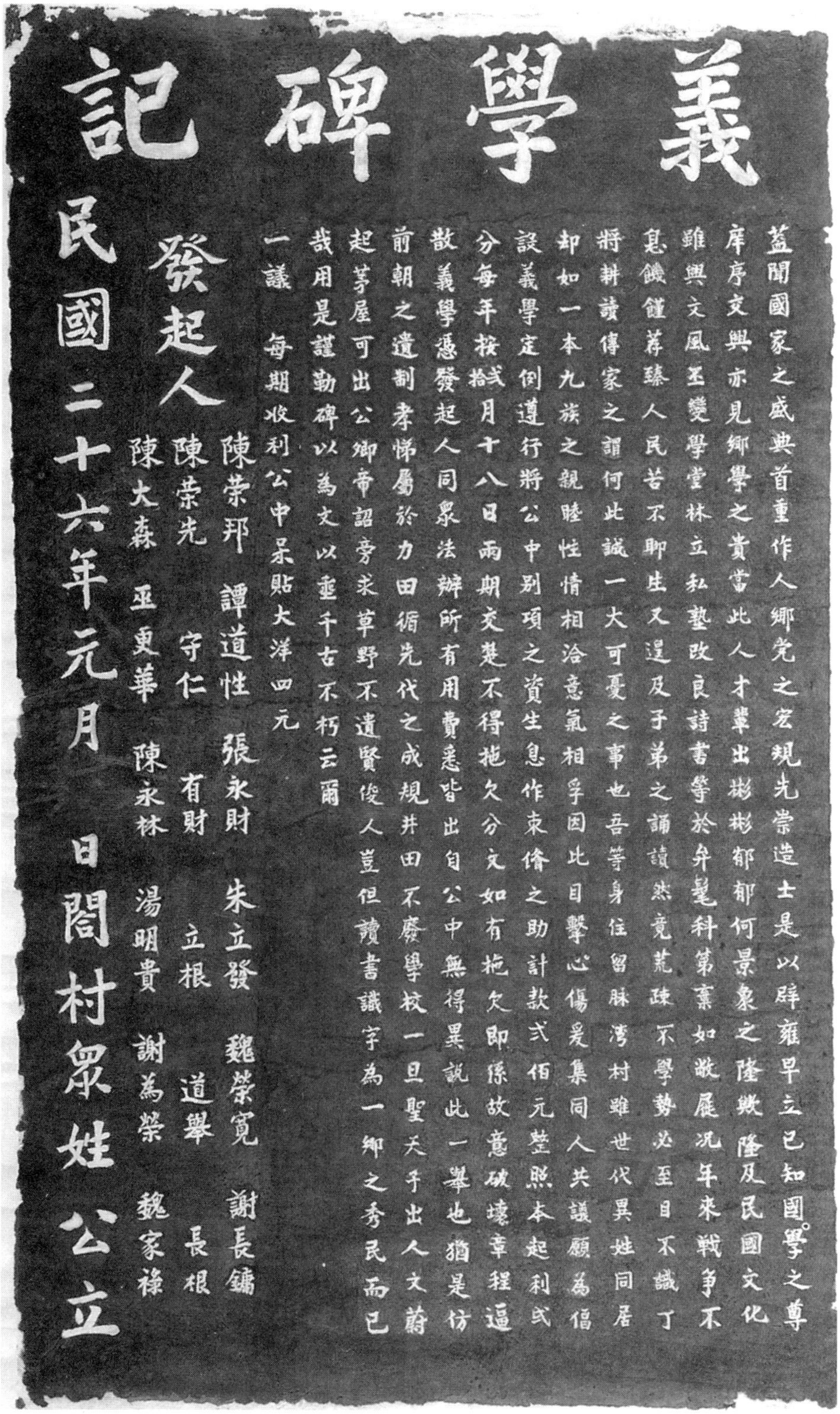

義學碑記

蓋聞國家之盛典首重作人鄉先之宏規先崇造士是以辟雍早立已知國學之尊
庠序文興亦見鄉學之貴當此人才輩出彬彬郁郁何景象之隆歟隆及民國文化
雖興文風丕變學堂林立私塾改良詩書等於弁髦科第棄如敝屣況年來戰爭不
息饑饉荐臻人民苦不聊生又遑及子弟之誦讀然竟荒疏不學勢必至目不識丁
將耕讀傳家之謂何此誠一大可憂之事也吾等身住留脈灣村雖世代異姓同居
却如一本九族之親睦性情相洽意氣相孚因比目擊心傷爰集同人共議願為倡
設義學定例遵行將公中別項之資生息作束脩之助計款弍佰元整照本起利弍
分每年按拾弍月十八日兩期交楚不得拖欠分文如有拖欠即係故意破壞章程逼
散義學憑發起人同衆法辦所有用費悉皆出自公中無得異說此一舉也猶是仿
前朝之遺制孝悌屬於力田循先代之成規井田不廢學校一旦聖天子出人文蔚
起茅屋可出公卿帝詔旁求草野不遺賢俊人豈但讀書識字為一鄉之秀民而已
哉用是謹勒碑以為文以垂千古不朽云爾
一議　每期收利公中呆貼大洋四元

發起人　陳榮邦　譚道性　張永財　朱立發　魏榮寬　謝長鏞
陳榮先　守仁　有財　立根　道舉　長根
陳大森　丕更華　陳永林　湯明貴　謝為榮　魏家祿

民國二十六年元月　日　閤村衆姓　公立

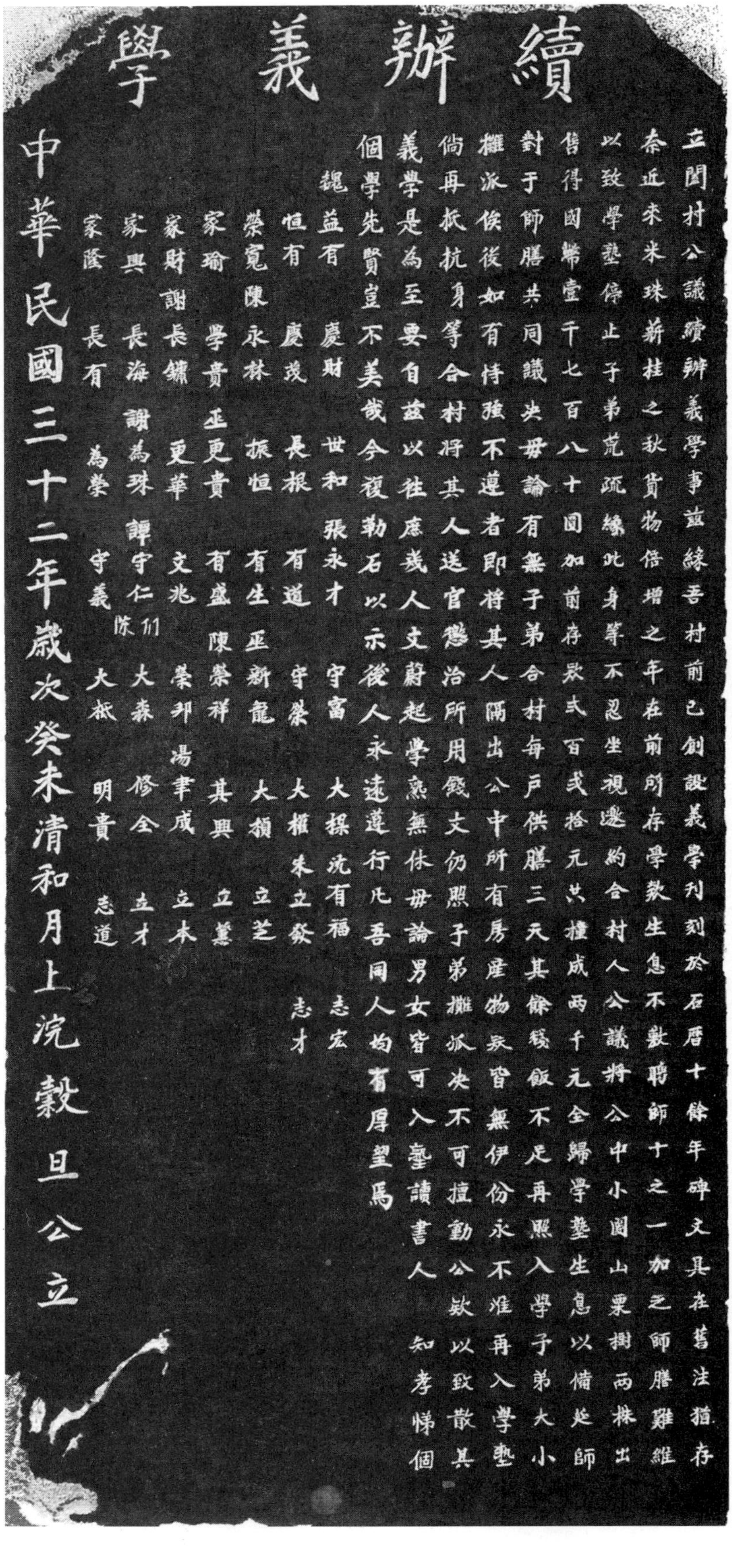

續辦義學碑　民國三十二年（一九四三）

碑高1.26米，横長0.58米，青石質地。碑文記述：留脈灣村辦學近十年，近年米價不斷上漲，物價倍增，學款日不敷出，所聘教師吃飯難維，使學塾停止，子弟荒疏，村中有識之士不忍，邀約村人公議，想辦法再次集資續辦義學，今復勒石以示後人，永遠遵行。

以上二碑均嵌於留脈灣村三茅宮内，立於民國二十六年（一九三七）至三十二（一九四三）年，石碑完整，字字清晰，是研究辦義學的實物材料。

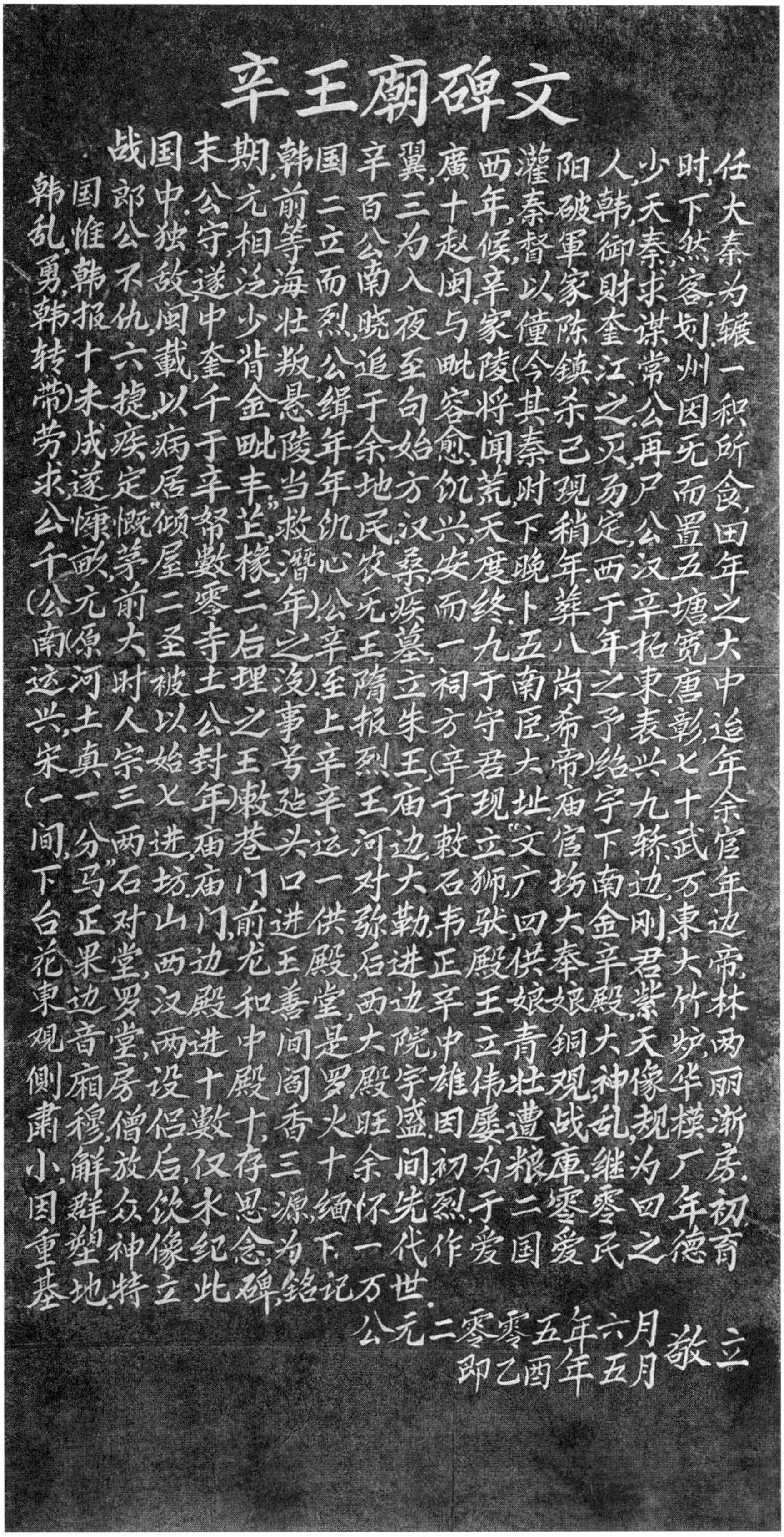

辛王廟碑文

战国末期，韩国辛翼，廣西灌阳人，少时，任
韩国郎中。公元前二百三十年，秦破韩，天下大
乱，惟公独守，相等立公为赵候，督軍御秦，然秦
勇，韩不敌，遂泛海而南入闽。辛以家财求客为
韩报仇，闽中少壮烈晓夜与家僮陈奎谋划，辗
转十六载，奎背叛，公追至毗陵(今镇江常州一
带)，未提，以千金悬缉于句容，将其杀之。公因积
劳成疾，病于毗陵年余始愈，闻秦已灭，再无所
求，遂定居辛丰。当年地方饥荒，时现易户而食，
公慷慨"倾帑芷"救饥民。汉兴，天下稍定，公置田
千畝，茅屋数椽，潛心农桑，安度晚年。西汉五年
(公元前二零二年)公无疾而终，卜葬于辛塘之
南(原大圣寺后之辛王墓，一九五八年拓宽大
运河时被土理後)。至隋立祠于南岗之東，唐中
兴，土人以公之事上报朱方守臣，希予表彰，追
宋真宗始封王号辛烈王(辛君大帝)，绍兴七年
(一一三七年)敕建辛王庙于现址，庙宇九十余
间，分两进，庙巷头运河边敕立"文官下轿，武官
下马"石坊，庙门口一对大石狮，广场南边万年
台，正对山门，前进供弥勒、韦驮、四大金刚，東边
花果堂，西边龙王殿；后进正殿供奉辛君大帝，
東边罗汉殿和善堂，西边辛王娘娘殿，紫竹林
观音堂，两进中间是大院，中立青铜大天炉，两
側廂房设十殿阎罗，殿宇雄伟壮观，神像华丽
肅穆，僧侣数十，香火旺盛。因屢遭战乱，规模渐
小，解放后仅存三十余间，初为粮庫，继为厂房。
因群众饮水思源，缅怀先烈，于二零零四年初
重塑神像，纪念，为下一代作爱国爱民之德育
基地，特立此碑，铭记万世。

公元二零零五年六月
即乙酉年五月
敬立

辛王廟碑文　二〇〇五年

碑高1.61米，横長0.79米，青色大理石質地，位於丹徒區辛豐鎮鎮北臨近京杭大運河東側巷内。

辛王廟是紀念辛翼的，辛翼于宋真宗始封辛烈王，紹興七年而敕建，地址即現在的辛王廟。新中國成立後爲糧庫，後又辦工廠，僅存三十餘間，規模漸小，現群衆飲水思源，緬懷前賢，又重塑神像來紀念辛王。

其碑文爲楷書體，共五百零九字，由辛豐鎮知名人士蔣苃萁老先生撰文並書。

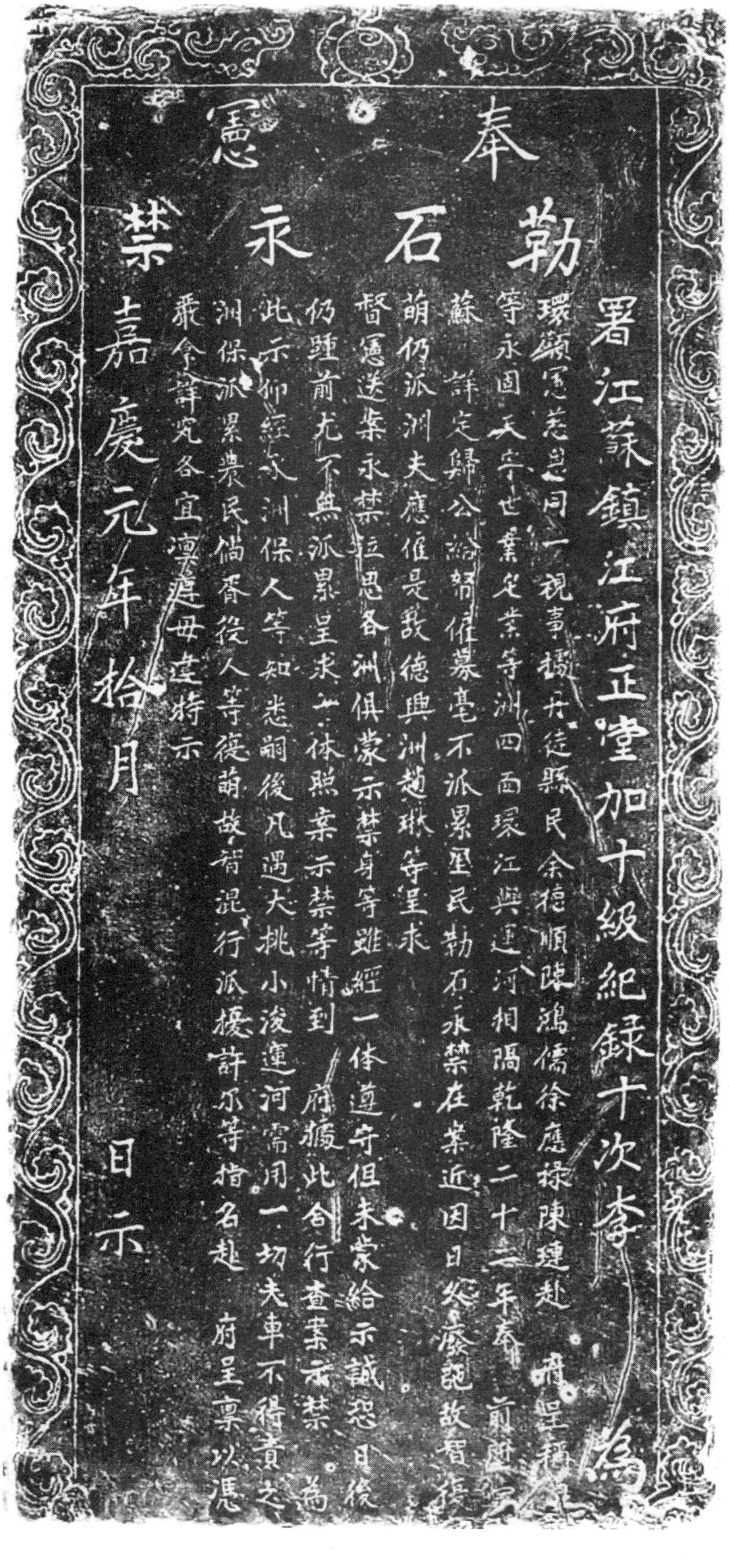

奉憲勒石永禁
署江蘇鎮江府正堂加十級紀録十次李
嘉慶元年拾月　日示

奉憲勒石永禁　碑　清嘉慶元年（一八〇五）

碑高1.40米，横長0.61米，青石質地，楷書陰刻，位於潤州區蔣喬鎮南小圩村觀音禪林内。碑文共十一行，計二百七十一餘字，碑石周有萬年青卷葉紋。

碑文記述清嘉慶年間，金山以西沿江永固、天寧、世業、定業等洲民向府衙提案：往運河大挑小浚一切夫車，不再向各洲民攤派雇工募資的規定，現在日久廢弛，要求府衙示禁，恐日後仍經前，府據此合查同意示禁，並奉憲勒石永禁。此情況，正史中均無記載，可補地方志不足。

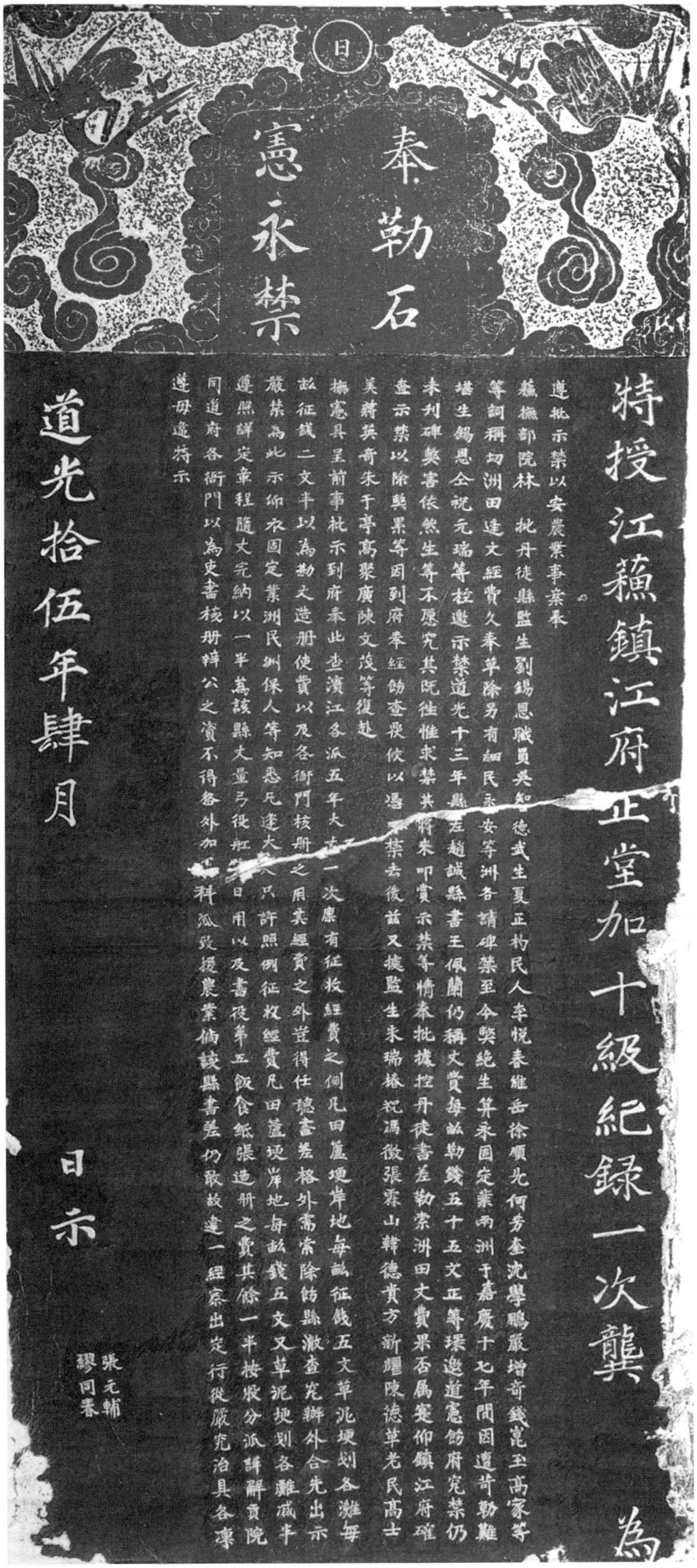

奉憲勒石永禁　碑　清道光十五年（一八三五）四月

碑高1.40米，横長0.62米，青石質地，楷書陰刻，位於潤州區蔣喬鎮南小圩村觀音禪林内。碑文記述清道光十五年期間，丹徒縣差每年強行在永固、定業等洲丈量田畝，勒索銀錢，洲民多次向縣衙控告要求立碑示禁，多年來一直未果，仍害洲民，因此洲民向上控告，現奉批鎮江府調查處理，後定出章程並立石永禁。以後縣差違反章程，一經查出，定行從嚴追究，才算平息。此禁碑上的史實，地方書中均無記載，可補地方史料的不足。

句容龍山魯公祠堂記事碑　清道光十六年（一八三六）二月

碑高 1.33 米，横長 0.62 米，厚 0.18 米，青石質地，楷書陰刻，位於句容市行香鎮龍山村村北虎耳山。碑文大部分漫漶難認，碑周萬年青卷葉紋原已斷裂，現已拼接完整，藏於句容市圖書館内。

碑文記載大書法家顔真卿賜葬于唐，立祠設庵，載明縣志等字樣。此爲顔真卿歸葬句容行香鎮龍山村及一支顔氏後裔定居句容的重要實物證據。

勒石永禁以安農業事　碑　清道光十八年（一八三八）

碑高1.51米，横長0.67米，青石質地，楷書陰刻。碑文共十六行，滿字十一行，損十字，碑已横向斷裂，現位於潤州區蔣喬鎮南小圩村觀音禪林内。

碑文記述清道光十八年，金山之西，濱江永固、定業二洲洲民到府衙控告縣差，因灘地問題違例年年勒索錢文，滋擾農業，使洲民不安之大害，府衙恐鬧出大問題，無奈接受洲民之請求，立石永禁縣差滋擾洲民。

此段史料，地方志中均無記載，不知何故。

奉憲杜累碑　清道光二十四年(一八四四)二月

碑高 1.60 米，横長 0.60 米，青石質地，二〇〇一年十二月發現於丹徒區辛豐鎮曹家村廢棄祠堂牆上。碑正文約三百四十四字，楷書陰刻。碑文記述辛豐鎮曹家村有十二名農民聯名向丹徒縣衙稟報，近來村子里運和地保訊捕職責不清，在籍票内有協保字樣，以致村民輪充一事，其實與里運協保條漕無幹。縣衙出示諭禁，恐受擾累，規定以後村内有命案、盜竊等都是訊捕緝辦，里運專司條漕，不得違反。

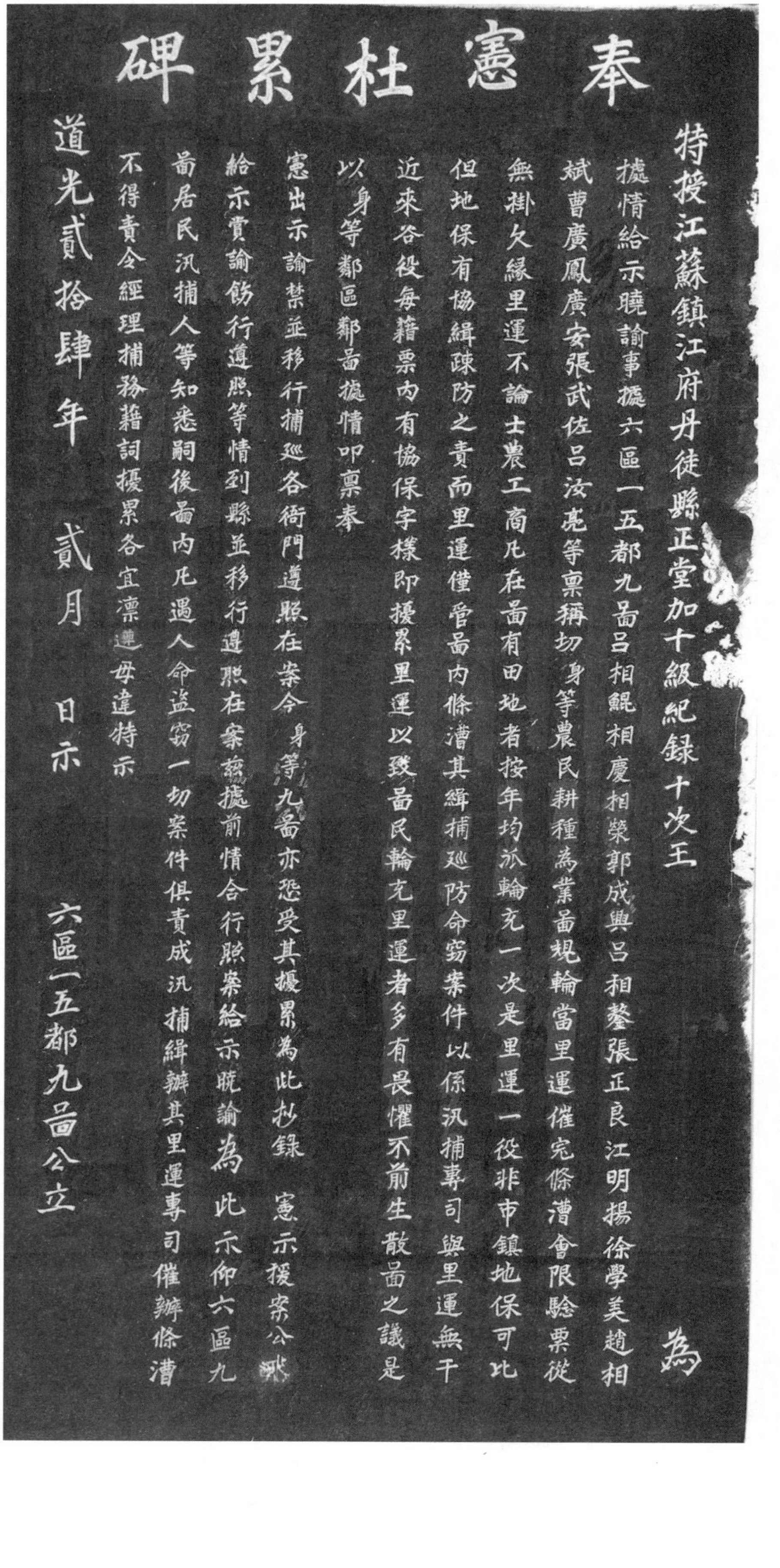
奉憲杜累碑
特授江蘇鎮江府丹徒縣正堂加十級紀録十次王　為
據情給示曉諭事據六區一五都九啚呂相鯤相慶相榮郭成興呂相鏊張正良江明揚徐學美趙相
斌曹廣鳳廣安張武佐呂汝亮等禀稱切身等農民耕種為業啚規輪當里運催完條漕會限驗票從
無掛欠緣里運不論士農工商凡在啚有田地者按年均派輪充一次是里運一役非市鎮地保可比
但地保有協緝疎防之責而里運僅管啚內條漕其緝捕巡防命竊案件以係汛捕專司與里運無干
近來各役每籍票內有協保字樣即擾累里運以致啚民輪充里運者多有畏懼不前生散啚之議是
以身等鄰區鄰啚據情叩禀奉
憲出示諭禁並移行捕巡各衙門遵照在案今身等九啚亦恐受其擾累為此抄録　憲示援案公懇
給示實諭飭行遵照等情到縣並移行遵照在案茲據前情合行照案給示曉諭為此示仰六區九
啚居民汛捕人等知悉嗣後啚內凡遇人命盜竊一切案件俱責成汛捕緝辦其里運專司催辦條漕
不得責令經理捕務籍詞擾累各宜凜遵毋違特示
道光貳拾肆年貳月　日示
六區一五都九啚公立

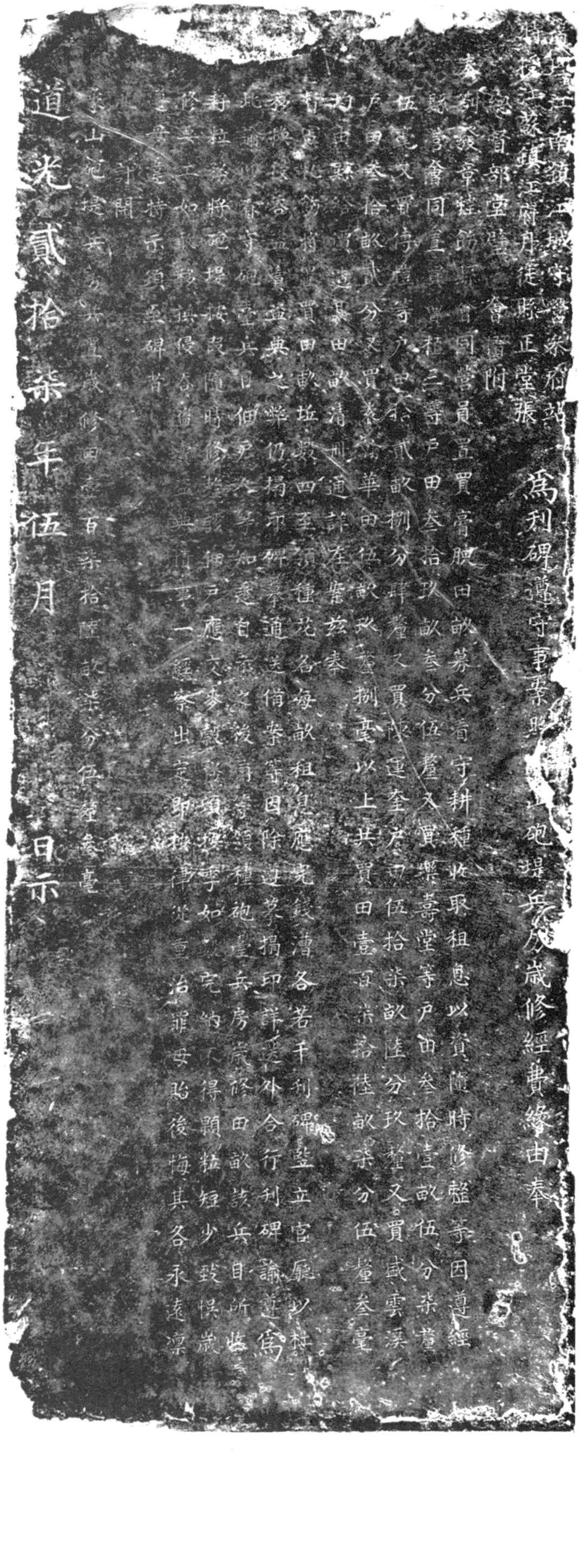

象山炮臺歲修經費緣由　碑　清道光二十七年五月

碑高1.61米，橫長0.62米，厚0.18米，青石質地，現位於鎮江市區千秋橋街九十四號袁姓院中。碑正文計十二行，滿字九行，每行三十六字，共三百五十字，楷書陰刻，碑石基本完整。碑文記述：鴉片戰爭中，象山炮臺等建築損毀嚴重，爲加強防御，籌集經費，置買田畝共一百七十六畝七分五厘三毫，然後募兵守耕種，收取租息，按時完納，以資隨時修整待用。碑石正文後部還記載了嚴格的管理制度，鎮江城守營恭府站專此刊碑嵌於總督部堂壁上。經調查，千秋橋街八十一歲莫燧章老人曰：『此處原是清代守備衙門，我現在就住在守備營大院裏』。他還説，千秋橋小學是清代的『積穀倉』，老人陳述與志書記載相吻合。此碑的發現，證實了象山炮臺參加過鴉片戰爭，具有史料性的研究價值。

杜漸防微求禁勒石事　碑　清道光三十年（一八五〇）

碑高1.40米，横長0.74米，楷書陰刻，青石質地，位於潤州區蔣喬鎮南小圩村觀音禪林内，保存完整。碑文共十六行，計五百三十六字，其中殘損四十四字。

碑文記載了清道光三十年，濱江永固各沙洲常遭逢水患，業户居民每年用萬金箍江大岸，以保家園安寧和耕種。『但有希漁利爬種有礙埂岸坍禦』，洲民請求鎮江府丹徒縣衙立案，出示佈告，勒石永禁，告之公衆，以保安全。今後如有亂指派，要嚴拿詳究。此情地方志書無記載，故此碑具有一定的研究價值。

此碑文明載：現金山以西長江南岸段，江中各沙洲在清道光三十年前早已逐漸連成一片，以及滄桑變遷的真實情況，這和清光緒《丹徒縣志》的記載完全吻合。

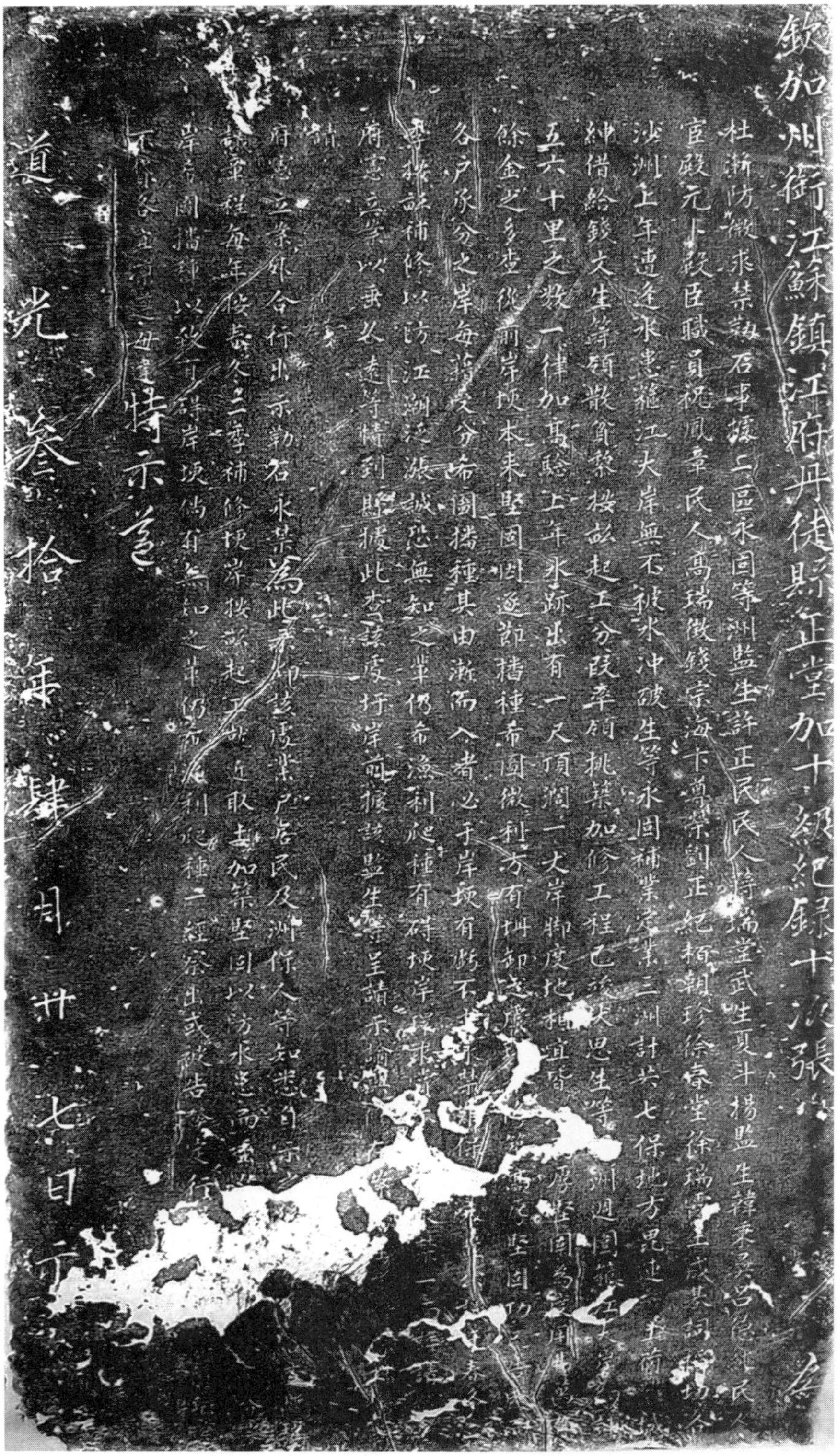

奉憲示諭勒石永遠　碑　清光緒二十九年（一九〇三）

碑高 1.24 米，横長 0.68 米，白大理石質地，楷書陰刻。碑文記述光緒二十九年五月，京口瓦木工人因工資收入克扣，收入甚少，致使瓦木工人無法養家餬口，要求漲工價。三十八名工人代表聯名向官府提出漲工價，結果官府答应照米價漲工價，斗争取得勝利。

粘章結示勒石遵守　碑　清光緒三十二年（一九〇六）

碑高1.70米，橫長0.64米，青石質地，楷書陰刻。碑文記述光緒三十二年六月，京口瓦木工人事隔三年後，因公所、工頭不斷盤剥，又回到原來實際收入，難以養家，再次提出漲工價，經過斗争，官府同意漲工價，按米價結算作了讓步，並對工人制定苛刻的條款。

以上兩方碑刻內容在地方志中均未記載，對研究镇江市瓦木工人在清代向官府作斗争，争取生存權利有著重要的意義。

這兩方碑刻均存於原市拖板橋小學內。（以上两拓件为戴志恭先生赠送）

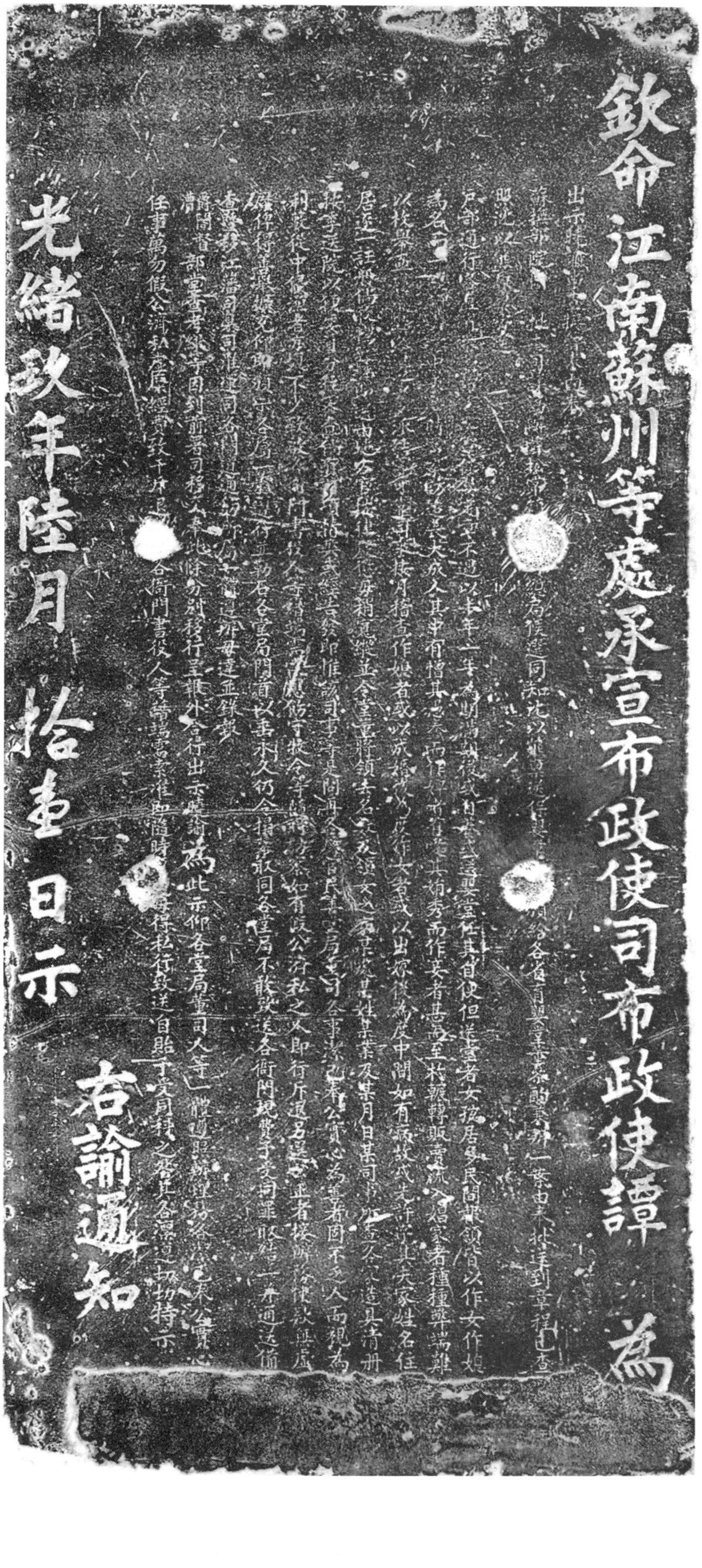

育嬰堂　碑　清光緒九年（一八八三）六月

碑高 1.59 米，横長 0.73 米，厚 1.50 米，白大理石質地，位於鎮江新區大港街道文昌宫二十七號。由於拆遷，現存趙伯先紀念館。

育嬰堂碑刻於清光緒九年（一八八三）六月由江南蘇州等處承宣布政使司立。碑文記述了清代末年，特别是女棄嬰進育嬰堂有人領養，長大放入社會後作婢、妾，甚至被販賣，流入娼門等危害性，爲了保護各堂，均要造具清册，送院審查備案。經查證，如有各項情弊或告發等情，受同科之咎。該碑是研究封建社會如何保護兒童，尤其是女嬰的一件實物佐證。

（注：布政使，明爲一省的行政長官。清代康熙六年（一六六七），每省僅設布政使一員，無左右之分，作爲二品官處理一省的財賦和人事）。

啟善堂保護碑　民國十三年（一九二四）

碑高 1.03 米，橫長 0.53 米，厚 0.10 米，青石質地，楷書陰刻。據《鎮江城内新立啟善堂粥廠碑文》記載，啟善堂原是商界等在光緒二十八年（一九〇二）創辦的慈善機構，直至民國十三年（一九二四），因地方狹小，擴充範圍，同時防止地方滋擾等因，縣衙立石保護。

啟善堂遺址在城内『月華山下，千秋橋畔』，即今市區第一樓街北端（新中国成立初为生産教養院）。因此地城市開發住宅，刻碑現移藏張雲鵬故居内保護。

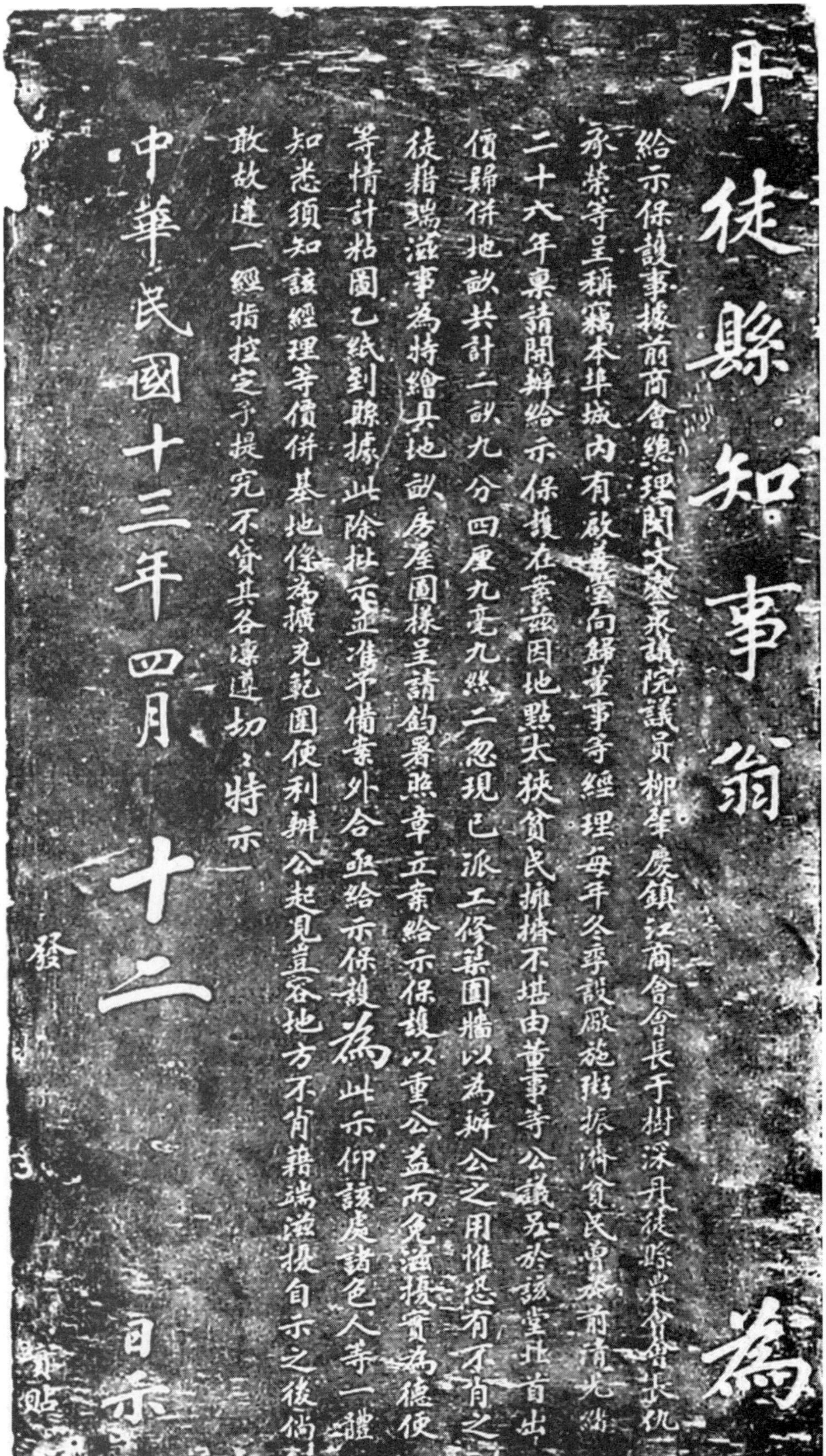

丹徒縣知事翁　為
中華民國十三年四月十二日
發
示

廟額・墓志類

仙真觀　石額　清道光二十四年(一八四四)

額高 0.44 米,横長 0.875 米,厚 0.05 米,青石質地。上有“仙真觀”三個楷書大字,上款爲“本觀住持道宫孫元憲自創山門一座,祈皇圖鞏固帝道遐昌”十七個小真書字。下款爲“大明萬曆辛巳季春吉立,道光甲辰闔觀重修”十八個小真書。

據元至順《鎮江志》卷十記載:“廣惠仙真觀在華山”,由此可知,仙真觀在元代即有,遺址位於現華山東南隅一小山頭上。抗日戰爭期間,日寇放火燒毀。石額原在該村一户村民屋前做爲曬東西的石板,後由華山村一批熱愛文物的老同志收藏保護。

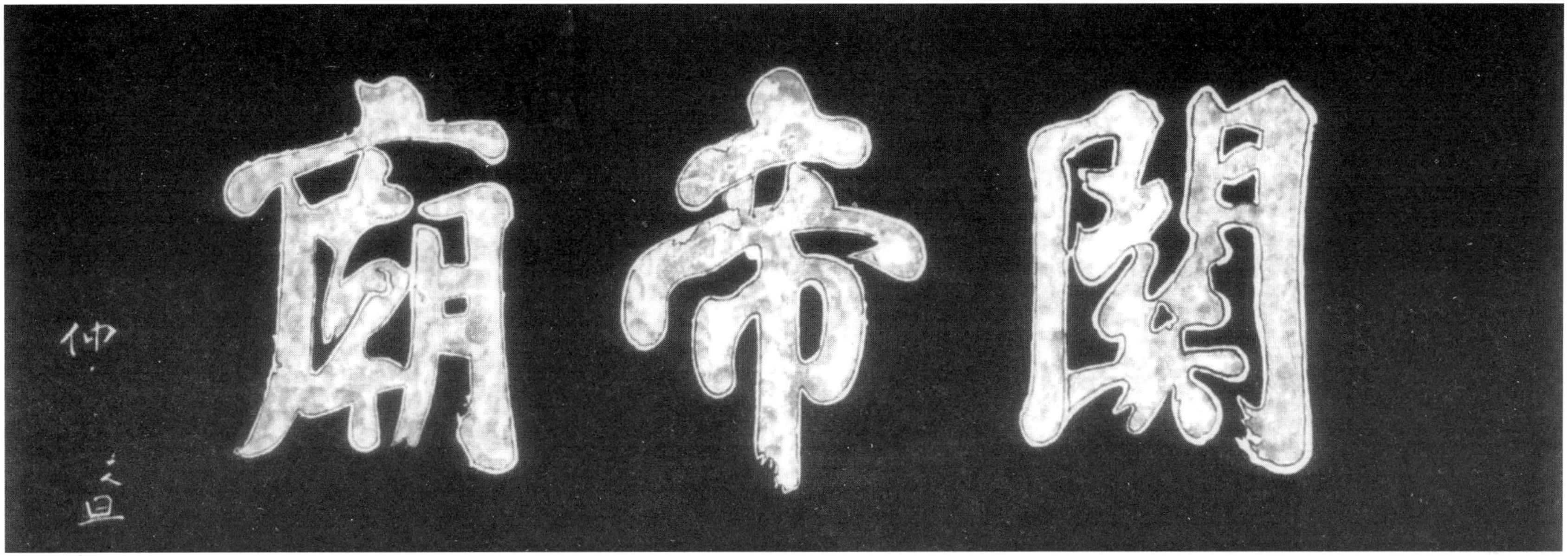

關帝廟　廟額　明成化

石額高 0.48 米，横長 1.37 米，厚 0.08 米，漢白玉質地。上有“關帝廟”三個行楷大字，每字高三十六厘米，寬二十三厘米。碑文用雙刀刻線的方法來表現，字體端莊，富有變化，可惜字迹已平，現位於鎮江新區姚橋鎮豐樂橋路十一號，丹徒縣糧食局倉庫牆邊。

據《姚家橋》一書的記載：“潤東姚氏關帝廟建于明朝成化年間”“廟宇位於集鎮東首登仙橋西側，面對姚家港”。廟原有山門、大殿等，雕樑畫棟，殿後有姚家學堂，院後有戲臺等建築。現均蕩然無存，僅存此額。

銅山玉泉禪院　廟額　清嘉慶

額高 0.52 米，横長 1.56 米，厚 0.12 米，白石質地，位於句容市寶華鎮銅山村北。門額上鐫刻“銅山玉泉禪院”六字，行楷書體。可惜“銅”字和上款有鑿損痕迹，“銅”字和上款“嘉慶”二字隱約可見。此額由清代丹徒人茅元輅題，郭汝礪書。門額現存於該寺廟内，但石額已斷裂。

據有關文獻記載：寺院建於明代，銅山村北，有銅礦，主要分佈于句容西北部寶華鄉一帶。相傳春秋時期，先民曾在此處開采、冶煉過銅礦，據村民曰：現山上有洞口和坑地。該山南麓(即玉泉院遺址)有玉泉一口，常年湧突不斷，現原有地上泉欄不存，但泉水仍湧出，故寺以泉名。

據《鎮江人物辭典》記載：“茅元輅，一七八五年左右在世，清代詩人，字翊衢，號三峰，丹徒人，乾隆五十三年舉人，授翰林待詔。精於詩賦，兼通聲曲，爲人慈善，鄉有義舉，無力不倡，卒年八十歲”。

郭汝礪，字小岩，丹徒人，清代書畫家。

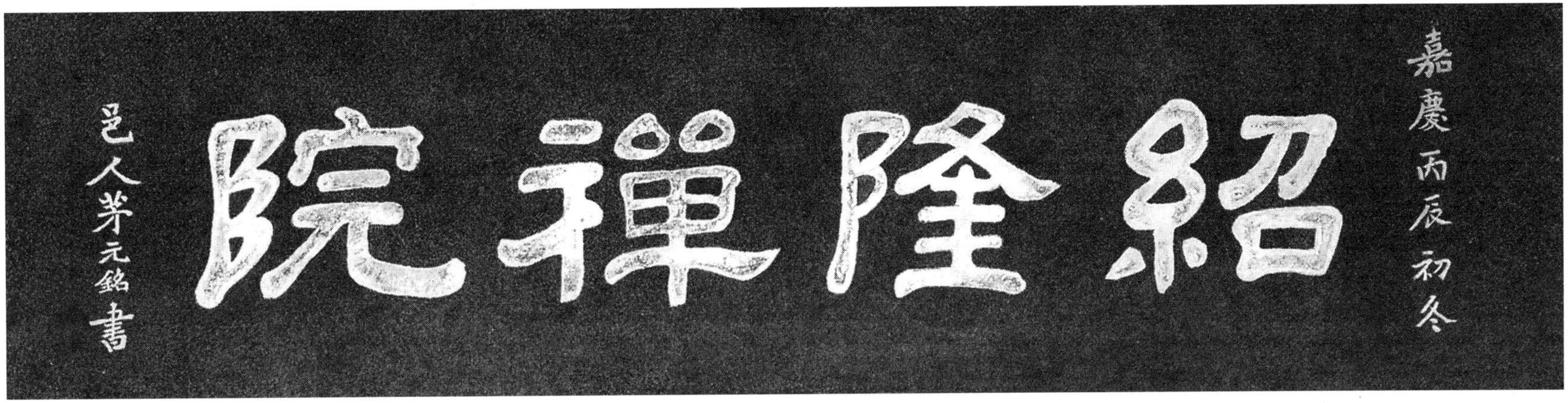

紹隆禪院　廟額　清嘉慶元年(一七九六)

額高 0.32 米，横長 1.28 米，白大理石質地，位於大港新區紹隆寺内西圓門上。上有“紹隆禪院”四個隸書大字，上款爲“嘉慶丙辰初冬”六字，下款爲“邑人茅元銘”五字。

茅元銘，清代詩人，書法家，字耕亭，號栗園，丹徒人。乾隆三十七年(一七七二)進士，歷官内閣學士兼禮部侍郎，河南、廣東學政等職，學問淵博、精通詩賦。據《京江耆舊集》云其“閣學沖和恬雅，心事庇暢。生平好遊，踪迹遍及京口諸山水，著有《栗園詩鈔》。亦工書法，名噪一時，所臨《三希堂法帖》，館閣名流無不嘆服”。

題字有東漢《曹全碑》的風格，用筆圓潤秀麗，結字均整。此廟額，在“文革”中已將字口鑿損。該拓件是根據額中刻痕線腳鉤描復原，不差分毫，故能見到當年的字迹原貌。

福德神祠　石額　清嘉慶六年(一八〇一)

額高 0.28 米,横長 0.84 米,白大理石質地。上有"福德神祠"四個大字,上款爲"嘉慶辛酉秋日"六字,鈐一方"柿葉山房"印記;下款爲"夢樓王文治敬書"七字,下鈐两方印記,一方爲"王文治印"篆字姓名印,另一方爲"曾經滄海"閒章。碑文均爲陰刻,現嵌於丹徒區辛豐鎮徐東村村東土地廟門楣上。"文革"中,土地廟被拆,該碑在河塘邊成了墊腳石,現保存完整。

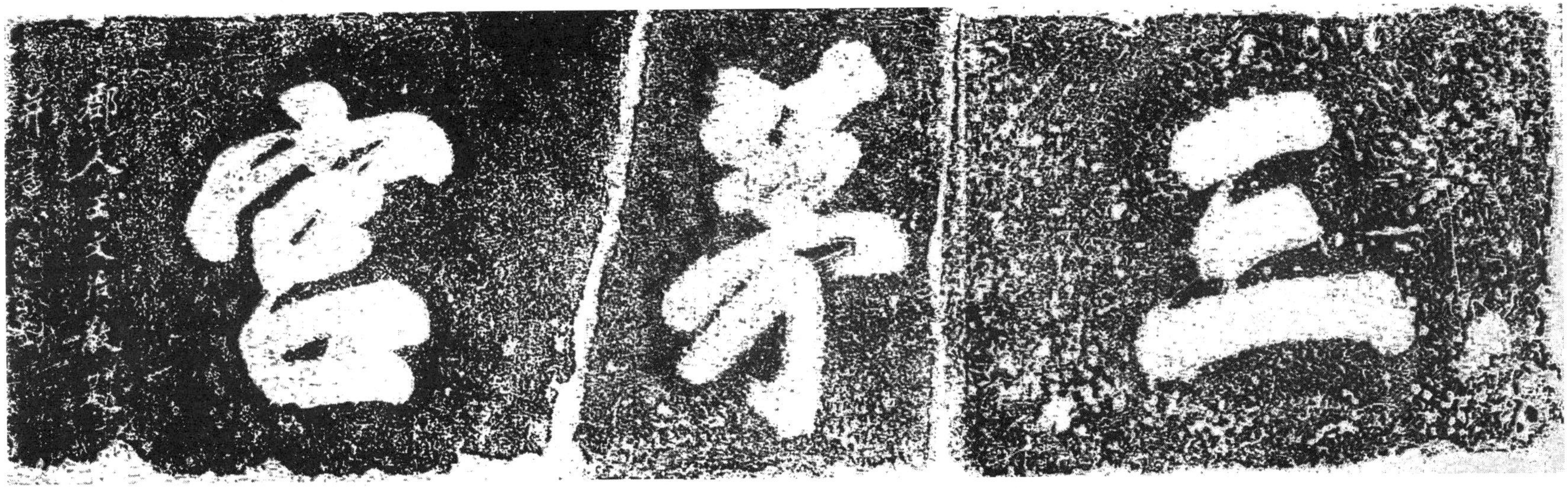

三茅宫　横額　清嘉慶

額高 0.64 米，横長 2.21 米，厚 0.10 米，漢白玉質地，上有“三茅宫”三個楷書斗方大字，位於丹徒區辛豐鎮横山凹三茅宫靈官殿門額上。二〇〇〇年四月重建靈官殿拆牆時不慎墜地裂成三塊，甚爲可惜。

以上两方碑刻，均爲我國清代著名的書法家、詩人王文治所書。

王文治(一七三〇—一八〇二)，字禹卿，號夢樓，丹徒辛豐鎮東石村人。清乾隆二十五年(一七六〇)一甲進士、第三名探花，授翰林院編修，二十八年(一七六三)翰擔大考第一，擢國史修撰，後任雲南臨安知府。不久去任歸里，後不出仕。他精于詩文、書法、音律，著有《夢樓詩集》。書法與翁方綱、劉墉、梁同書齊名，有“淡墨探花”之稱，常在家鄉故里題書贈字，有求必應，口碑極好。據《夢樓詩集》載：“余歸里後卜居夢溪之旁壽邱山之麓，有柿樹，大可數拱，葉繁陽茂構小齋”(即柿葉山房)。從此夢樓的書畫作品中蓋有“柿葉山房”這方齋號印，這方石刻上也鈐有此印章，可見此題書應是王文治歸里後書寫的。

净因寺　廟額　清道光

額高 0.54 米，横長 0.82 米，厚 0.50 米，漢白玉質地。上有“净因寺”三個楷書陰刻大字，無款。碑的右邊部殘缺，但字尚全，題字渾厚圓潤，雍容大方。碑石基本保存完整。

一九九七年春，筆者在五州山考察時于净因寺遺址草叢中發現。此碑傳爲清乾隆皇帝賜書，不可信。據清光緒《丹徒縣志》記載：“乾隆十六年賜額净因寺。”到清嘉慶十七年（一八〇八）時隔六十餘年，該寺曾遭毁壞，嘉慶十七年丹徒縣令鄒以燻請來高資大士庵清虚和尚來寺主持，恢復净因寺，並由他題寫。乾隆帝字體與他不同，碑中未落御筆和印記，只因乾隆皇帝賜額題寫過，故未敢落款。

延生禪林　廟額　清道光二十年(一八四〇)

額高 0.44 米,横長 1.48 米,厚 0.12 米,漢白玉質地。額上有“延生禪林”四字行書,由蔡廷俊題書。蔡氏身世不詳。

據清《丹徒縣志》記載:“延生庵,在城南三里崗,明時建。道光二十年又重建,改稱‘延生禪林’”。延生禪林即延生庵。新中國成立後五十年代拆除。二〇〇一年六月因拓寬鎮寶公路時出土,當時村民將此碑送附近的觀音山居士林保護。

觀音禪林　廟額　清同治十年(一八七一)

石額高 0.30 米,横長 0.63 米,厚 0.60 米,白凡石質地,現藏於丹徒區石馬鎮十里長山的厚固村。禪林即過去的觀音庵,建于清同治十年,後毁,一九四〇年住持僧明聖重建。額字爲楷書,筆鋒鋭利,雙鉤上石刻之,保存完整。該禪林近年又重新整修,並成爲對外活動的宗教道場。

古讓王廟　廟額　清光緒二年(一八七六)九月

額高 0.41 米,横長 1.23 米,厚 0.08 米,白大理石質地。上有"古讓王廟"四個楷書大字,上款爲"光緒二年九月吉旦"八字,下款爲"邑人陳寉書,里人公建"八字,位於丹徒區上黨鎮鎮北古讓王廟。

據調查,該廟緊臨上黨鎮,"文革"中拆除,廟額拋入河塘中。二〇〇〇年四月上黨村村民湯林兒重建讓王廟,將原額從水中撈出,嵌於山門上。二〇〇六年五月讓王廟改稱"報恩寺",將原碑換下存入寺中。

據《丹徒寺觀》記載:"古讓王廟,清嘉慶前建於上黨鎮北,祭祀吴泰伯",吴泰伯是周代吴國的始祖。在清代光緒十六年(一八九〇)建有大殿、地藏殿等建築。

福音寺　廟額　清光緒三年(一八七七)

廟額高 0.39 米,横長 1.11 米,厚 0.08 米,青石質地。額中有“福音寺”三個楷書大字,有上款無下款,何人書寫,無從詳實。字體中宫緊密,行筆遲澀,其遠追顔,姿態雍容華貴。

福音寺,原是建在長山頂萬福宫旁的一座小廟。據陳慶年在《寺觀調查録》中的記載來推斷,長山山上及周圍寺廟觀很多,均在清咸豐十年(一八六〇)被太平軍焚毁,十七年後又陸續重建。“福音寺”在光緒三年(一八七七)恢復。二〇〇三年四月蔣喬鎮嶂山村村民羅喚娣在長山頂覓得“福音寺”原廟額一方。後在長山北麓半山處又重建福音寺,現有山門一座,殿堂三楹,生活用房两間。

萬壽禪□　廟額　清光緒三十四年(一九〇八)

額高 0.54 米，横最長處 1.37 米，最短處 1.08 米，石厚 0.16 米，青石質地。額中題字缺“寺”字，上款爲“光緒戊申年冬月　穀旦”，下款缺損。額上方有“勅建”二字，這説明此为光緒三十四年奉勅修建的寺院。

據元至順《鎮江志》記載：“萬壽寺在中土門裏，宋趙安撫之故宅也”，“大德六年，僧智和改創。”清《丹徒縣志》记載：“萬壽寺在城東北汝山麓。元大德年間建，十年後已毁，到清光緒三十四年又重建。”這方石額是重建时刻制的。一九五八年全部拆除。

該額在二〇〇七年十一月京口區象山鎮紅旗社區萬壽寺村三十七號居民高賢章翻建房屋，掘土時發現。經調查，此處爲原萬壽寺遺址。

翠岩禪室　廟額　民國

額高 0.42 米,橫長 1.22 米,厚 0.10 米,漢白玉質地。上有“翠岩禪室”四個行草大字,上下無款,只有左下刻有一方印章,篆文“東台李模”四字。“翠岩禪室”是五州山净因寺旁一座小庵。净因寺,又稱因勝寺,是其開山祖師——翠岩禪師悟禪的石室,額字古樸蒼勁,迭宕起伏有韻律,是一件書法佳作。

二十世紀八十年代後期,築黄七公路時在戴家門地段發現此額,由市民李根虎存於家中保護起來,不久將碑刻無償歸還到五州山净因寺,受到眾僧的歡迎。

碑額刻於何時,難以確認,至遲在民國初年。

古香山寺　廟額　民國二十一年(一九三二)

石額高 0.70 米,横長 1.68 米,厚 0.14 米,白大理石質地。上書“古香山寺”四個楷書斗方大字,有上下款識,爲冷遹題書。字體渾厚挺勁,氣韻生動,運筆多用側鋒出勢。冷遹題書,在鎮江尚不多見。

冷遹(一八八二—一九五九),字禦秋,丹徒黄墟人。安徽武備堂畢業,一九〇六年在趙聲的影響下加入同盟會,追隨孫中山投身辛亥革命。一九二一年退出軍界致力於地方實業與教育。新中國成立後任江蘇省副省長等職。

崇慶禪院　庵額　民國二十三年(一九三四)

庵額高 0.37 米,横長 1.04 米,白大理石質地。上書“崇慶禪院”四個楷書大字,上款爲“大明天啟五年 穀旦 民國二十三年一月 穀旦”十八字,下款爲“住持智林　重建”楷書六字。禪院位於諫壁鎮西街,原坐南朝北,緊臨江邊一座尼姑庵。在清末,站在山門前,可遠眺大江船帆點點的景象,現在江水已向北退去近一里路遙,其周圍已是密集人口住宅區。

碑文題書字體有肥、潤、圓、麗的特點,字折鉤處力量很足,而露鋒有映帶之迹,字在楷行之間,但主字排列欠疏,有臃腫不足之處。

圓通寺　廟額　民國二十九年(一九四〇)

碑高 0.38 米,横長 1.18 米,厚 0.07 米,白大理石質地,現嵌於觀音禪寺内牆壁上。原寺建於一九三五年碼焦墳村,由巫惠芳、盛賢本募修,該寺早毀,額存。

東嶽廟　石額　清

額高1.27米，橫長0.69米，厚0.16米，漢白玉質地。四周深雕雲龍紋，中陰刻『東嶽廟』豎書楷體三個大字。

東嶽廟在京口區丹徒鎮復興村。六十年代在此興辦工廠，後又安排職工住户，逐漸拆、建、改。一九九七年，石額從大門門楣上突然墜地，所幸没有摔壞，後由本村一老嫗保護起來。

據《丹徒寺觀》記載，清嘉慶年前即有此廟。『東嶽廟』三字，有結體嚴謹、穩重敦厚的特點，石刻雕工十分精湛，是一件精美的工藝品。

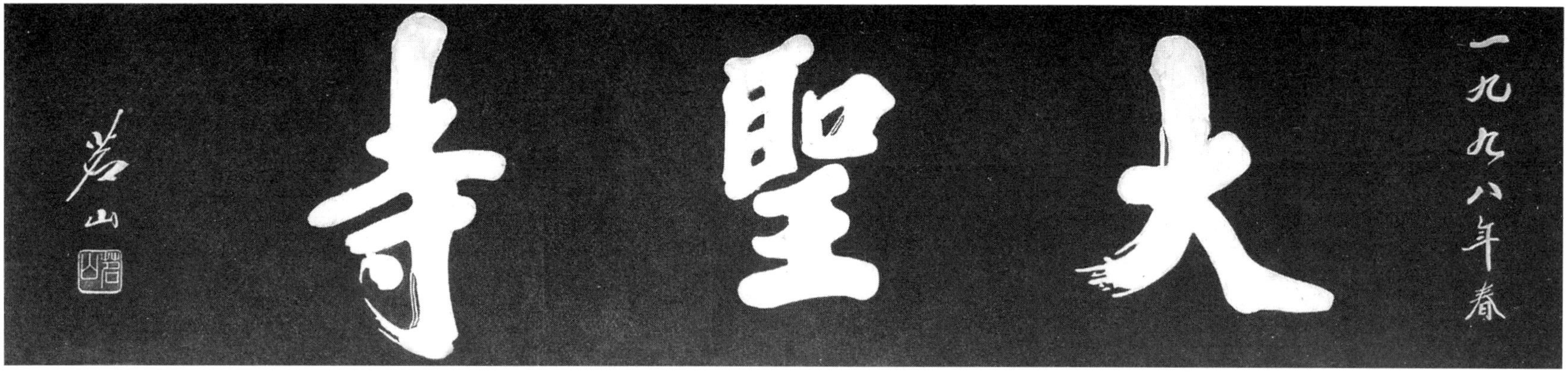

大聖寺　廟額　一九八七年

額高 0.425 米，横長 2.02 米，漢白玉質地，位於丹徒區辛豐鎮大聖寺。額上鐫刻“大聖寺”三個有力的楷書大字，款爲“一九九八年春”“茗山”，下鈐一方姓名印。

茗山長老（一九一四—二〇〇一），法名大鑫，俗名錢延齡，江蘇鹽城人，十九歲出家，任焦山定慧寺、南京栖霞寺、句容隆昌寺住持，江蘇佛協會長，中國佛協副會長，其善書法，精詩詞，著有《茗山文集》《茗山書法》。

茗老的書法工整秀氣，魏法尤重，深得信徒喜愛。“大聖寺”三字，用墨濃重，線條渾厚，氣足神定，十分珍貴。

相傳大聖寺建于南宋，明正德《丹徒縣志》記載：“在辛豐鎮，宋景定二年（一二六一）建。”一九五八年京杭大運河疏浚改道，所有殿房徹底拆毁，十一届三中全會後重建。在昌法法師帶領下，大聖寺成爲著名的對外開放的佛教道場。

楊一清墓表之一

碑高1.40米，横長0.89米，厚0.24米，青石質地，位於潤州區蔣喬鎮馬山大隊盧灣村。碑文共十一行，計三百一十字，楷書陰刻，字徑寸許，字迹清晰，碑身左首殘缺。上有『太子少保戶部尚書楊一清，奇才間出，至性夙成，遇事敢爲……』『楊一清繼室封淑人胡氏祗肅禔身懿柔成性，秀鍾大族，禮配名門……猶存荊布之風……』等字樣。

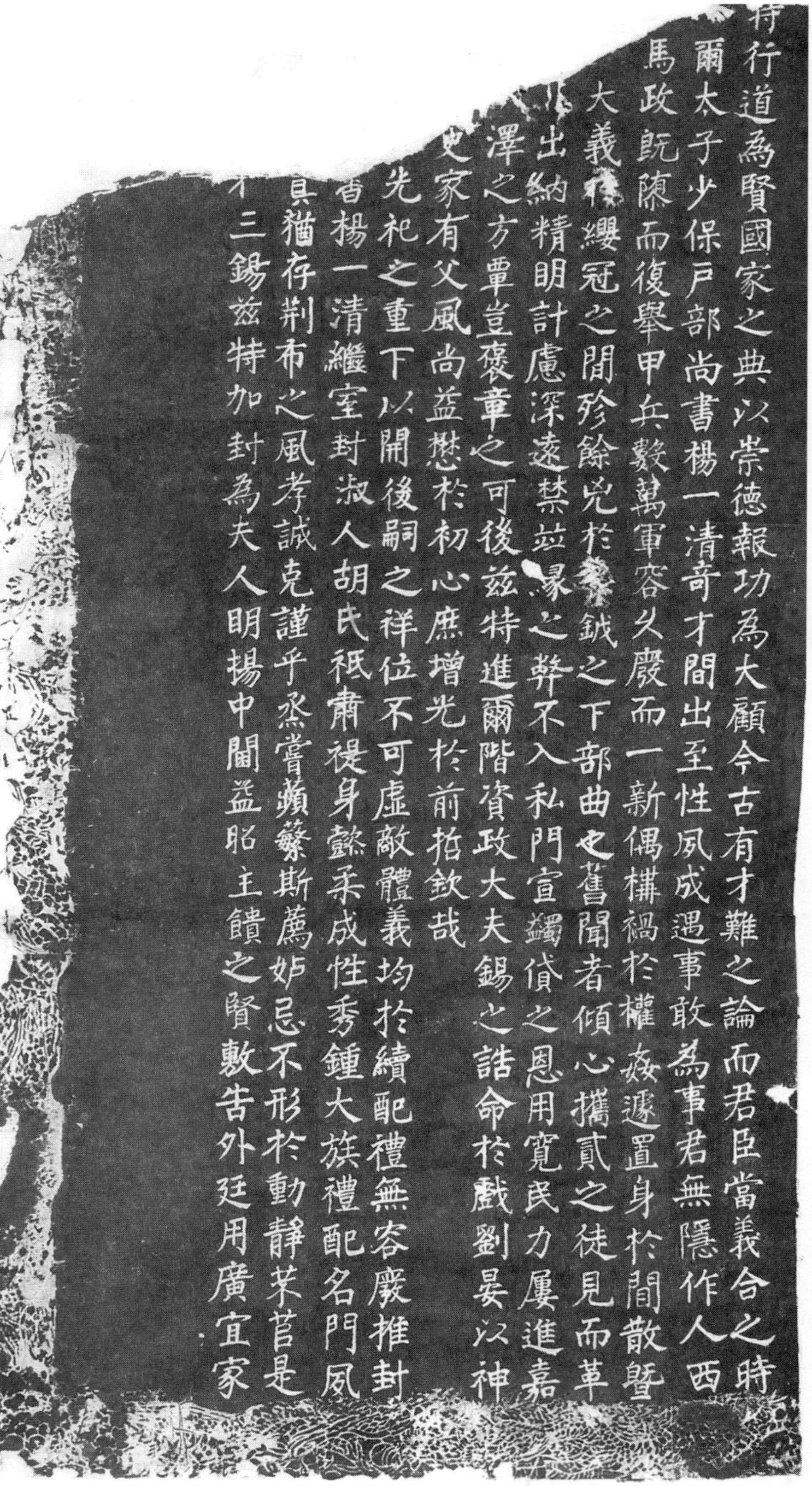
持行道為賢國家之典以崇德報功為大顧今古有才難之論而君臣當義合之時
爾太子少保戶部尚書楊一清奇才間出至性夙成遇事敢為事君無隱作人西
馬政既隳而復舉甲兵數萬軍容久廢而一新偶構禍於權姦遽置身於閒散暨
大義[illegible]纓冠之間殄餘兇於[illegible]鉞之下部曲乜舊聞者傾心攜貳之徒見而革
出納精明計慮深遠禁並緣之弊不入私門宣蠲貸之恩用寬民力屢進嘉
澤之方覃豈褒章之可後茲特進爾階資政大夫錫之誥命於戲劉晏以神
史家有父風尚益懋於初心庶增光於前哲欽哉
光祀之重下以開後嗣之祥位不可虛敵體義均於績配禮無容廢推封
香楊一清繼室封淑人胡氏祗肅禔身懿柔成性秀鍾大族禮配名門夙
具猶存荊布之風孝誠克謹乎烝嘗蘋蘩斯薦妒忌不形於動靜苯莒是
才三錫茲特加封為夫人明揚中閫益昭主饋之賢敷告外廷用廣宜家

楊一清墓表之二

碑高1.58米，横長0.88米，厚0.25米，青石質地，位於潤州區蔣喬鎮馬山大隊盧灣村南。碑文共十六行，計四百二十三字，楷書陰刻，字徑寸許，字迹清晰。碑文是館閣體，邊飾雲龍紋，上有『……尚書楊一清，間世奇才……識敏而造微炳著蔡幾先之督文能華國道足濟時郡國，舉神童蚤儲莫于翰苑圖……』『自治而後治人，老成重於典型，風采聞於天下，眷滋偉績光，我治朝茲特進爾階光禄大夫勳在……』等語。

以上兩方碑石，原立於盧灣村楊一清墓地，均在『文革』中被砸斷，移到村南當豬房圍牆。兩方碑刻足以佐證楊一清墓地在盧灣村。

明故承事郎王公國寶墓志銘　碑（殘）及蓋石

墓志銘殘石高0.28米，横長0.14米，上有完整字六十九個，陰刻小楷書體，由靳貴書，秀麗工整，是當時的館閣體。

蓋石一合二方均爲0.55米×0.55米見方，厚0.10米，篆書，青石質地，一九九三年六月出土於鎮江市婦女兒童活動中心工地（即現在的江南學校）。王國寶，江蘇淮安人，御醫，卒後葬於鎮江，故蓋石上有『恩榮』二字。

靳貴（一四六四—一五〇〇），字充遂，號戒庵，丹徒人，明弘治三年（一四九〇）進士，授翰林院編修。官至禮部尚書、文淵閣大學士、武英殿大學士，正德十二年（一五一七）致仕，十五年卒，謚文僖，著有《戒庵文集》等。

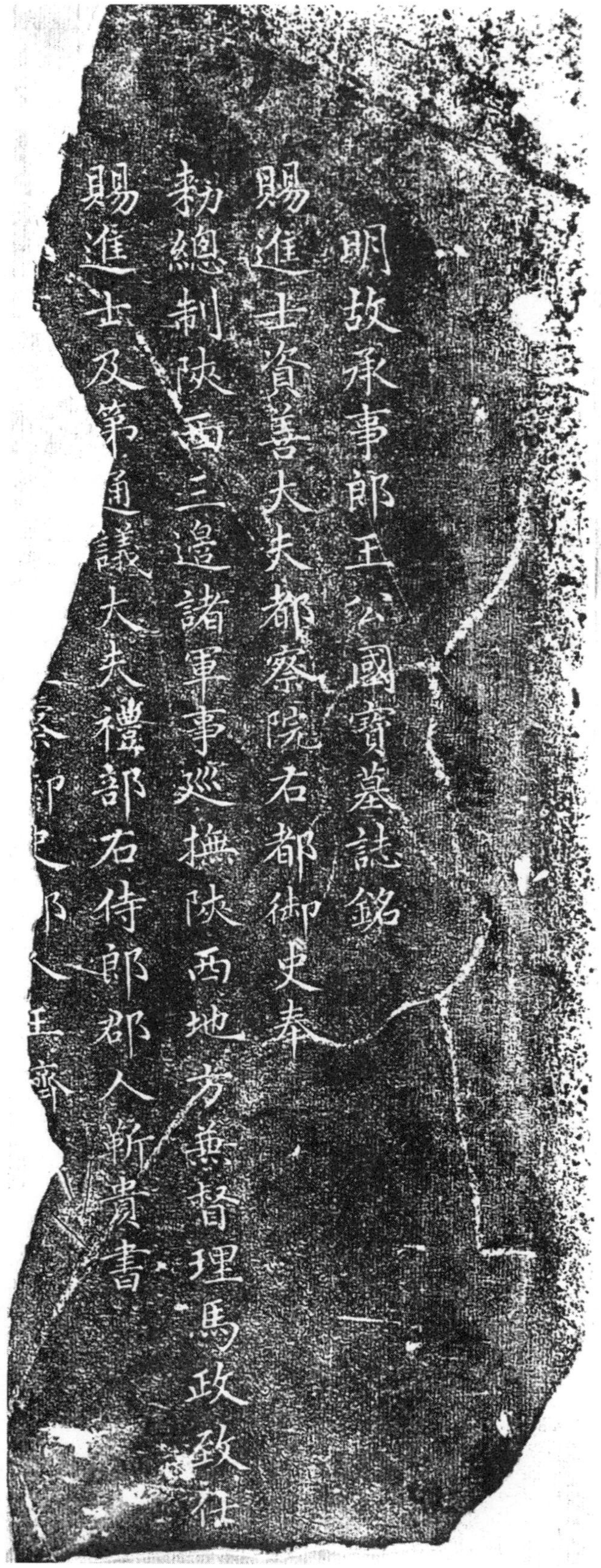
明故承事郎王公國寶墓誌銘
賜進士資善大夫都察院右都御史奉
勑總制陝西三邊諸軍事巡撫陝西地方兼督理馬政致仕
賜進士及第通議大夫禮部右侍郎郡人靳貴書

銘石

明故榮寶王府君墓誌

明故寧事郡大寶王合葬

蓋石

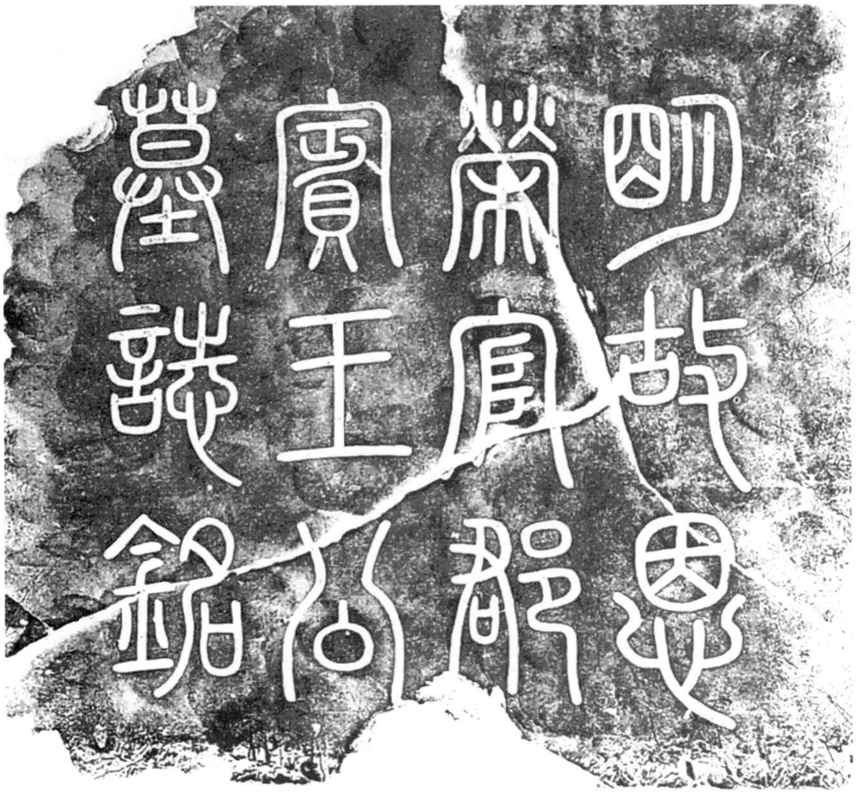

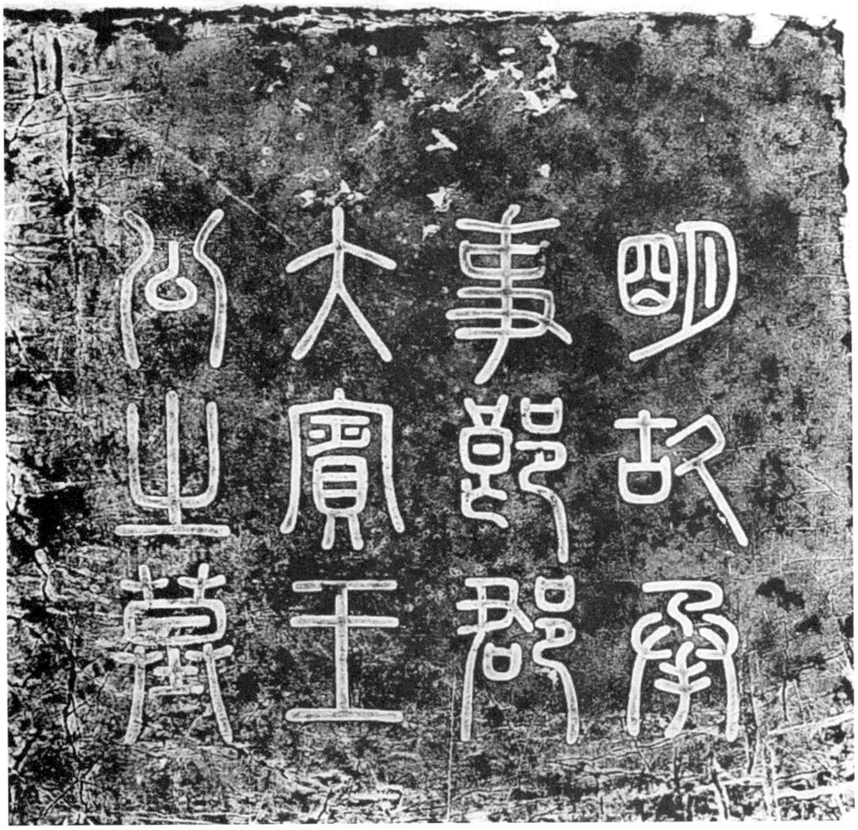

明故姚母張氏墓志銘·篆蓋石一合　明嘉靖十四年(一五三五)

志銘石和蓋石均爲 0.6 米×0.6 米見方,青石質地。志銘文字大部分隱約可辨,少數無法認識,共有六百二十六字,殘損六十八字,爲小真書體。蓋石上刻有"明故姚母太孺人張氏莫(墓)志銘"十二個篆書鐵線體,字口清晰,保存完整。

志銘石由山東青州府知府、郡人鄔紳撰文。鄔紳,字佩之,號南涯,丹徒人,嘉靖二年(一五二三)進士,授烏程知縣,歷南京户部主事,員外郎,禮部郎中等職。工詩好遊,名川大山所至,多題詠,著有《中憲集》六卷。蓋石由郡人賜進士出身徵仕朗工科右給事中錢亮篆書。書丹由鄉貢進士郡人李末書。

此墓志和蓋石,二〇〇七年前出土於象山京峴山張家灣村臨近的釜鼎山,後移到該村口水井旁當使用石多年,現被太平泥叫叫民藝館主人周寶康收藏於館中。

銘石中最可貴的是有"葬城東釜鼎山之原"山名的記載。釜鼎山,多部方志中有載。明正德《丹徒縣志》記載:"釜鼎山,在城東南四里,焦石山(即焦頂),在釜鼎山旁"。民國後逐漸被人遺忘,今人幾乎不知。該銘石的存在可證,釜鼎山方位在京峴山西,鼎石山北,即今镇江高等專科學校以東這一地帶,與明正德《丹徒縣志》記載相吻合。

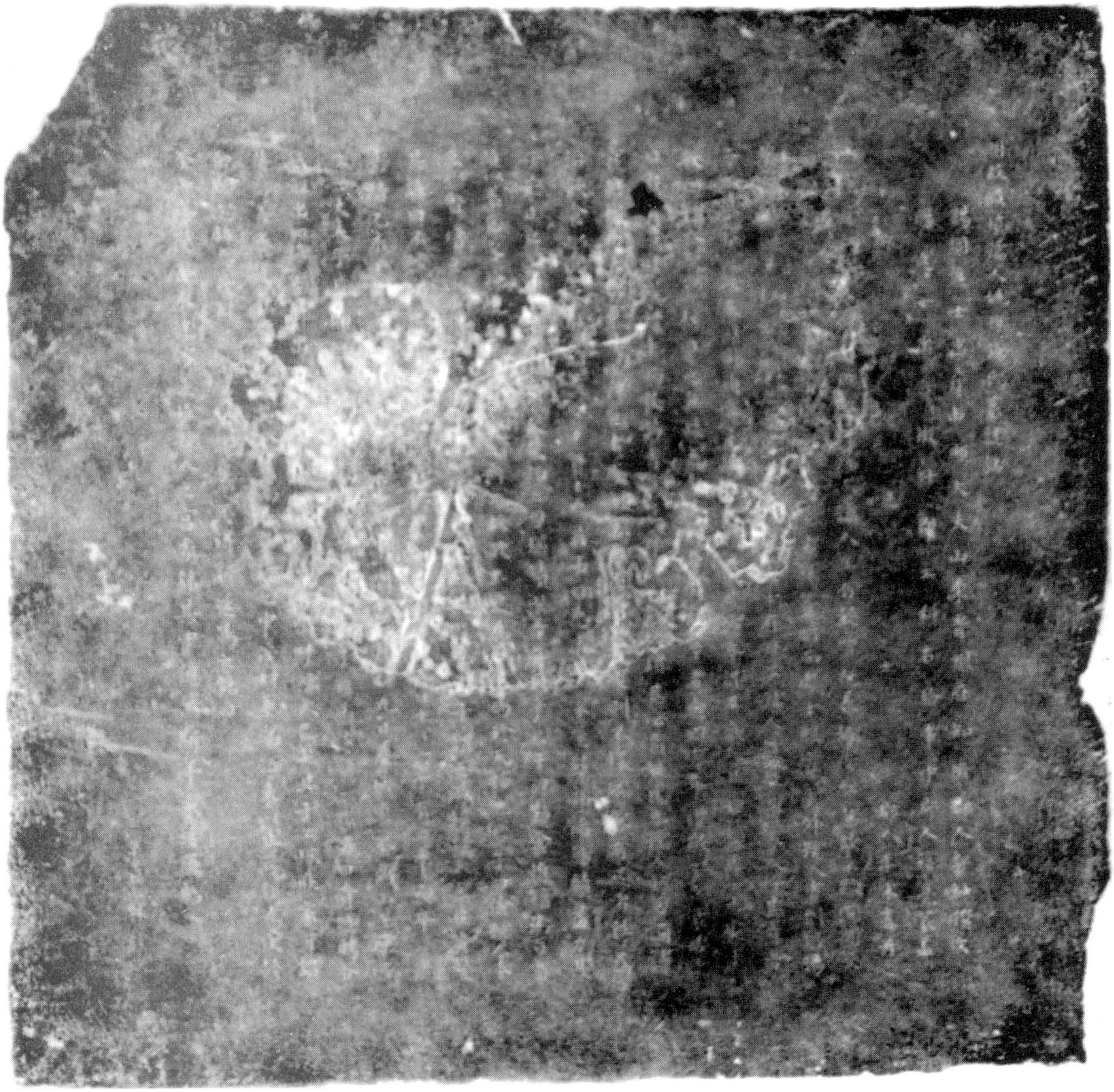

節録部分銘文如下：

"……處士有母吴孺人□嚴甚家人，忤其意者每不能容""……與歷艱辛者逾四十年禮敬不少衰君子曰賢有棄經樂禮而敦詩書畫爲邑庠茂樹時人謂其必島姚氏也，孺人助之誦讀寢興轍與之……""……□慎孺人享兹黄髪其誰曰不然惜也……成化甲□□□五日生生六十有二季而卒之歲嘉靖乙未十月二十日□越明季丙申閏□二月初九日塟城東釜鼎山之原所生二大夫子長即經□董氏欠□娶□氏女子……嗚呼孺人已矣其子必恢厥家可謂膺善養没有□□者矣烏在衰□之中茂材垂泣來以其所自爲狀□余□乞銘焉茂材於余益友也義不得辭遂爲之銘曰：釜山□□，釜水沇溶，是惟孺人之宫，我銘其中，億萬斯年，永綏厥躬"。

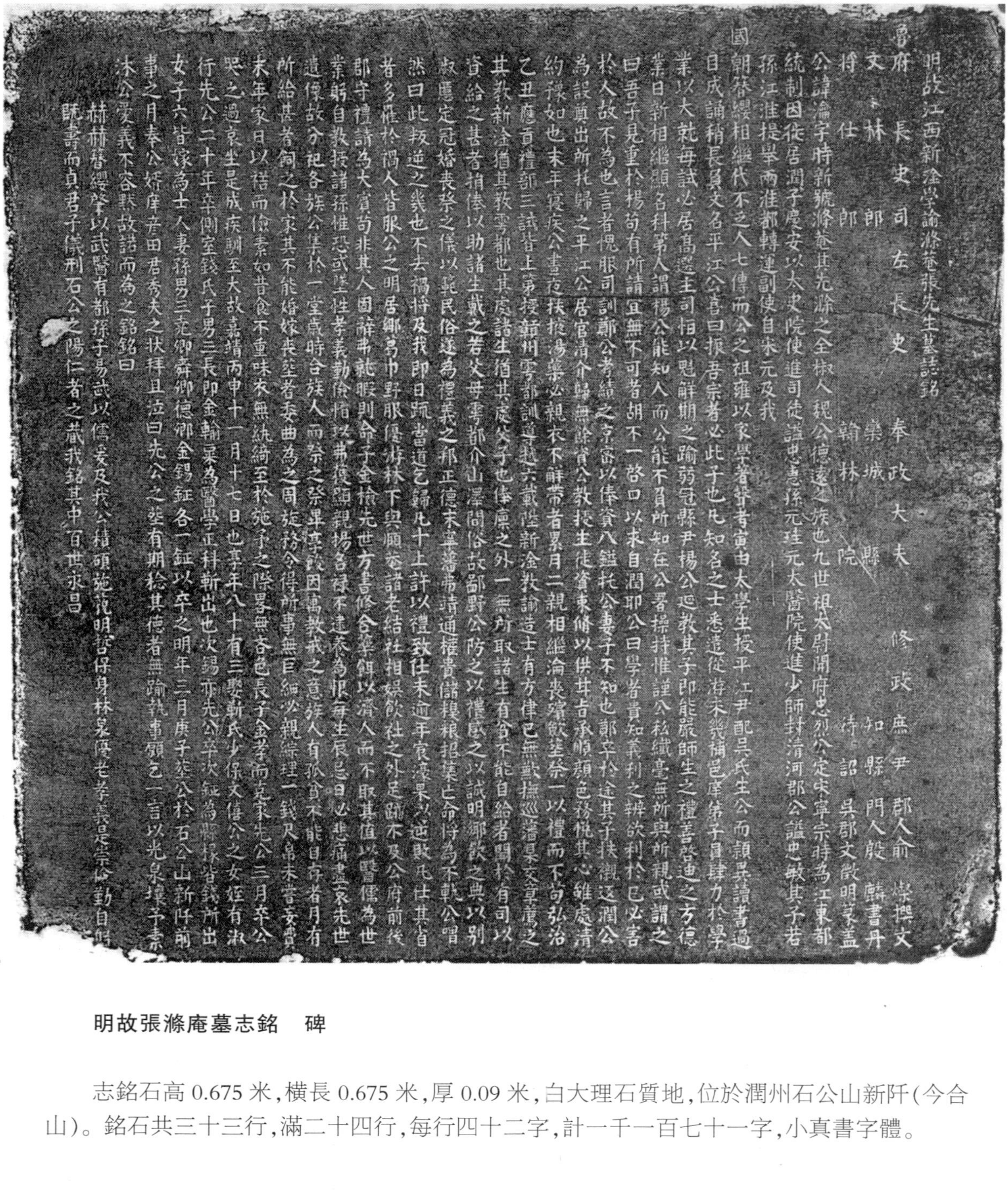

明故江西新淦學諭滁菴張先生墓誌銘
魯府長史司左長史　奉政大夫　修政庶尹　郡人俞　燦撰文
文林郎　樂城縣　知縣　門人殷　麟書丹
將仕郎　翰林院　待詔　吳郡文徵明篆蓋
公諱淪字時新號滁菴其先滁之全椒人魏公德遠之族也九世祖太尉開府忠烈公定宋寧宗時為江東都
統制因徙居潤子慶安以太史院使進司徒諡忠惠孫元珪元太醫院使進少師封清河郡公謚忠敏其子若
孫江淮提舉兩淮都轉運副使自宋元及我
國朝簪纓相繼代不乏人七傳而公之祖雍以家學著譽考寅由太學生授平江尹配吳氏生公而穎異讀書過
目成誦稍長負文名平江公喜曰振吾宗者必此子也凡知名之士悉遣從游未幾補邑庠弟子員肆力於學
業以大就每試必居高選主司恒以魁解期之踰弱冠縣尹楊公延教其子即能嚴師生之禮善啓迪之方德
業日新相繼顯名科第人謂楊公能知人而公能不負所知在公署操持惟謹公私纖毫無所與所親或謂之
曰吾子見重於楊苟有所請宜無不可者胡不一啓口以求自潤耶公曰學者貴知義利之辨欲利於己必害
於人故不為也言者愧服司訓鄭公考績之京密以俸貲八鎰托公妻子不知也鄭卒於途其子扶櫬返潤公
為設奠出所托歸之平江公居官清介歸無餘貲公教授生徒資束脩以供甘旨承順顏色務悅其心雖處清
約猶如也末年寢疾公晝夜扶掖湯藥必親衣不解帶者累月二親相繼淪喪殯斂葬祭一以禮而不苟弘治
乙丑應貢禮部三試皆上第授贛州雩都訓導越六載陞新淦教諭造士有方律己無歉撫巡藩臬交章薦之
其教新淦猶其教雩都也其處諸生猶其處父子也俸廩之外一無所取諸生有貧不能自給者關於有司以
資給之甚者捐俸以助諸生戴之若父母雩都介山澤間俗故鄙野公防之以禮感之以誠明鄉飲之典以別
淑慝定冠婚喪祭之儀以範民俗遂為禮義之邦正德末寧藩弗靖通權貴儲糗糧招集亡命將為不軌公喟
然曰此叛逆之幾也不去禍將及我即日疏乞歸凡十上許以禮致仕未逾年宸濠果以逆敗凡仕其省
者多罹於禍人皆服公之明居鄉烏巾野服優游林下與顧菴諸老結社相娛飲社之外足跡不及公府前後
郡守禮請為大賓苟非其人固辭弗就暇則命子金檢先世方書修合藥餌以濟人而不取其值以醫儒為世
業躬自教授諸孫惟恐或墜性孝義勤儉惟以弗獲顯親揚名祿不逮養為恨每生辰忌日必悲痛盡哀先世
遺像故分祀各族公集於一堂歲時合族人而祭之祭畢享餕因寓教戒之意族人有孤貧不能自存者月有
所給甚者飼之於家其不能婚嫁喪葬者委曲為之周旋務令得所事無巨細必親綜理一錢尺帛未嘗妄費
末年家日以裕而儉素如昔食不重味衣無紈綺至於施予之際略無吝色長子金孝而克家先公二月卒公
哭之過哀坐是成疾馴至大故嘉靖丙申十一月十七日也享年八十有三娶靳氏少保文僖公之女姪有淑
行先公二十年卒側室錢氏子男三長即金輸杲為醫學正科靳出也次錫亦先公卒次鈺為縣掾皆錢所出
女子六皆嫁為士人妻孫男三堯卿舜卿德卿金錫鈺各一鈺以卒之明年三月庚子葬公於石公山新阡前
事之月奉公婿庠士田君秀夫之狀拜且泣曰先公之葬有期然其德者無踰執事願乞一言以光泉壤予素
沐公愛義不容默故諾而為之銘銘曰
赫赫簪纓肇以武醫有都孫子易武以儒爰及我公積碩施宏明哲保身林泉優老孝義是崇儉勤自飭
既壽而貞君子儀刑石公之陽仁者之藏我銘其中百世永昌

明故張滁庵墓志銘　碑

志銘石高 0.675 米，横長 0.675 米，厚 0.09 米，白大理石質地，位於潤州石公山新阡(今合山)。銘石共三十三行，滿二十四行，每行四十二字，計一千一百七十一字，小真書字體。

明故貞懿孺人張母錢氏墓志銘　碑

志銘石高 0.62 米，橫長 0.62 米，厚 0.10 米，青石質地，位於郡城東石公山祖塋(今合山)。銘石共二十三行，滿行二十三，每行四十字，小真書字體。

明故賓石張君仲南墓志銘　碑

志銘石高 0.65 米，橫長 0.65 米，厚 0.12 米，白大理石質地，位於潤城東石公山之源(今合山)。銘石共三十三行，滿二十三行，每行四十字，計一千一百一十八字，小真書字體。

仲南篆盖残石

綜上三石分述如下：

一、張渝，字時新，號滁庵，江西新淦人，生於一四五四年，卒於一五三六年。九世祖宋寧宗時爲江東都統，徙居潤州。少時穎異，讀書過目能誦，有文名、每試必居高選。明弘治乙丑年任贛州雩都訓導，後升新淦教諭兼撫巡，娶太子少保大學士靳貴之第三女爲妻。晚年優游林下，結社相娱，孝義是崇，儉勤自躬，年八十二歲終。

二、貞懿孺人，諱淑寧，世居臨海，祖文矩。宋仕至殿前都點檢，卒葬潤菊花山。子孫守其墓遂爲丹徒人。孺人生於明弘治甲寅，自幼賦性醇美，操履端莊，享年五十有七。

三、張仲南，字金，號賓石，世爲淮西滁陽人。宋淳熙年間，祖父張定爲武舉進士，升兩淮都統制右武大夫，廣陵軍節度使。元朝混一元帥孛羅罕石辛置軍中，從至潤遂占籍丹徒人。祖寅湖廣平江縣知縣，父諭任江西新淦縣學渝。仲南爲長子，自幼聰慧、端莊禮儀，喜讀書、善詩歌、精醫術，不擇貧富爲人治病，常以資助窮人。朝廷曾下詔授以七品散官，不應，行醫世隱爲樂，直至終年。仲南生於明弘治五年（一四九二），卒於嘉靖十五年（一五三六），享年四十五歲。

以上三方墓志銘於二〇一二年整治合山工程時出土。三石均爲明嘉靖至弘治年間之物，惜缺二方篆蓋，唯存仲南篆蓋殘石一方。其銘字均爲小真書，是有明清特色的館閣書體的代表。這三方志石中，還談到他們都是官宦人家，名門望族出身，宋南遷潤州落籍，甚至與鎮江達官要人有姻親關係。這些情況，地方志中也無記載，這些實物彌補了地方史之缺，有一定的研究價值。

何曉谷墓志銘　碑　明

蓋石高 0.64 米，橫長 0.64 米，青石質地，一九九七年發現於丁卯開發區馬家山潘宗村菊花電線廠工地。篆蓋石保存完整，上有“明故處士曉谷何君墓志銘”十一個篆字，線條流暢，均勻而不呆板，秀氣靈動而有法度，在明墓蓋石中不多見，習字可當范本。

夏氏女地券銘文墓磚　明嘉靖二十六年（一五四七）

墓磚高0.48米，横長0.48米，厚0.05米，利用磨地磚刻制得。二〇〇二年八月出土於江蘇大學西校園內一座小山丘中。銘文記述了明嘉靖二十六年丹徒縣崇德鄉信徒夏氏女六十歲亡命，葬于石人灣，磚銘反面還刻有八卦圖等。銘文正面共計二百一十六字，殘損六十七字，反面八卦圖保存完整。

磚銘文中有石人灣這個地名，可能是今日象山地區的石馬灣（一九九三年屬象山公社）。而今石馬灣位於京峴山西北側，石人灣和石馬灣对城市中心而言均在市東郊這個方位。據一九八三年《鎮江市地名録》記載『稱石馬灣，因村附近有石人、石馬故名』。

漢荆王之墓　碑　明萬曆二十二年（一五九四）

墓碑高1.69米，横長0.65米，厚0.13米，漢白玉質地。中刻『漢荆王之墓』五個楷書大字，但碑表面風化較重，字口將平，款落爲『萬曆甲午季夏吉旦立』八字小楷書。

荆王墓實位於北固山前峰南端，現鼓樓崗二村一號院與青雲門北頭交匯處高坡上。荆王墓即劉賈墓，據有關文獻記載：『劉賈是漢劉邦的堂兄。漢高祖元年（西元前二〇六年）爲將軍，曾隨劉邦定三秦，屢獲戰功。高祖六年（西元前二〇一年）封爲荆王轄淮東五十二城（鎮江其内）。十一年（西元前一九六年）淮南王黥布造反，劉賈在富陵（江蘇洪澤縣）被布軍殺害，葬於鎮江』。

墓前原有『荆王廟』，直到一九四九年時『荆王廟』還有兩進破落房屋建築，青草滿地，珠網亂張，筆者家住臨近，常去那裏，那裏祇有一户顏姓人家，到一九五四年左右『荆王廟』完全圮毁。現荆王墓於二〇一二年四月重修，原墓碑重新立於墓前。

墓碑是明萬曆甲午年夏立，正好是知縣龐時雍在任。據舊志記載：『紫金泉碑』『古泮泉碑』『天津泉碑』等石碑都是龐時雍立書的。現荆王墓碑題字與此對照，書寫的起筆、收筆，以及字的間架結構和風格均相仿，可能就是龐時雍的手筆。

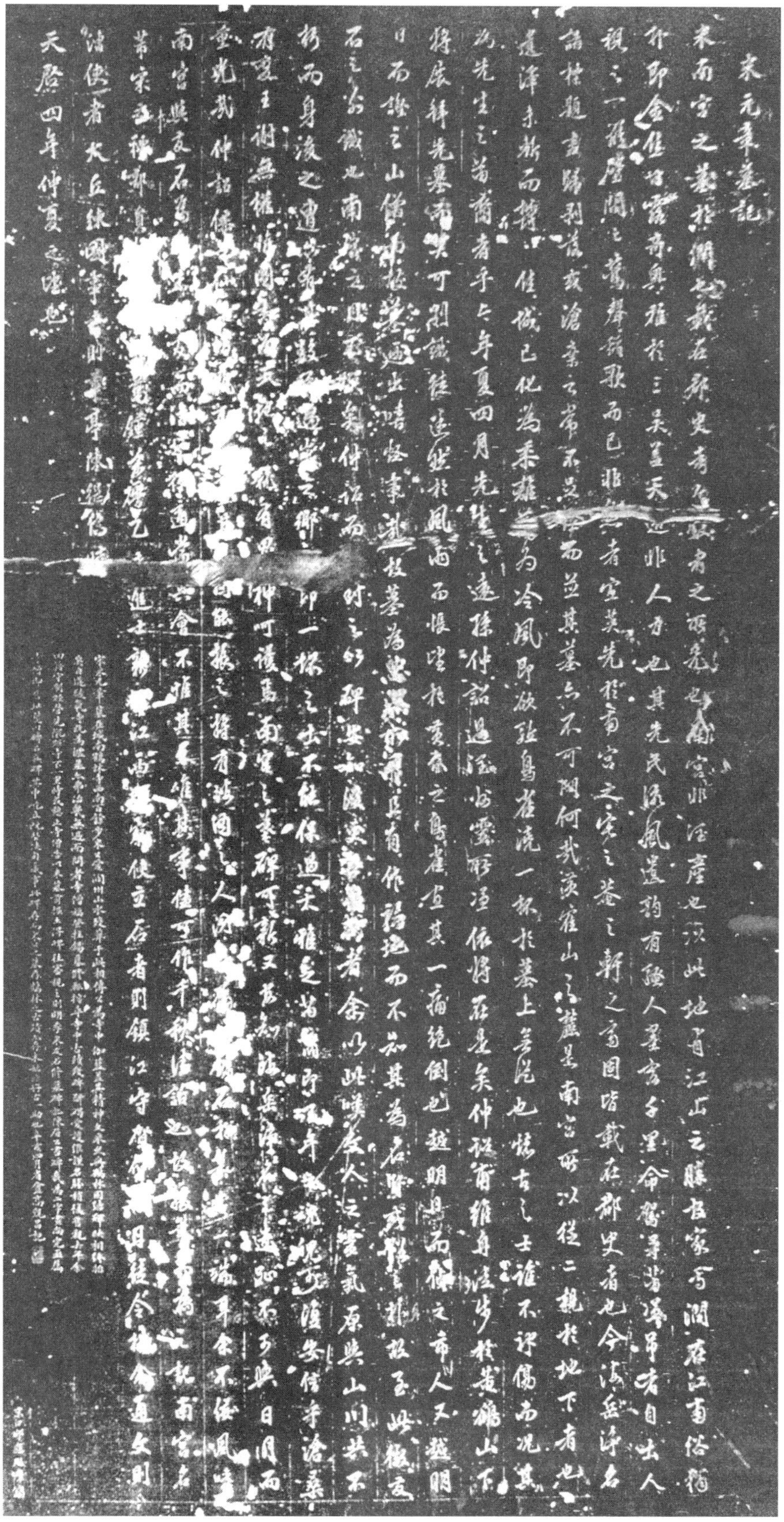

米元章墓記　碑　明天啟四年（一六二四）

碑高1.73米，橫長0.87米，青石質地。正文共十七行，每行約四十三字，共約七百三十一字。碑文由明練國事文、陳繼儒書，鎮江府縣共立。碑左下有跋文約三百一十四餘字，記述了明末米萬鍾探訪憑弔米芾和本邑賢達高觀昌等修復《米元章墓記》明刻石之盛事。碑文爲行書，具有端莊平穩，秀麗流暢的特點。

高觀昌（一八五八—一九二四），字紹芬，號葵北、省庵，丹徒人，光緒十二年（一八八六）進士、翰林院庶起士，授編修。光緒二十四年（一八九八）以知府銜任廣東肇慶黃江稅務二十五年，歷知廉、雷州府事及廣東巡事警道，辛亥後歸里纂修《續丹徒縣志》等。

練國事，明永城（今屬河南省）人，字君豫，萬曆進士，授沛縣知縣，調山陽，天啟初征授御史，崇禎右僉都御史巡撫陝西，户部郎中，兵部尚書等職。

陳繼儒（一五五八—一六三九），字仲醇，號省公，明華亭（今上海淞江）人。工詩善文，書法蘇、米，兼能繪事，與董其昌齊名，著有《皇明書畫史》等。（此拓件爲鎮江市收藏家吕國玉先生收藏，由蔣立群先生考證）

明吴江儒學教諭王揺之墓志銘　碑　明天啟四年(一六二四)

志銘石高 0.45 米,横長 0.81 米,厚 0.08 米,青石質地。碑文共四十七行,滿行四十,計一千四百零三字,其中損八字,爲小楷書陰刻,可惜蓋志缺失。

銘石一九六六年前出土於丹徒縣(三山公社秀山大隊),村民鋪墊在河塘邊當墊腳石,福承庵僧人見之嵌於庵壁,"文革"中拋入廟東河塘中。二〇〇一年村民打撈出水,現藏於該庵,保存完整。

碑文主要記述了明吴江教諭王揺之的家事及生平事迹。王之珽,字揺之,號石起,東晉尚書王述後裔,世居昇州(今南京),生於明萬曆六年(一五七八),卒於明崇禎六年(一六三三)正月,葬潤州城南秀山枝新阡(即今官塘橋鎮東的秀山)。

墓志銘由進士中憲大夫福建福州知府吴起龍撰文,鄉進士文林郎廣東肇慶府推官阮天淵篆蓋,鄉貢進士廸功佐郎南京國子監典簿張崇儒書丹。

張崇儒(生卒年不詳),以歲貢授吴縣訓導,歷任南京國子監典簿、擢柳州開宣縣,孝友端方、人矜式之。

明居士東潭周翁壽藏志銘　碑　明篆蓋

蓋石高 0.58 米，橫長 0.58 米，厚 0.11 米，白石質地，上鐫刻“明居士東潭周翁壽藏志銘”十一字，爲鐵線篆書，線條均勻，佈局規整。東潭爲地名，是何處不詳。“壽藏”，説明老人未卒前早已將志銘刻好，待入土時隨柩一起合土，故曰“壽藏”。此蓋石出土於鎮江市檀山附近，現由香山書院主人收藏。

明山東福山縣尹仰山嚴公之墓碑　明蓋石

蓋石高 0.56 米，橫長 0.56 米，厚 0.13 米，白石質地，上鐫刻“明故文林郎山東登州府福山縣尹仰山嚴公之墓”二十字篆書，線條呆板，少靈氣。蓋石出土於镇江新區，現由香山書院主人收藏。

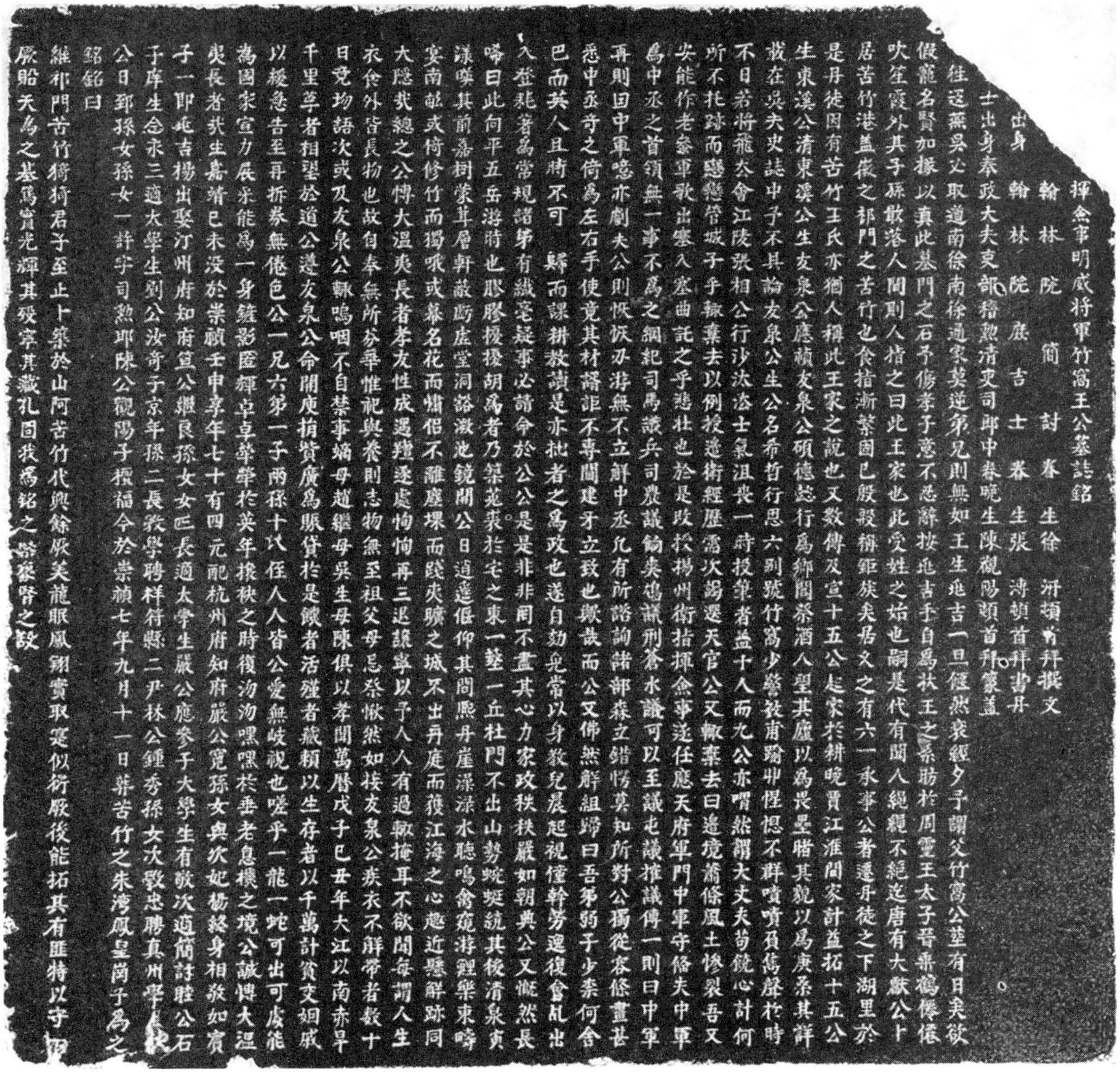

墓志

王竹窩墓志銘碑·蓋石一合　明崇禎七年(一六三四)九月

志銘石高 0.61 米,横長 0.61米,厚 0.10 米,碑正文三十行,滿行四十三字,共一千九百字,小真書陰刻。

篆蓋石高 0.61 米,横長 0.61 米,厚 0.10 米,上鎸刻"署揚州衛指揮僉事明威將軍竹窩王公墓志銘"十九個篆文,爲陰刻。

两方石均爲青石石質,二〇一〇年出土於大港新區甸上。由翰林院簡討徐汧撰文,翰林院庶吉士張溥書丹,奉政大夫吏部稽勳清吏司郎中陳觀陽篆蓋。

碑文概述:王竹窩,祖籍安徽祁門苦竹港,由六一公遷徙潤丹徒下湖里(即苦竹里),傳之十五公,生東溪公,東溪公生友泉公,友泉公生王竹窩。竹窩名希哲,行思六,别號竹窩,少時警敏,甫踰草惺愢不群,有大志,投筆從戎,棄城市赴邊塞多年,因年齡大後改署揚州衛明威將軍指揮僉事,任應天府軍門中軍守備夫,辦事按律法辦,深得贊許。歸里後耕讀,杜門不出,過著田園生活,七十四歲終。

蓋石

徐汧，翰林院簡討。

張溥，太倉人，字天如，與同里張采共學，齊名，號婁東二張。崇禎年間，集郡中名士，相與復古學，名其文社曰復社。及進士，交遊日廣。自謂從嗣東林，著有《詩經註疏大全合纂》《春秋三書》等。

陳觀陽，丹徒人，鄉貢進士出身，奉政大夫吏部稽勳清吏司郎中。崇禎年間，曾倡導建圖山報恩塔，並題石額於塔上，至今尚存。

金山鐵舟海和尚塔銘　碑　清康熙三十七年（一六九八）

碑高1.82米，橫長0.85米，厚0.62米，青石質地。碑文由上至下共分六排，每排二十九行，每行約十一字，行楷書體，石碑斷裂成二，對照清光緒《金山志》，全文殘缺百餘字之多，現約存一千七百餘字，缺失額首，現藏於大港新區紹隆寺。

經調查，碑石原立於寺後塔林內，『文革』中移至山下。一九八三年鎮江學者江慰廬、嚴飛二位先生多方尋覓，才得以回歸寺院。

碑額由《紅樓夢》作者曹雪芹的祖父曹寅篆，故而很受紅學界重視，影響較大，具有一定的研究價值。碑文記述了撰寫的緣由，鐵舟行海和尚的身世、業績和對大和尚的讚頌。

碑文由『淮南八十舊史宋曹撰文並書丹。』宋曹，鹽城人，字彬臣，號射陵，明崇禎時官中書，入清後隱居不仕，工詩善書，是一代名士。曾在鎮江任過職，所以與金山寺有密切往來。碑文有唐楷筆意，既有歐字的法度嚴謹，又具有柳書的骨力，此碑文乃書法的佳作。

清虛和尚塔銘文　碑　清道光二年(一八二二)

塔銘高 0.7 米,橫長 0.4 米,原位於五州山寺門前南側坡下,現石塔重立寺北側山中。銘文分刻於等邊六角漢白玉舍利塔石柱上,滿行十七,每行二十三字,正文三百九十一字,由焦山法弟清脜拜撰,楷書參魏法,雄健疏朗,頗具功力。

塔銘載道光初年,丹徒縣令鄒以勳,請高資大士庵清虛和尚來五州山重建净因寺並做住持。地方史未載,可補正史不足。

清虛和尚(一八一九—一七六七),字樸誠,號恬庵,丹徒人,出家高資大士庵,受金山具足戒,任大士庵領院事。性好詩詞,喜交賢士,創一碧詩社,盛集一時。晚年圓寂於高資大士庵福田院,時年五十有二。道光二年(一八二二)歸葬五州山。

京口駐防廣公墓志銘　碑　清同治十三年（一八七四）

碑高1.85米，横長0.90米，上陰刻楷書九百餘字，小部分模糊，但其中有多數字尚能辨認。據戴志恭撰寫的《太平軍在鎮江的遺物遺迹》一文曰：『廣慶，字誠齋，於咸豐三年（一八五三）任京口駐防佐領，同年三月三十日與太平軍在菊花山下激戰，力竭而死。所部三百餘人全部被太平軍殲滅，清廷給予厚恤、表彰，並於陣亡之地菊花山下葬樹碑立傳』。墓志銘真實地反映太平軍的勝利，於清軍實爲一次敗績，《廣公墓志銘》的發現，可以糾正文獻記載之謬誤。（此拓件爲戴志恭先生贈送）

大烈士趙百先之墓　碑　民國元年（一九一一）

碑高3.62米，橫長0.75米，厚0.37米，花崗岩質地。上書『大烈士趙百先之墓』八個斗方楷書大字，字體渾厚凝重，遒勁有力。現位於鎮江市南郊文苑後陵墓上，是目前鎮江市内發現的最高大的墓碑。

據《鎮江市志》記載：『趙聲（一八八一—一九一一），原名毓聲，字伯先，又作百先，丹徒大港人。』趙聲，幼年聰慧，十七歲考取秀才，二十一歲南京江南水師學堂畢業後東渡日本考察軍政。三十一歲加入同盟會，在香港籌劃廣州起義。宣統三年（一九一一）起義爆發，與黃興分任正副總指揮，起義失敗，病逝香港，葬於香港茹菲公園，民國元年歸葬鎮江南郊竹林寺旁。一九六六年『文革』中陵墓遭破壞，墓碑推倒已斷裂，一九九一年修復陵墓時重新立於墓穴前。爲了紀念他，一九二三年建了伯先公園，二〇〇七年大港伯先故居修繕，建成趙伯先故居陳列館，並對外開放。

魯肅墓碑　民國五年（一九一六）

墓碑高1.35米，横長0.57米，厚0.13米，漢白玉質地。碑全稱『漢東吴漢昌太守横江將軍魯公子敬之墓』計十八字，楷書。上款爲『民國五年丙辰　季春月』，下款爲『里人王修讓敬立　殷進賢書』。碑文均爲楷書陰刻，有柳書的風格。一九九四年五月二十八日在丹徒苦竹里（新竹村）調查時發現其保存在村民王榮堂屋旁草堆中。碑已斷裂兩塊，拼接完整。該碑的發現爲研究東吴名將魯肅歸葬京口提供了重要物證。

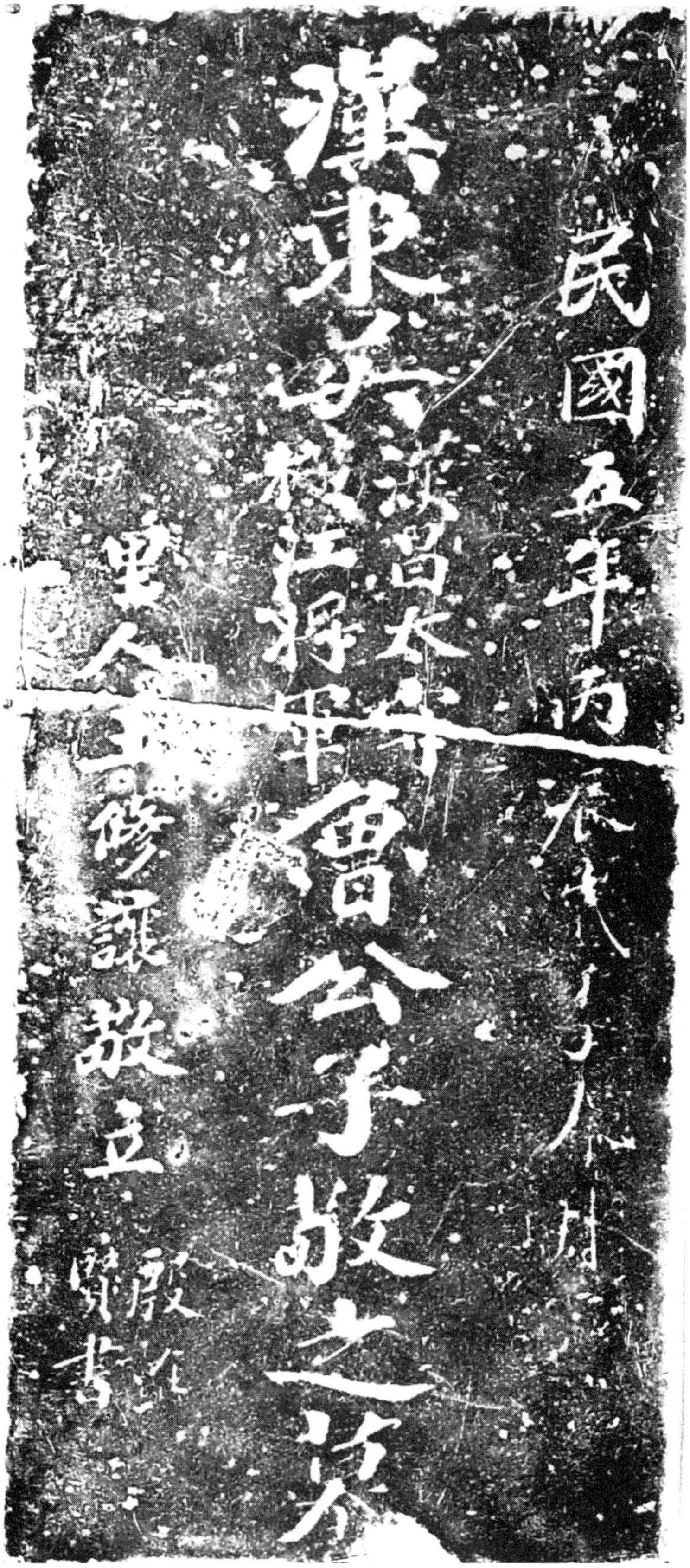

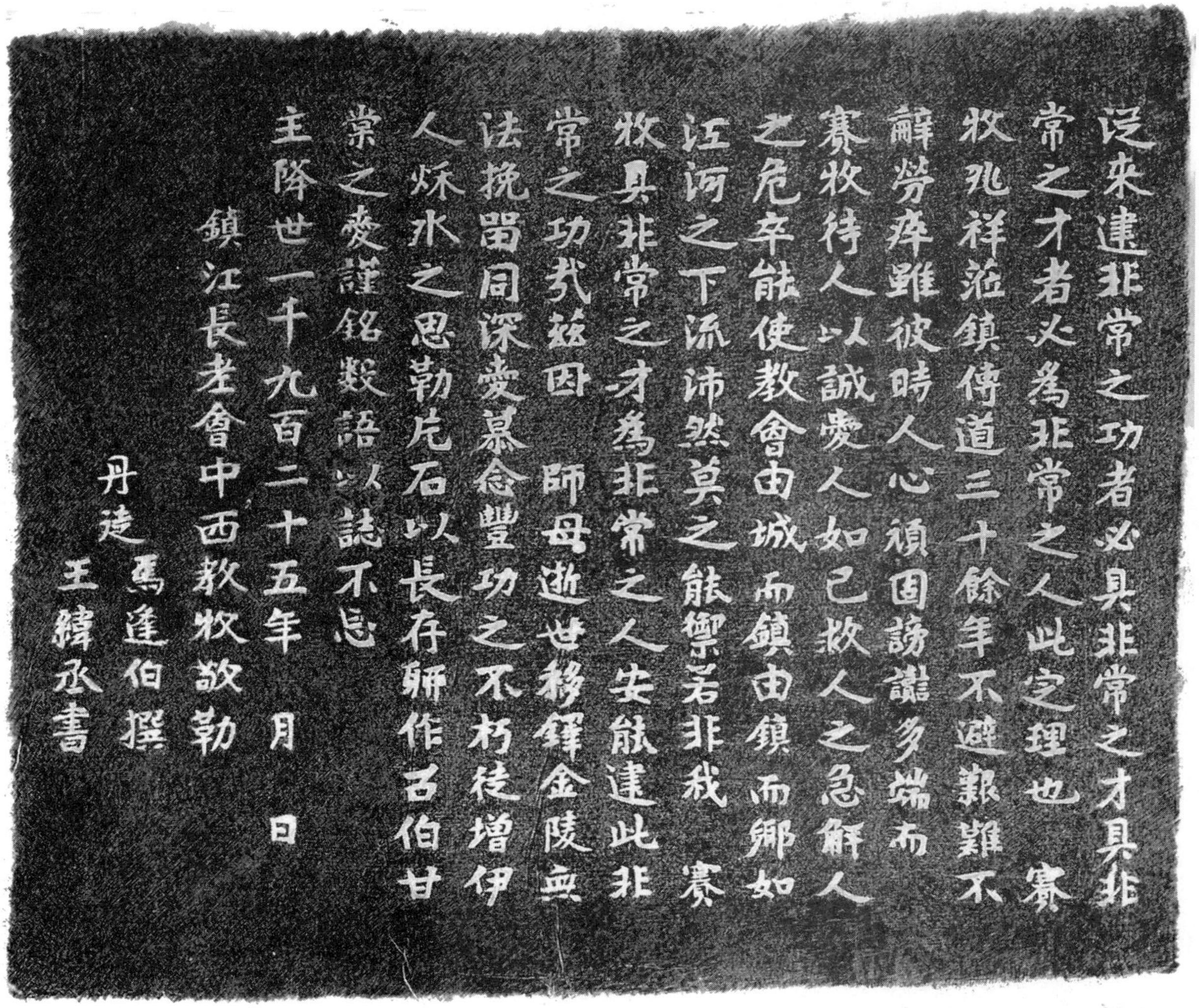
從來建非常之功者必具非常之才具非
常之才者必為非常之人此定理也賽
牧兆祥蒞鎮傳道三十餘年不避艱難不
辭勞瘁雖彼時人心頑固謗讟多端而
賽牧待人以誠愛人如己救人之急解人
之危卒能使教會由城而鎮由鎮而鄉如
江河之下流沛然莫之能禦若非我賽
牧具非常之才為非常之人安能建此非
常之功哉茲因師母逝世移驛金陵無
法挽留同深愛慕念豐功之不朽徒增伊
人烁水之思勒庀石以長存聊作召伯甘
棠之愛謹銘數語以誌不忘
主降世一千九百二十五年　月　日
鎮江長老會中西教牧敬勒
丹徒馬逢伯撰
王緯丞書

牧師賽兆祥墓志銘　碑　民國十四年(一九二五)

碑高0.45米,横長0.57米,厚0.12米,白石質地,碑文共計二百一十七字,楷書陰刻,文簡意賅。一九二五年鎮江長老會全體信徒勒石,碑文由馬逢伯撰,王緯丞書。其佈局疏朗,用筆方圓兼之,輕松明快,一氣呵成,現存於鎮江市賽珍珠紀念館。

據王重遷撰寫的《賽兆祥牧師傳教碑石考》一文記述:一九九九年十一月南門大街拓寬道路時於基督教長老會潤南堂發現。此銘文再現了美國女作家賽珍珠父親賽兆祥來鎮江傳教三十餘年,不辭勞苦,不避艱難的歷程。

此碑刻的發現,爲研究賽兆祥、賽珍珠父女生平以及長老會在華傳教史提供了重要實物史料。

江謹保堂墓地志　碑　民國十五年（一九二六）

碑高 1.55 米，横長 0.68 米，厚 0.15 米，青石質地。碑文由江啟貴撰，楷書柳體陰刻，共十七行，滿行十五字，計五百一十四字，保存完整。

一九九七年秋月，筆者在市區西跑馬山調查時，在草叢中發現。碑文記述江氏在民國十五年（一九二六）購墓地兩處，因有三房兒孫，恐身後子孫爲墓地而分争，故立碑文爲據，樹碑於墓地上。

據《鎮江伊斯蘭教史》一書的記載：『謹保堂江姓，在太平天國期間從揚州遷來，落脚古更樓巷談姓宅内。始祖江潤之在此開銅作坊爲生。』

此碑對研究鎮江回民習俗生活有史料性價值。

張東山先生墓　碑　民國十九年（一九三〇）

碑高2.60米，橫長0.60米，厚0.18米，花崗岩質地。上有『張東山先生墓』六個隸書大字，每字寬三十五厘米，高四十四厘米，筆劃舒展開張，書體豐茂，渾厚有力，隸融魏法，爲本邑著名的學者、書法家柳詒徵題寫。碑字榜書很少見，也是目前鎮江南山中除伯先巨大墓碑外的第二塊大墓碑。

張東山先生，字天爵，是鎮江近代詩人。據《鎮江人物辭典》記載，其與趙醉侯、楊艮齋、徐師竹合稱『浮玉四賓』。據趙醉侯的孫子趙同回憶，『浮玉四賓』既是同鄉也是同歲，經常燕集金焦，詩酒留連。又《興復招隱寺建置年月表碑》中刻有他的名字，由此可知，民國二十三年（一九三四年）重建招隱寺他捐資過。卒後葬於獸窟山麓（招隱山）。現墓穴和墓碑半裸露於地面。其著有《東山詩集》。

赵伯先塑像誄文铜牓　民國三十七年（一九四八）

誄文銅牓，高 1.42 米，横長 0.42 米，下端呈錐行，鑲嵌在伯先公園伯先像座基上。上有六行豎寫銘文，每行二十六字，共計一百五十六字，字體爲隸書，为柳詒徵復書的第二塊誄文。誄文記述：趙伯先爲宋王室後裔，南遷後居鎮江大港。幼時讀書習武，後入江南水師學堂和陸師學堂，東渡日本考察。回國後，參與並領導黃花崗起義推翻清王朝，失敗後，嘔血死。民國政府成立後，歸葬鎮江。

據柳詒徵著《里乘卷五》記載：原誄文在民國十九年（一九三〇）九月鐫銘。後毁於兵劫，民國三十七年（一九四八）三月重新勒銘。第二次誄文與第一次内容大致相同，亦是柳詒徵撰書的，乃用三字一句撰文，銅質板鐫刻，只是文句内容更加精煉準確，有力，增加了十八字。現銅牓銘文保存完好。

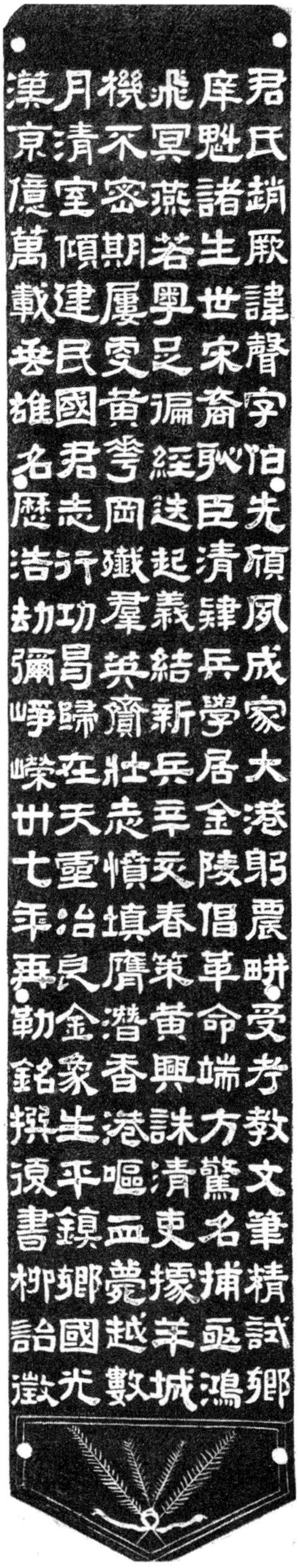
君氏趙厥諱聲字伯先碩夙成家大港躬震畊受考教文筆精試鄉
庠魁諸生世宋裔恥臣清肄兵學居金陵倡革命端方驚名捕亟鴻
飛冥燕若學足徧經送起義結新兵辛亥春策黃興誅清吏據羊城
機不密期屢更黃花岡殲羣英齊壯志憤填膺潛香港嘔血薨越數
月清室傾建民國君志行功昌歸在天靈治民金象生平鎮鄉國光
漢京億萬載垂雄名歷浩劫彌崢嶸卅七年再勒銘撰復書柳詒徵

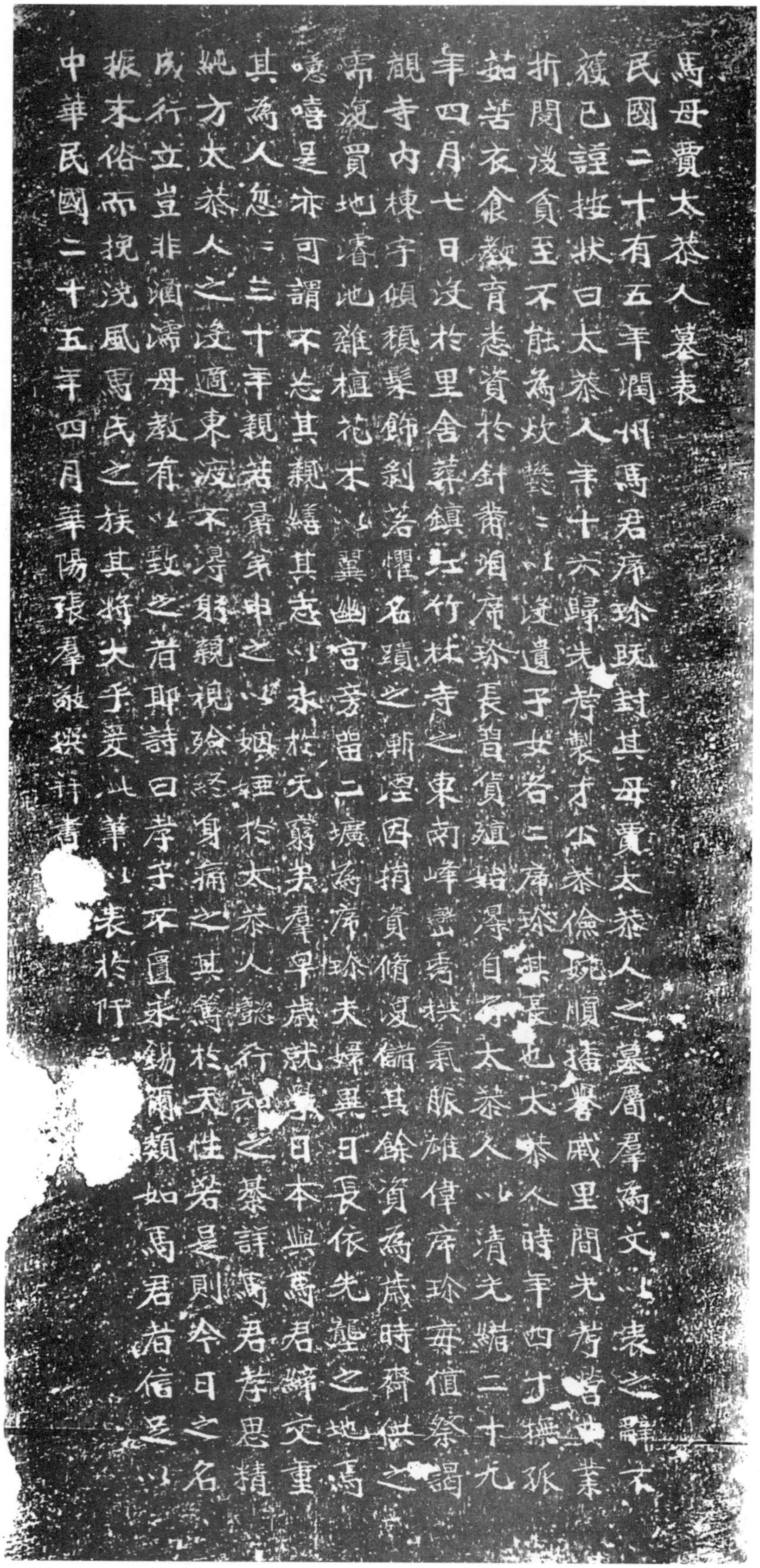
馬母賈太恭人墓表
民國二十有五年潤州馬君席珍既封其母賈太恭人之墓屬羣爲文以表之辭不
獲已謹按狀曰太恭人年十六歸先考製才公恭儉婉順播譽戚里間先考嘗商業
折閱後貧至不能爲炊爨以後遺子女者二席珍其長也太恭人時年四十撫孤
茹苦衣食教育悉資於針黹唯席珍長習貨殖始得自立太恭人以清光緒二十九
年四月七日歿於里舍葬鎮江竹林寺之東南峰盤秀拱氣脈雄偉席珍每值祭謁
觀寺內棟宇傾頹梁飾剝落懼名蹟之漸湮因捐貲脩復備其餘資爲歲時齋供之費
需復買地濬池雜植花木以翼幽宮旁留二壙爲席珍夫婦異日長依先壟之地焉
噫嘻是亦可謂不忘其親繼其志以永於无窮矣羣早歲就學日本與馬君締交重
其爲人忽忽三十年親若昆弟申之以姻婭於太恭人懿行知之綦詳而馬君孝思精
純方太恭人之沒適東渡不得躬親視殮終身痛之其篤於天性若是則今日之名
成行立豈非涵濡母教有以致之者耶詩曰孝子不匱永錫爾類如馬君者信足以
振末俗而挽澆風馬氏之族其將大乎爰此筆以表於阡
中華民國二十五年四月華陽張羣敬撰并書

馬母賈太恭人墓表　碑　民國二十五年（一九三六）

碑高 2.00 米，横長 0.92 米，厚 0.20 米，花崗岩質地。碑文楷書陰刻，共十四行，滿行十一，計三百九十九字，由國民黨元老張群撰文並書。

此碑立於鎮江市南郊馬家墳墓道北側碑亭内，『文革』中遭到損壞，石碑嵌的銅印被挖劫，至今下落不明。

張群，生於一八八九年，字岳軍，四川華陽人。一九〇六年考入保定軍官學校，次年赴日本入陸軍士官學校，歷任國民黨中央黨部秘書長，行政院長等職。一九四九年去臺灣任『總統府』資政。一九九一年病逝於臺灣，終年一百零二歲。善書，尤宗魏碑，法『石門銘』，筆力雄健，逸宕不群。

米芾墓　碑　一九八七年

碑高 1.91 米，横長 0.79 米，厚 0.13 米，青大理石質地，位於南郊鶴林寺附近黄鶴山北麓。碑書：『宋禮部員外郎米芾元章之墓』行楷書十一字，上款爲『一九八七年春日重修』行楷書九字，下款爲『曼殊後學啟功敬題』行楷書八字。由時任中國書法家協會主席啟功所題書。碑文挺潔，行筆不拖泥帶水，莊重，既大氣又秀氣靈動。

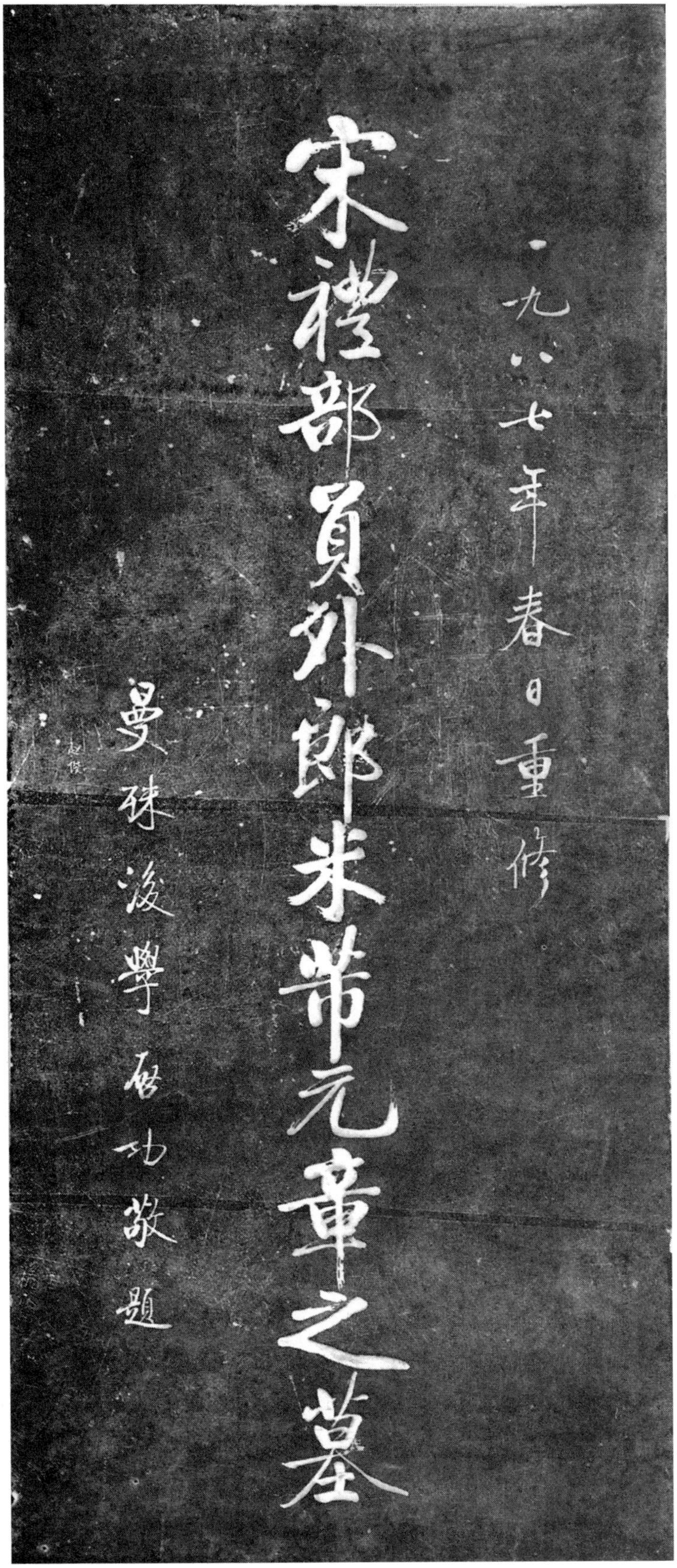

古井（碑）·欄銘類

玉乳泉欄銘　碑　北宋刻石

欄高0.55米，内徑0.36米，呈等邊八角形，青石質地，位於丹陽北門外。上有銘文“玉乳泉”三字，字爲隸書體，款爲“陳堯佐書”四字。

據《中國歷代名人大辭典》記載：“陳堯佐，生於九六三年，卒於一〇四四年，閬州閬中（今四川閬中縣）人，字希元，自號知餘子，北宋端拱進士。歷知州縣，留意民政，多次任職朝中。景祐拜同中書門下平章事，集賢殿大學士等職，著有《禺丘集》。其書風古隸八分，古樸典雅。”又據《丹陽古今》記載：“晉太元時鑿，宋景定四年（一二六三）寺僧爲井建亭。”古代曾將美酒喻爲玉乳，唐又新《煎水茶記》喻爲“天下第四泉”，歷代文人騷客不斷來此品飲。玉乳泉，現列爲丹陽市文物保護單位。

宋代詩人李公翼有詩記之：

玉液煎瓊甃，泓憕一脈泉。
張生題品異，丞相與名傳。
薦客流霞勝，煎茶掇乳鮮。
祇園終古在，長對白衣仙。

紫金泉　碑　明萬曆二十六年(一五九八)

碑高 1.28 米,横長 0.67 米,青石質地,現位於镇江市大市口廣場行人道邊。碑上鐫刻楷書“紫金泉”三大字,碑刻下部原有小字跋文,因年代久遠模糊難辨。文字均於萬曆二十六年由丹徒知縣龐時雍題書。

據《丹徒縣志》記載,紫金泉原在城中心紫金山下而得名,被稱爲“天下第二泉”。泉井欄爲元代重建,白石等邊六角形,高 0.40 米,口徑 0.36 米,刻有銘文“至正十年歲次庚寅仲春良日里巷正卿置”字樣,計十八字。

千餘年來,泉、碑的存在,已成爲大市口中心的地理標識,行人到此都要駐足,俯首觀看。

龐時雍,字景和,山東汶上縣人。萬曆二十年進士,萬歷二十六年(一五九八)任丹徒縣知縣,爲官廉政,在任時設館請名師纂修郡志,爲保護地方文物做了不少事情。

古泮泉 碑 明萬曆

碑高 0.65 米，横長 1.40 米，青石質地，位於鎮江市區城東東門坡下。

古泮泉建於宋代，宋嘉定《鎮江志》、元至順《鎮江志》、清乾隆《鎮江府志》、清嘉慶《丹徒縣志》中，古泮泉均有記載。

『古泮泉』三字爲楷書，碑上段有跋文，年代久遠，已模糊不清，尚有些字能辨認。據清光緒《丹徒縣志》記載：明萬曆中，知縣龐時雍清出立石題『古泮泉』三字及跋文。

天津泉碑　明萬曆

碑高1.14米，横長0.62米，青石質地，斷裂两塊，現拼接完整。碑刻長期湮没地下，『文革』中，鎮江船廠擴建時出土，被鑲嵌在廠房牆基石駁上，當時未引起人们的注意。二〇〇二年七月，船廠拆遷時被發現。

據清《北固山志》記載：『僧善觀見狠石邊有異，掘得美泉一眼，取明太祖幸時題「甘露生泉天降津」句，因此而得名。由明萬曆丹徒縣知縣龐時雍題書取「天津泉」三字，勒石立碑。泉址在北固山西麓山腳下』。

永濟泉井圈　欄銘　明萬曆四十三年（一六一五）六月

欄高 0.51 米，内徑 0.32 米，青石質地，呈等邊六角形。

據《古泉老井》一書記載：『永濟泉位於丹陽市西門大街（今西門小學内）。』『永濟泉』三字爲楷書，『泉』字稍殘，欄後鐫刻小字款文：『喜捨信士張大年，同妻殷妙聰，長男張學忠，次男張學孝，萬曆四十三年六月　日建』，計三十二字。井圈古樸大方，保存完整。

該井現列爲丹陽市文物保護單位。

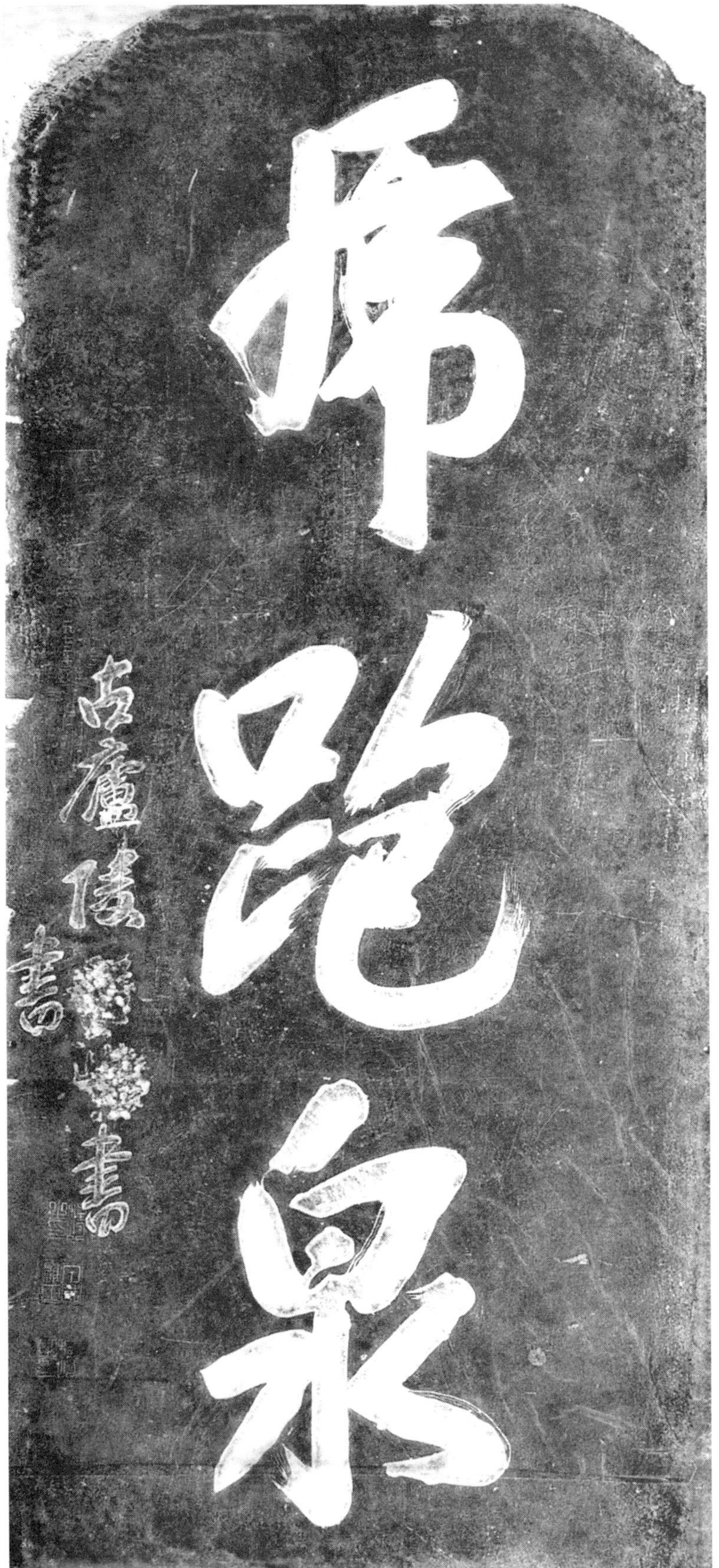

虎跑泉　碑　明崇禎

碑高 1.97 米，横長 0.87 米，青石質地。碑首呈半圓形，上鐫刻『虎跑泉』三個行書大字。其字用筆方圓結合，動感强，有虎威氣勢。相傳東晉法安禪師初來山中，飲水困難，有猛虎用前爪刨出一井穴，泉水外溢，壘石圍水，取名『虎跑泉』。

據《招隱寺志》記載：『虎跑泉在寺左，與鹿跑泉相望。』在唐代即有虎跑泉及其碑刻，現今『虎跑泉』碑是明崇禎年間鎮江知府程峋的手迹。

萬佛庵井圈　欄銘　清嘉慶八年(一八〇三)

井欄高 0.40 米,内徑0.35 米,壁厚 0.15 米,呈鼓圓狀,青石質地,現位於丹徒鎮西孫家灣村北寺廟内。原寺廟毀後,井欄暴露在農田中,現填埋,廟又在原址恢復,重新掘一井穴將原井欄安置於上。該井現列爲丹陽市文物保護單位。

福善堂井圈　欄銘　清光緒

井欄高 0.40 米,口徑 0.38 米,周長 1.98 米,青石質地,風化破損嚴重,位於勵家塘後一百三十八號,原福善禪林内一户居民門前。欄鐫刻"福善庵堂,佛光普照"八大字,中間豎刻"第一神泉"四小字,款爲"蔣克湧立井□□順監製,癸丑年冬月念□□吉立"二十小字缺四字。印章两方,一方印文爲"寶蓋山□居士□祖祠"九字缺二字,另一方印文爲"常安僧法號禪定敬書"九字殘一字。

井欄中八個大字筆劃環繞連接,有意識地寫得神秘、玄乎,實爲字體拙劣,學書者不可取。

據《丹徒縣志摭餘》記載:"福善禪林在西城外長壽山麓,歲乙卯(一八八九)宛平於海峰改建,按該禪林初名福善堂,光緒乙丑(一八八九),天津葉泰椿居士建,專爲貧民戒菸而設。"

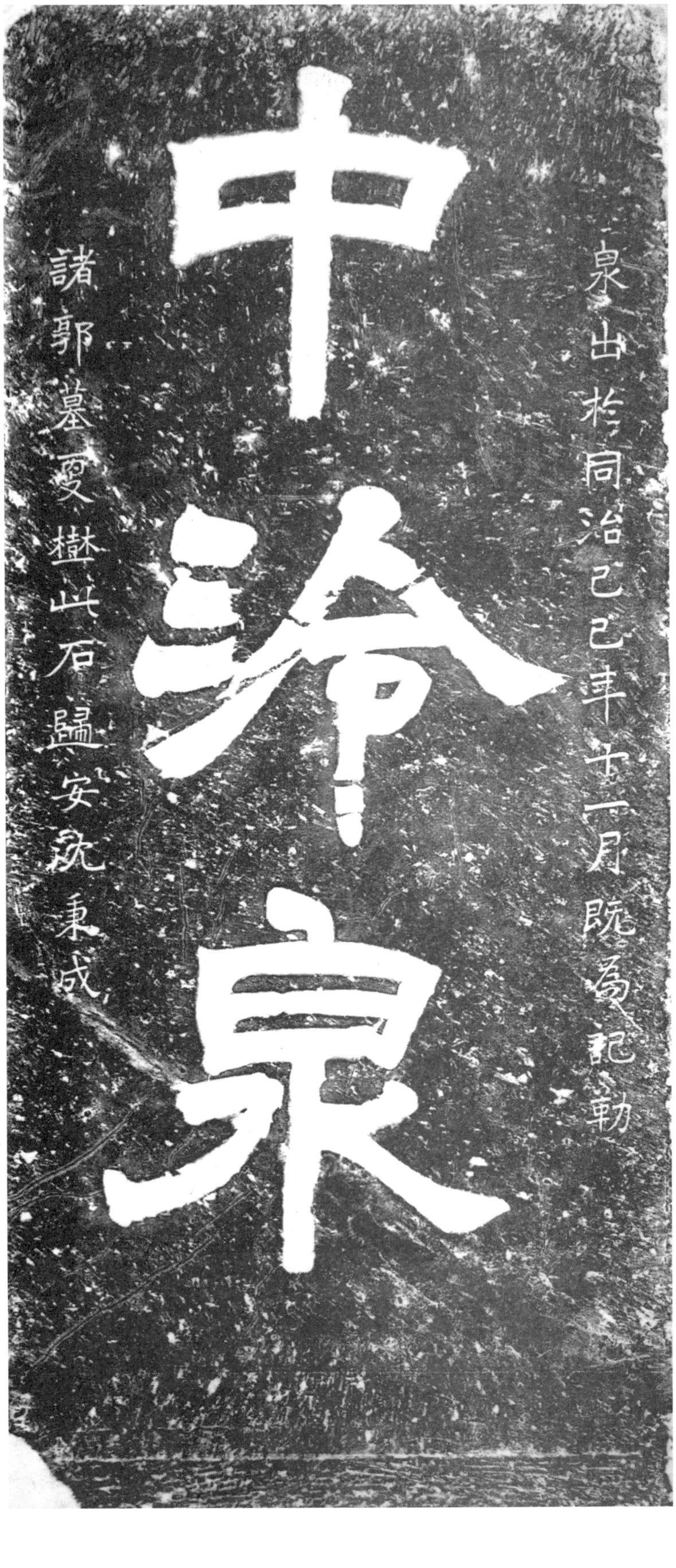

中泠泉　碑　清同治八年（一八六九）

碑高 1.58 米，橫長 0.64 米，青石質地，位於金山天下第一泉茶樓西，嵌於牆壁上。其上鐫刻『中泠泉』三大字，爲隸書陰刻，由沈秉成題字。碑刻下部已斷裂，左下角殘損，尚無大礙。沈氏在鎮江任職時，於清同治八年在金山以西地域考察中泠泉泉穴，認定並留下墨迹，然後勒石於此。沈氏題字方正勻稱，波磔分明，用筆方圓結合，書風雄健，書從《華山廟碑》演變而來。

沈秉成，浙江歸安人（今浙江湖州），曾任兩江總督。同治年間，鎮江任職常鎮道觀察使。同治十三年（一八七四）十月爲《焦山志》作序，光緒二年（一八七六）捐銀修建金山大殿並撰記。

林公泉　石額　清光緒五年(一八七九)

額高 0.40 米,横長 0.98 米,白石質地,位於南山竹林寺後夾山岩壁下。額上鐫刻“林公泉”行楷三大字,款爲“原額因坍山石毀,乙卯夏五月陸潤庠重書”十七字,下鈐一方姓名印。

陸潤庠,清末狀元,光緒五年第二次爲“林公泉”題寫石額。風格與前“流光精舍”石額屬同一類型,現額傳至今日已有一百三十四年的歷史。

據清光緒《丹徒縣志》記載:“林公泉”由明代僧人林皋法師所開築,故名。池呈方形,四周白石圍欄,泉水仍從岩穴縫中透水,清澈見底,已不是當年珠泡湧出之狀。

張慶善堂井圈　欄銘　民國二年(一九一三)

欄高 0.40 米,對角 0.52 米,呈等邊六角形,青石質地。正面刻有"張慶善堂"四字楷書,反面刻有"癸丑年"三字楷書。欄銘文字結構近正方形,字距較緊,骨力遒勁,方圓兼用,出於柳公權書風。

據《古泉老井》一書記載,該井建於民國二年(一九一三),位於鎮江市南門石頭巷一百三十八號樓前,井圈保存完好,至今已有一百年的歷史。

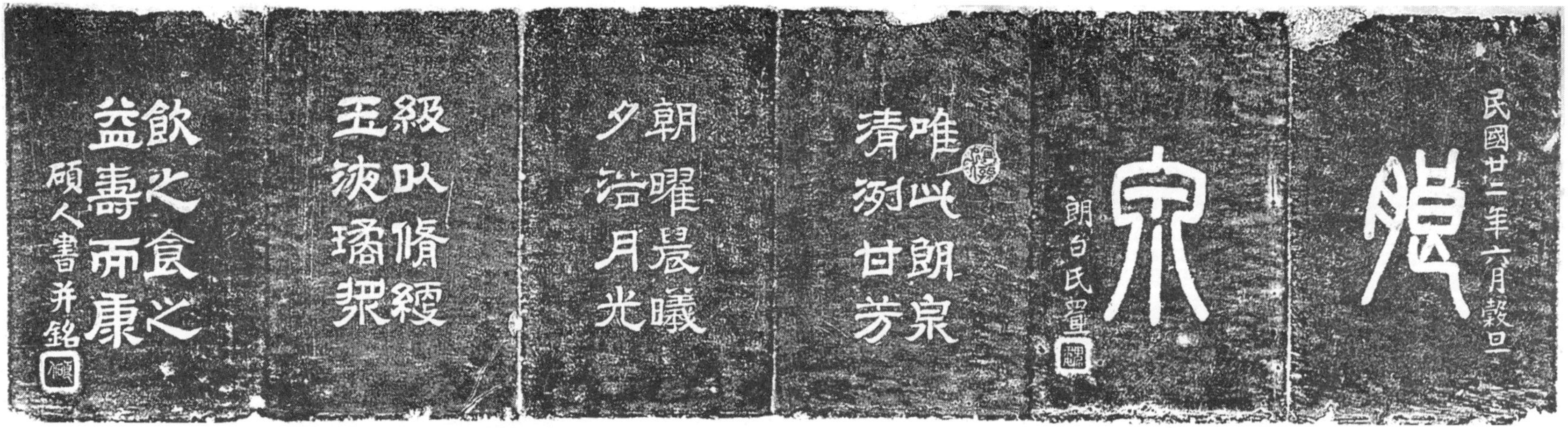

朗泉井圈　欄銘　民國二十二年(一九三三)六月

欄高 0.40 米,口徑 0.27 米,呈等邊六角形,漢白玉質地,位於南門大街古通巷首韓姓宅院中。此處開拓馬路,已填埋。井欄現由私人收藏。

據《鎮江市志》記載:井欄六面刻有銘文。“朗泉”兩個大字爲篆書,上款爲“民國廿二年六月 穀旦”楷書九字,下款爲“朗白氏置”楷書四字,其餘四面分刻:

唯此朗泉清洌甘芳,

朝曜晨曦夕浴月光。

級以修綆玉液璚漿,

飲之食之益壽而康。

碩人書並銘。

刻石銘文,結字方正,起筆或圓或方,中宮稍斂,對稱,平正中見灑脱、舒放,金石味濃,呈漢隸風格。

碩人即蘇潤寬,字碩人,生平簡介見前文。

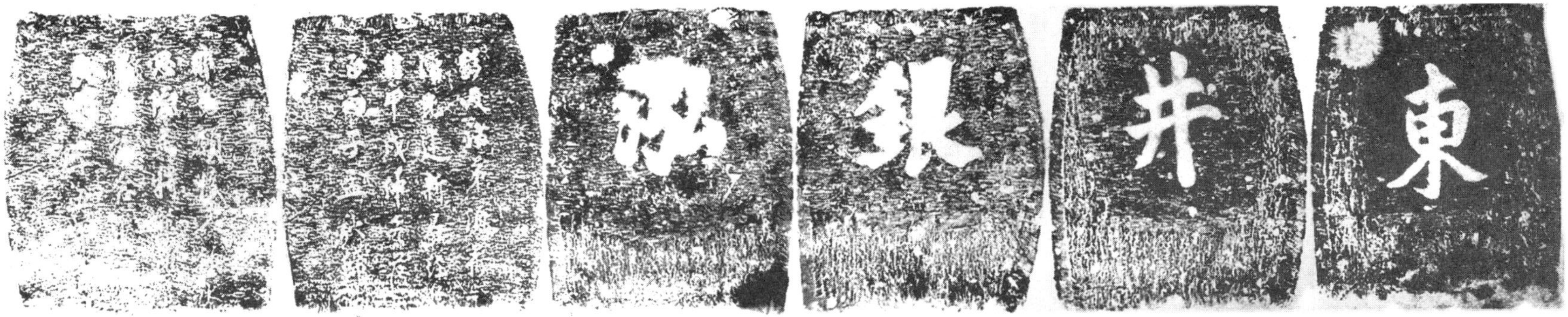

東井銀泓井圈　欄銘　民國二十五年(一九三六)

欄高 0.41 米,口徑 0.32 米,呈鼓狀等面六角形,青石質地,位於丹陽市中新路四號張家大院。

欄上刻有銘文“東井銀泓”楷書四字,分就四面,其餘二面分刻跋文,每面分四行,每行七字,計五十六字。

跋文如下:“彭及諸弟□荷□,澤光建新□經□,□甲戌仲冬落成,至丙子孟秋、締□非易、願後人飲水思源焉,特築雙井紀念,張三房,民國二十五年吉旦。”其文意簡文短,其書楷行結合,運筆放鬆、隨意、自然。

鹿跑泉石刻　一九八七年

碑石高 1.12 米，横長 0.50 米，厚 0.35 米，本地産青黄石質地，位於招隱寺東半山如斯亭旁。碑石呈長方形不等自然狀，風化嚴重。泉邊石刻『鹿跑泉』三個字，『鹿、泉』爲甲骨文，『跑』爲篆文，線條老辣，富有動勢。

據《招隱寺志》記載，唐代即有鹿跑泉及碑刻。現今的碑石是一九八七年招隱寺整修時樹立的。碑文由本邑著名書法家朱靈峥先生題寫。

斷碑拾遺類

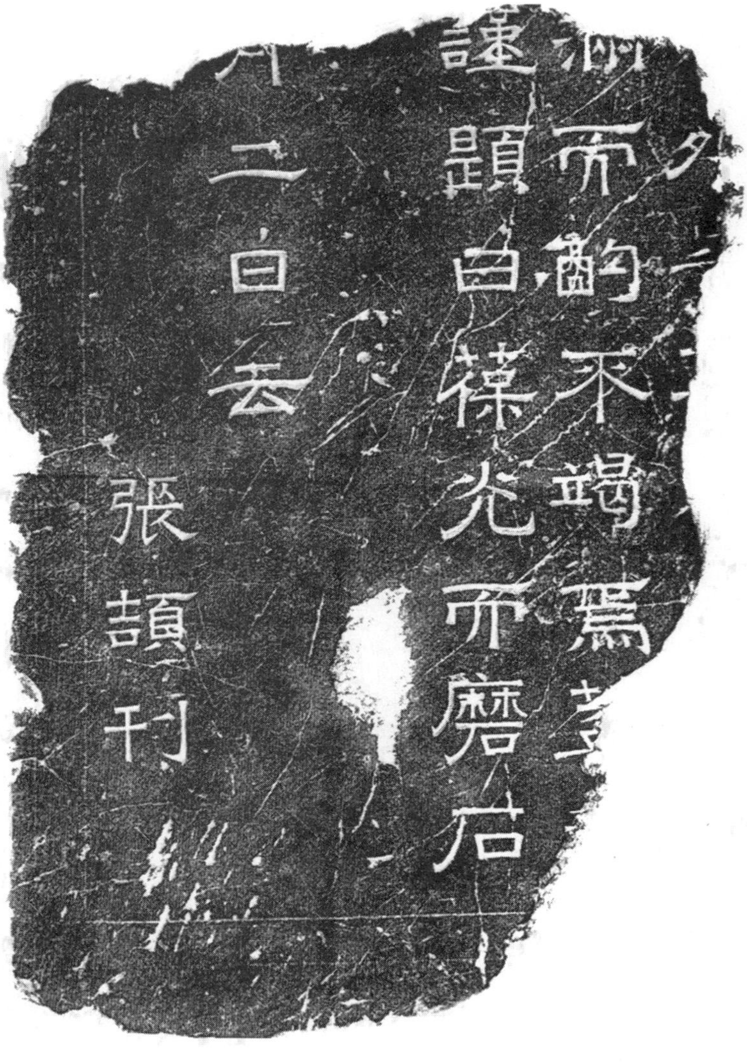

張頡刊殘石　宋

殘石高 0.37 米，横長 0.17~0.24 米，厚 0.10 米，青石質地，殘損嚴重，僅存二十二字，其中半字有四，邊周有界線，隸書體，字口清晰。

二〇〇二年鎮江市區大市口紫金廣場開發，垃圾倒入大東灘時發現此石。據元至順《鎮江志》和清光緒《丹徒縣志》記載：張頡是北宋丹徒人，字仲卿，一字強立，少年鄉試五次奪魁。政和五年（一一一五）進士選貢太學，升上舍。工詩能文，著有《菊坡集》。卒後葬潤州横山，即今上黨鎮境内的横山。張頡墓址在横山東麓下西林寺廟前南側，村民稱張家墳。

殘石在大市口出土，决不是巧合，可能與"紫金泉"有關。在宋代即有文人雅士寫詩賦文頌之，可見該泉歷史悠久。

茲錄殘文如下：

滿（半字）而酌不竭焉

謹（半字）題曰葆光而磨石

目（半字）二日云

張頡刊

鎮江路録事司題名記殘碑　元

殘高0.58米，橫長最长處0.23米，厚0.17米，青石質地。碑刻殘損嚴重，僅存碑首一角，上有四十七字，其中五字損半，碑邊飾水紋圖案。

據元至順《鎮江志》記載：『録事司，在府治西，即舊通判北廳基地』。『鎮江路』此稱謂始於元代，故屬元碑無疑。鎮江市元碑甚少，雖是殘碑，亦珍貴，故將存字滋録於後，以備查考。

鎮江路録事司題名記
鎮江古丹陽郡岸江爲城以
□□户版爲下路故亦得□
長□員□以統治城闉□
他有司□哉然以壥□

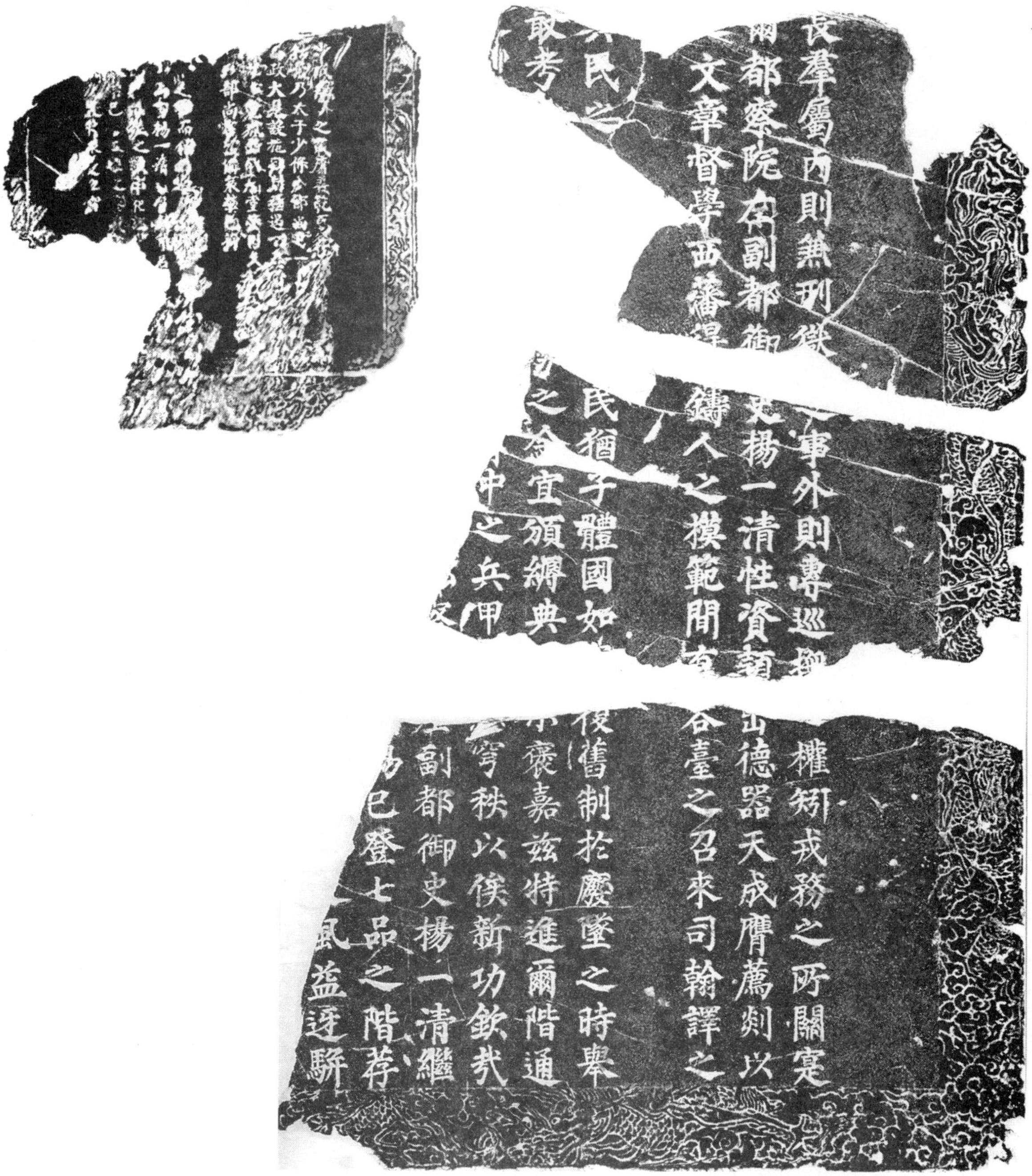

楊一清墓地殘碑二方　明

一、由墓地移動到盧氏宗祠内地上，斷裂成三小塊，青石質地，不完整。殘石高 1.00 米，厚 0.29 米，邊有雲龍紋，楷字，字大寸許，共約一百三十四字，其中半字十四有餘。

二、由墓地移動到村南盧姓住户屋西田地中，漢白玉石質，僅存一小塊，殘高 0.89 米，横長 0.58 米，厚 0.22 米，碑文能辨認出三十字左右，楷書，字大寸許，邊周有龍紋圖案。

以上二方殘碑，其内容記載楊一清有關史實，亦是楊一清墓地確在盧灣村的實物史料，碑雖殘，附録於此，供研究之用。

檀王廟碑　清乾隆

原碑斷裂成兩塊，殘缺，位於潤州區檀山地段檀王廟内地面上，第一塊殘高 0.38 米，横長 0.38 米，厚 0.12 米；第二塊殘高 0.44 米，横長 0.44 米，厚 0.12 米。兩塊残碑均爲青石質地，現存殘文約三百字，略可讀通：“檀山村民在清乾隆年間，爲修檀王廟而眾議、捐田畝、銀兩等，立碑文在廟内爲憑，永存供奉香火。落款爲乾隆歲次……正月十會首仝立”等字樣。據《京口山水志》記載：“檀道濟廟在山(檀山)北麓(南宋本傳道濟，高平金鄉人也，世居京口)。

義學碑　清道光十七年(一八三七)

殘高 0.64 米,橫長 0.33 米,厚 0.06 米,青石質地。二〇〇八年十月鎮江市西區和平路街道一户居民收藏這一方義學碑。上存不滿一百三十字的殘文,"學,以教寒畯子弟,□屬善舉","正誠義學已捐公産"、"道光十七年三月"等字樣。這是一方記録創辦義學之事的碑石,至今已有一百七十餘年的歷史。

據《鎮江要覽》教育一節記載:"鎮江義學始於清雍正二年,盛於同治年間,先後有京江、朋來、大覺、存仁、誠正、丹徒鎮、安仁、諫壁鎮、持恒、焦東和繼撫等十一所義學。光緒末年停辦。光緒《丹徒縣志》有"誠正"義學,並無"正誠"義學,顯然爲志書的筆誤。

丹徒縣告示　碑　清同治五年(一八六六)十一月

碑殘高 0.65 米,横長 0.59 米,厚 0.08 米,位於丹徒區谷阳镇南土地廟處。現碑刻下部缺失,上部碑文風化剥蝕,但尚能辨認一些文字。上刻有"欽加同知銜署江蘇鎮江府丹徒縣……示諭勒石……金山江天寺住持僧□□稟稱金山禪寺……""賜公金山田地七百傾,坐落西麓□□北崗蒲村等處,□佃領糧……同治伍年拾壹月"等字樣。由此可知,金山寺有賜田産七百傾在西麓北崗蒲村等地,分租當地佃户耕種,每年按章程完納錢糧。出現問題後,寺院和佃户又重新議定新的規章,呈報縣衙,縣衙批示,樹文立碑,告知不得違反。此情在地方志和金山志中均無記載,可彌補志書不足,惜碑文不全。

皆寔錄
佛嚴山門方丈僧
為釋梵天龍之宮
獨尊區內并宋處士梁太子
繼踐更之後乎獨恐相沿日久
世世恪守一燈朗繼永闡靈照之戶
康熙歲次甲寅孟春吉旦
後學

（一）

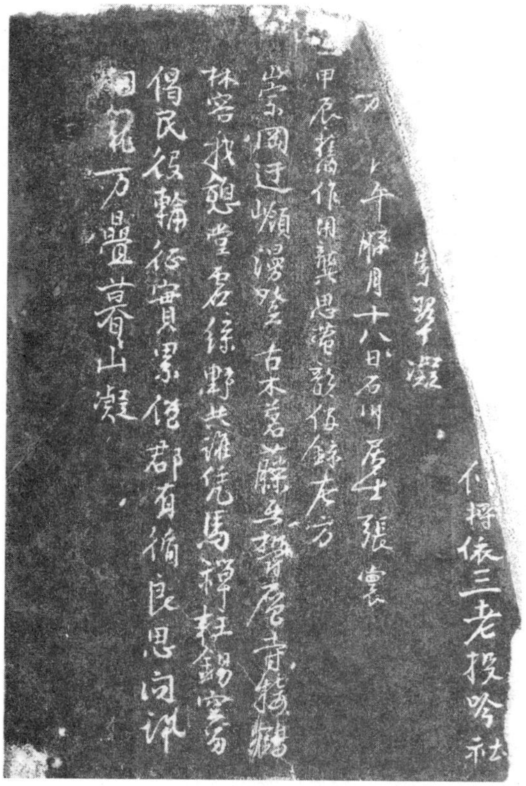

（二）

重興招隱鹿泉寺碑記
賜進士第湖廣道監察御史
潤州招隱山去城西南六七里宋
名鹿泉景平元年曇度大師寔
募者曰玉葉每春暮爛熳山谷
遺展趾相錯而據座開法者則
門便見鶴林山如何是境中人
基址而直於有司業稍稍復未
需肯構肯堂美輪美奐規模

（三）

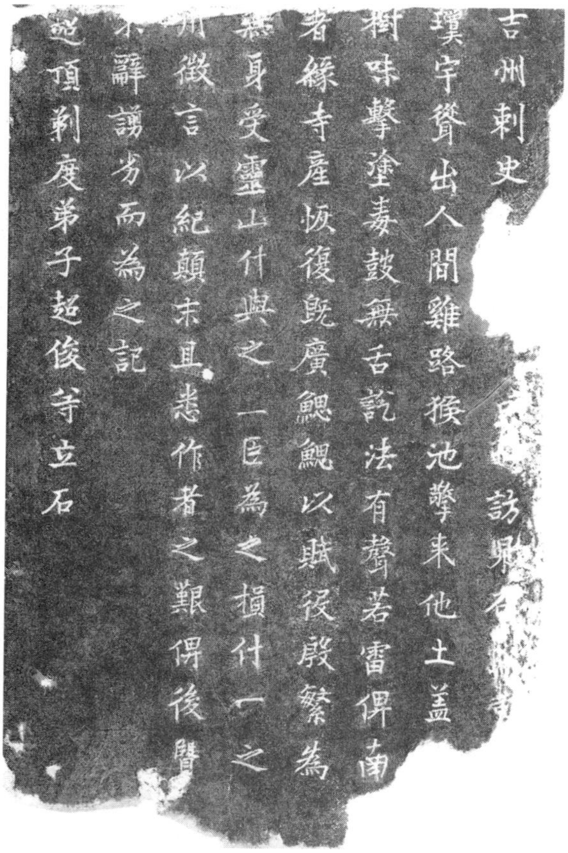
吉州刺史
訪鼎石
璞宇賢出入閩雞路猴池擊來他土蓋
樹咊擊塗毒鼓舞舌訖法有聲若雷俾南
者緣寺産恢復既廣鰓鯤以賦役殷繁為
身受靈山付與之一臣為之損付一之
徵言以紀顛末且悲作者之艱俾後賢
辭謭劣而為之記
遐頂剃度弟子超俊等立石

（四）

（五）

招隱寺殘碑五方

一、殘高 0.55 米，横最長處 0.35 米，青石質地，上存九十五字，楷書陰刻。查宣統《招隱山志》卷六記載，此爲明代詩人龔秉德(字思庵)的一首《招隱寺》詩。

二、殘高 0.40 米，横最長處 0.35 米，青石質地，上存七十八字，楷書陰刻，落款爲“康熙歲次甲寅孟春吉旦”。

三、殘高 0.56 米，横長 0.35 米，青石質地，上有殘款“超頂剃度弟子超俊等立石”字樣。由此可知，此爲康熙年間的殘碑。據有關記載，如康熙戊寅年的《金山鐵舟海和尚塔銘》由嗣法門人超樂等三十位“超”字輩法徒立石，其上有他們的法號，可證。

四、殘高 0.41 米，横長 0.39 米，青石質地，上存一百零二字，楷書陰刻，幸存碑刻名稱“重興招隱鹿泉寺碑記”九字。

五、殘高 0.59 米，横長 0.83 米，青石質地，上存二百九十四字，楷書陰刻，有殘款“翊椿書丹　弟子□□枝篆額　嗣法”計十一字。

以上第四和第五塊同屬一塊碑中的殘石。查宣統《招隱山志》卷三“碑碣”記載：“湖南道監察御史奉勅巡按江西笪重光撰，楊翊椿書丹，郁森枝篆額，山僧超頂超俊立，康熙甲寅(一六七四)十三年的碑刻。”以上碑刻據有關記載均毁於太平天國期間和日寇佔領鎮江期間。

南山祭掃馮相華手定　碑　清光緒二十一年(一八九五)

碑高 0.87 米,横長 0.64 米,厚 0.10 米,白大理石質地。碑文楷書陰刻,殘存二十二行,約六百餘字。

二〇〇八年招隱寺山頂建飛雲閣時此碑出土,殘碑滚落飛雲閣西坡下草叢中。碑刻殘缺約半,文雖缺,但尚能讀通。大概是説每年清明時節祭掃,花費銀兩,租息不敷,要改章程。由馮家灣佃户完納租錢出資,此事由招隱寺僧人負責,祭掃儀式具體開支,由馮家灣長老負責,賬目要清等情節。碑文落款爲"光緒貳拾壹年拾月日廣東欽州白水塘馮相華手定"計二十一字。惜碑不全。

據有關資料記載:"馮子才,字萃亭,廣東欽州人。一八六〇年太平天國攻陷江南,清名將馮子才調守鎮江,他的弟弟馮廷貴及隸屬萃軍部下與太平軍于南山招隱寺一帶激戰共六年之久。其部遭太平軍重創,陣亡將士就地掩埋。"其弟從軍鎮江,在軍營中死去,葬於招隱山寺西北。每年祭掃用鉅資,只好購田産,由馮家灣農民耕種,收取田租,維持開支。此事由其子馮相華代父辦理,制定規章,故稱"手定",將碑文立於招隱山一帶。這與《招隱山志》卷四"名人"中記載相吻合。

此殘碑的發現,對研究馮子才在鎮江的情况,又多了一件實物史料。

馮相華(一八六六—一九二九),字鞠卿,廣東欽州人,馮子才之子。光緒十年(一八八四)率左右衛隊一營,隨父抗法,取得鎮南關大捷。一八九四年,中日戰争期間,子材調防鎮江,相華率軍駐浙江,共防海疆。在浙數年,常隻身去上海學習新學。光緒三十一年(一九〇五)任欽州中學校長,曾任靈山、防城縣縣長。民國十八年(一九二九)病逝家中,終年六十三歲。

長山万福宫殘碑兩方　清光緒

二〇〇二年筆者在長山一帶進行調查時,發現兩種不同的“萬福宫”殘碑石。一塊是豎形殘額,青石,僅存一“萬”字,楷書陽刻,高 0.30 米,横長 0.30 米。碑兩邊刻有萬年青卷葉紋圖案。另一塊是横寫殘額,白大理石質地,上刻有“萬福”二字,而“福”字是半字,缺失“宫”字,高 0.52 米,横長 0.63 米。還有小殘石一塊,上有五字“穀旦僧真清”與“萬福”殘石屬同一種石料,楷書陰刻。由此可知,該殘石是清代佛教遺物。

而上一塊是道教“萬福宫”殘石。經查,道教“萬福宫”建於清代稍前。據陳慶年《寺觀調查録》記載:“清咸豐十年,長山之麓的龍王廟、長山寺、隱峰寺、福音寺,同時遭火焚毁”。

光緒年間,由僧人真清尚用道觀遺址恢復“萬福宫”。難怪光緒《丹徒縣志》記載:“萬福宫”歸爲祠廟,而不是道觀。奇怪的是和尚乃用道教“萬福宫”這個名稱。

重修宗忠簡公碑記　碑　民國二十六年（一九三七）

碑殘高 1.40 米，横長 0.50 米，漢白玉石質，周邊有萬年青卷葉紋。此碑損壞嚴重，僅存半塊不到，上刻有殘文約一百七十九字。一九九八年在象山鄉陳家灣村某户後門做踏脚石。

經查，民國三十七年（一九四八）浙江義烏《麒麟塘宗氏家譜》、民國二十六年（一九三七）浙江省《東南日報》記載，立於宗澤墓前碑文由知名學者陳石遺撰、柳詒徵書。碑文用筆方圓兼備，結體疏朗，渾厚有力，是隸書中的精品。

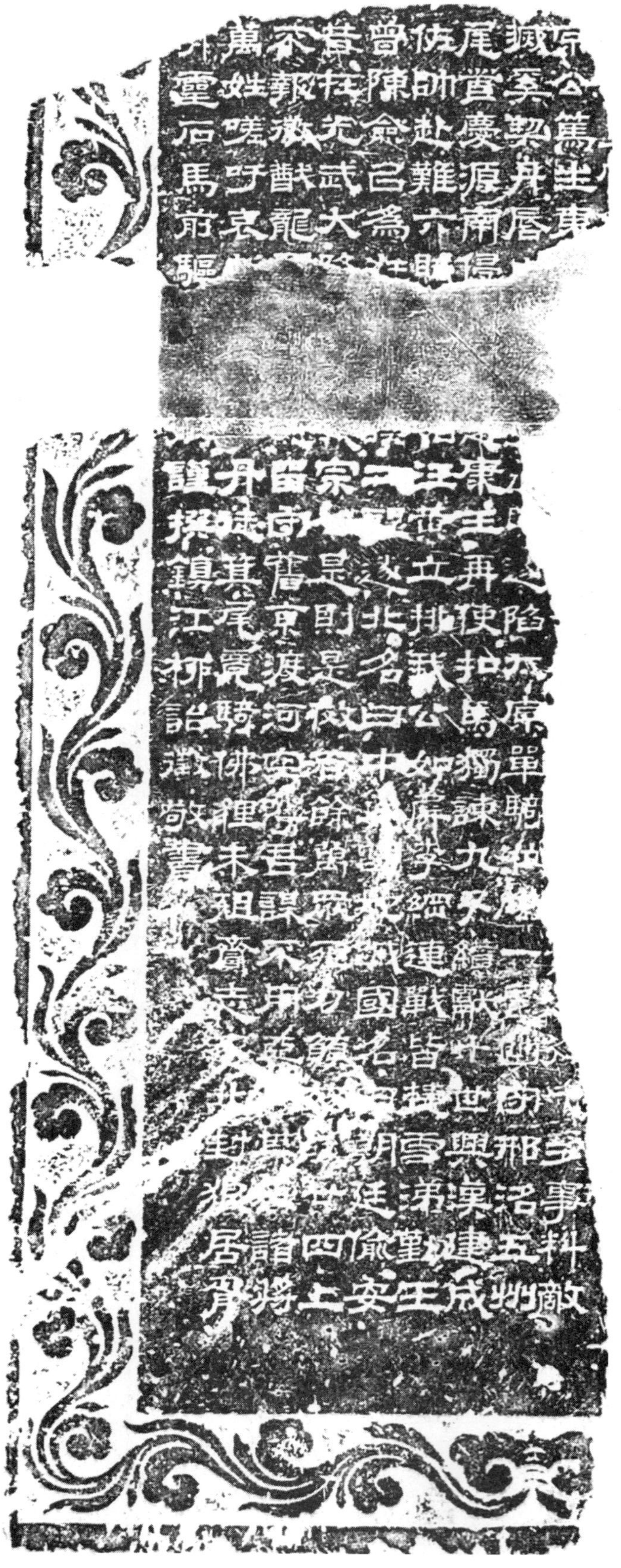

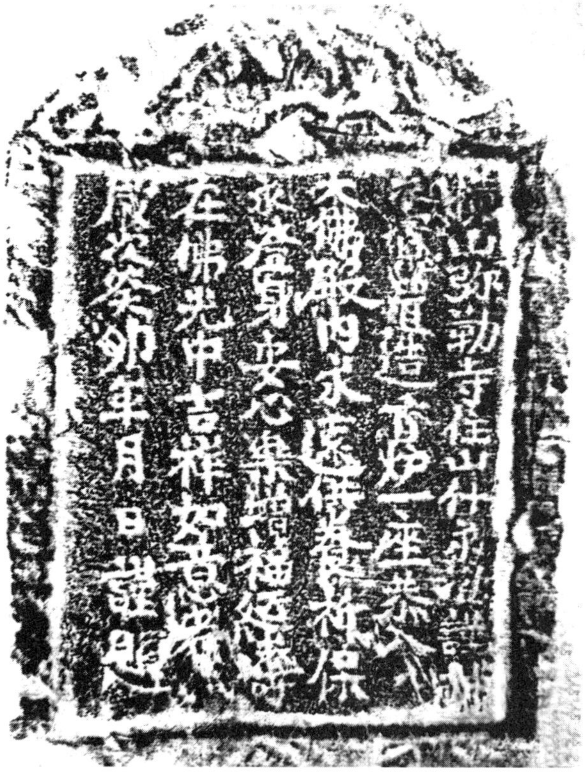

西林寺石香爐　清光緒

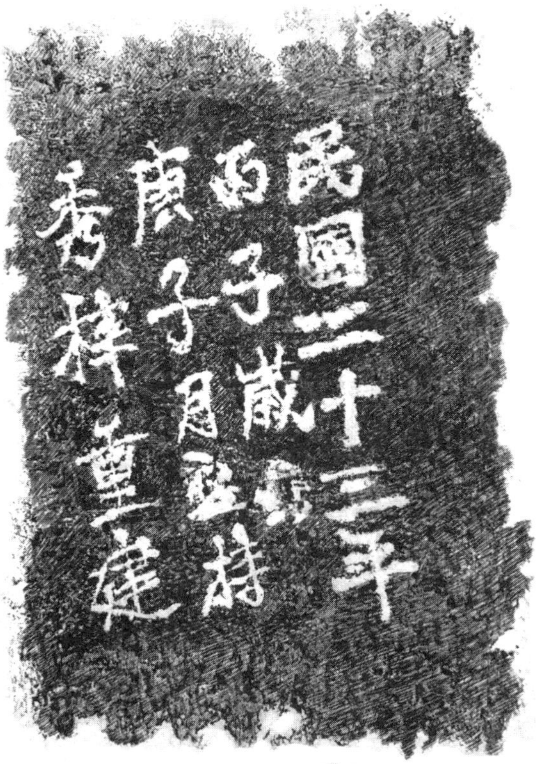

柱礎銘文　民國二十五年(一九三六)

二〇〇〇年十月在丹徒區上黨鎮西林寺調查時在遺址上發現，上刻有銘文，石香爐和柱礎各一。石香爐上刻有六行,每行九至十二字不等,共計六十字,石文刻得草率,是民間工匠所爲。玆録銘文如下：

横山彌勒寺,住山什永□謹□
衣資置造香爐一座恭入
大佛殿内,永遠供養祈保
永澄身安心樂,增福延壽
在佛光中吉祥如意□
歲次癸卯年月日謹題

花崗岩柱礎,用料碩大,上鐫有楷書銘文十九字,模糊二字,玆録銘文如下：

民國二十三年丙子歲次庚子月主持秀梓重建

由以上石刻銘文可知：

一、西林寺曾有“彌勒寺”之稱,在民國二十五年(一九三六)重建。

二、石香爐刻置於癸卯年,新中國成立後第一個癸卯年是一九六三年,這時我國處於三年自然災害期間,重修西林寺是不可能的,向前六十年即光緒二十九年(癸卯)可能性較大。

據調查,柱礎銘文中秀梓住持,新中國成立初去了上海,不久歸寺圓寂,葬入本寺後山上。以上資料可彌補正史及西林寺記載不足情況。

何應欽題名石刻　民國

二〇一一年十二月，在招隱山和九華山交汇處山谷中，原上鐵水泥廠廢棄的炸藥庫圍牆處發現此石刻，石刻已被砸碎，一部分砌在圍牆上，另一部分散落在地面上。此題字鐫刻在一石獸底座側面上，應是“精神不死”四字，款落爲“何應欽”三字，惜殘損字不全。經調查，此處可能有陵墓，早年不存，不知何因。

古磚銘文（含紋飾磚）

唐古城磚

古磚計五十二塊（含城磚、墓磚、塔磚、建築用磚），是從鎮江市各方面采集來的。除墓磚、塔磚、建築用磚外，經考其餘均爲鎮江歷代古城牆磚。斷代問題是依據方志、考古調查報告及其他出土和有關文獻，綜合研究分類的。

古磚銘文類，原先未考慮入書，有些書家提出古磚上的文字很有特色，可供書藝界借鑒研究之用，且附上不礙大事，因此專立一類。

筆者對以下的磚紋未做過系統研究，少數古磚也未進行實際調查。其中可能出現一些古磚時代不清的問題，誠請廣大讀者、專家指正。

十里窑

36.5 厘米×18 厘米×6.5 厘米

十里牌

17 厘米×5.5 厘米

丹緒

18 厘米×6 厘米

丹□

江陰任□
19 厘米×6 厘米

江陰守備
18 厘米×6.5 厘米

無錫張進
18 厘米×6.5 厘米

無錫祝倫羅城磚
18 厘米×6.5 厘米

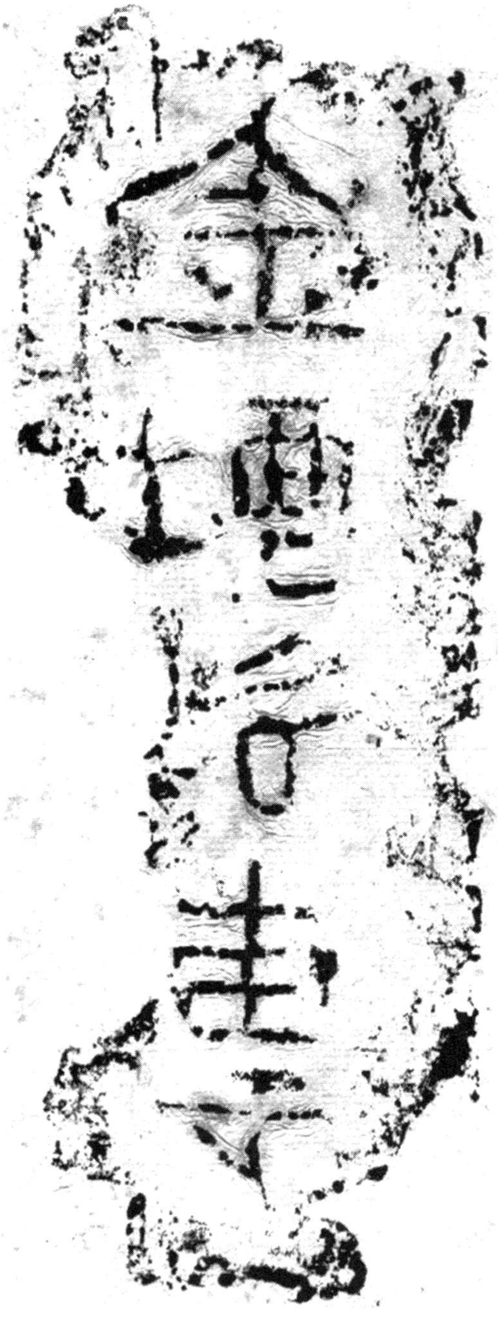

金壇縣磚
19 厘米×6.5 厘米

金壇縣磚
18 厘米×6.5 厘米

常州陽□□

晉陵孟勝
17 厘米×5.5 厘米

晉陵羅城孟勝
18 厘米×5.5 厘米

晉陵
18 厘米×7 厘米

朱方鄉
17.5 厘米×6 厘米

潤州官窑
18 厘米×7 厘米

潤州官窑
18 厘米×7 厘米

官三
18 厘米×7.5 厘米

官大
17 厘米×7 厘米

官記
17 厘米×7 厘米

羅城磚
33 厘米×17.5 厘米×5.7 厘米

砌城磚
14.5 厘米×7.5 厘米

南郭門(反書)
18 厘米×6 厘米

南郭門磚
17 厘米×6 厘米

武朱會
17 厘米×6 厘米

□朱□(反書)
18 厘米×6 厘米

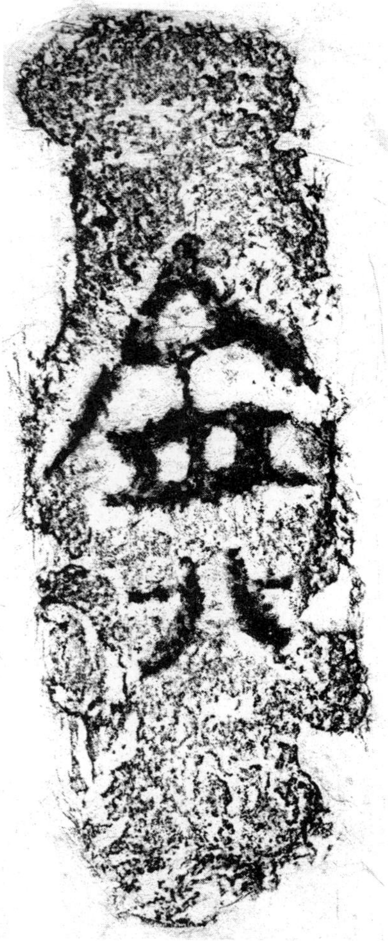

金北
18 厘米×6 厘米

舊
18 厘米×5 厘米

□□□
19 厘米×7 厘米

□□
18 厘米×6 厘米

太平
19 厘米×6 厘米

湖州磚(反書)
16 厘米×6 厘米

上丹
19 厘米×6 厘米

鎮江前軍
38.5 厘米×19 厘米×6.5 厘米

鎮江後軍
18 厘米×7 厘米

鎮江
16 厘米×6.5 厘米

鎮江水軍
19 厘米×6 厘米

后軍官磚
19 厘米×6 厘米

元代塔磚

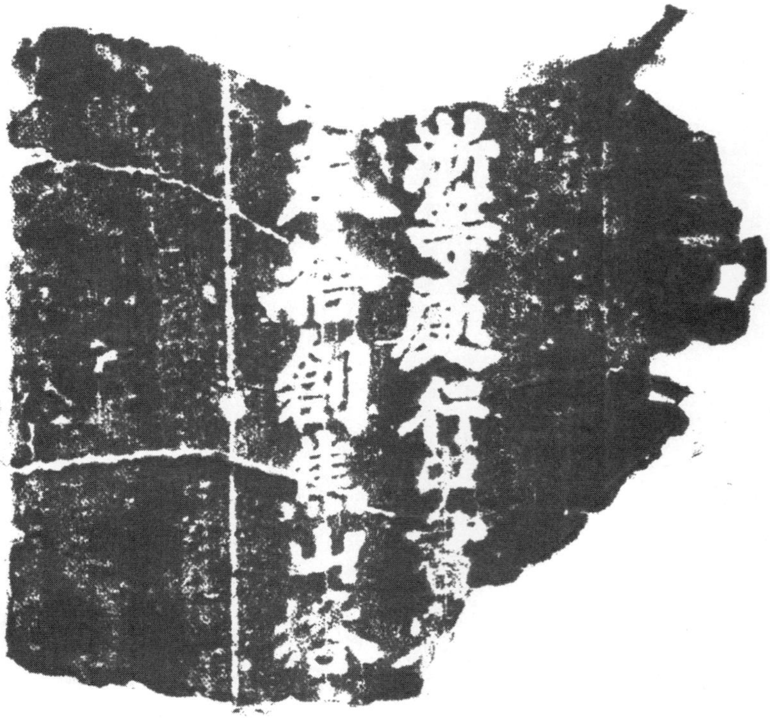

元大德　焦山塔磚　16.5 厘米×18 厘米

據元至順《鎮江志》的记載，塔磚銘文補全如下：

“僉江浙等處行中書省事周通奉捨創焦山塔磚”
△△　　　　　　△△△△△△△△　　△

(注：△均爲補字)

明代城磚

鎮江府官磚

38 厘米×19 厘米×6.5 厘米

成化十九年城砖

49 厘米×24.5 厘米×12.5 厘米

明城砖

43.5 厘米×22 厘米×12.5 厘米

明　福禄壽墓地磚

4 厘米×23 厘米×8.7 厘米

經考爲楊一清墓道磚，出土于蔣喬鎮盧灣村

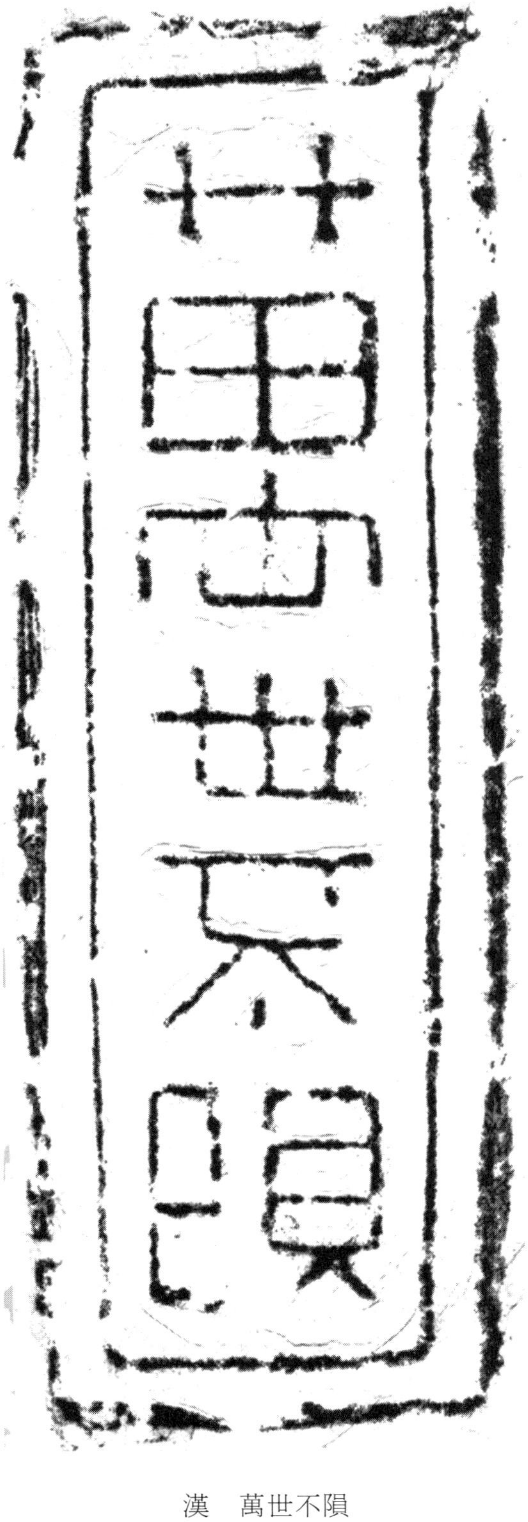

漢　萬世不隕

25.5 厘米×21.5 厘米×6 厘米

上爲漢墓磚,出土於鎮江市東郊江蘇大學校内

汉墓砖　□□□

16.5 厘米×6.5 厘米

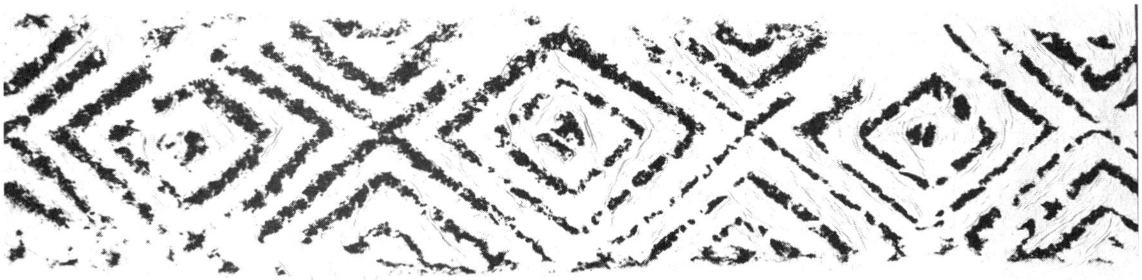

句容行香龍山村
顏真卿墓地磚磚紋
24.5 厘米×5.5 厘米

鎮江市汝山鄉賈家村農田中發現
墓磚紋
12 厘米×6 厘米

鎮江市汝山鄉賈家村農田中發現
墓磚紋
14 厘米×4 厘米

□貴墓磚
16 厘米×6 厘米

墓磚鼓丁紋
26 厘米×5.5 厘米

教生（民國磚）
發現於鎮江市伯先路一座牆體上
11.5 厘米×6 厘米

地磚(大金磚)局部

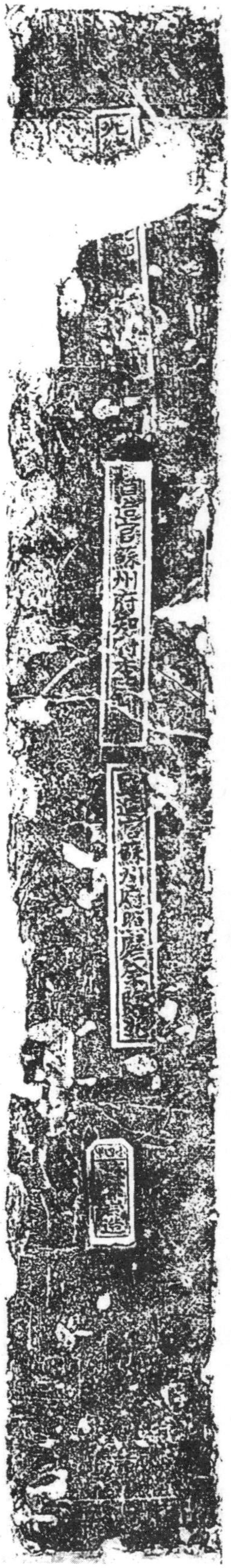

地磚(大金磚) 清光緒
丹徒大聖寺收藏
72 厘米×9.5 厘米

後記

《京江遺珠》拓片集是我退休以後用十餘年的時間完成的。由於知識水平有限，寫得比較吃力，在許多熱心的朋友多方面給予幫助與支持下才走到今天。

一九八七年文物普查中，我認識了資深的文博專家戴志恭先生，使我在文物知識方面深受教益，他還慷慨贈予我珍貴的拓片，他熱心、真誠，可以説是我的良師益友。

昱林堂書畫裝裱店主人李繼國、吴榮輝賢伉儷，多年來在裝裱拓件時有求必應，盡心盡力，方便於人，這種服務精神令人感動，值得稱道。

馬阿林先生與我相識雖晚，但他是一位熱心腸的人，在收集碑刻素材時主動給我提供資訊，還陪同我調查訪問，這種吃苦的精神給我的印象很深。

還有好多關心、支持《京江遺珠》一書出版的新老朋友：賈玉書、田致鴻、王明龍、黄鵬飛、曹秉峰、劉立穩、楊鎮、張炳文、王俊、朱正茂、茗乘、陳侃、倪衛民等爲本書題簽、繪畫、篆刻、撰聯、作序、設計，特别是八十高齡的文史專家徐培鴻老先生，在夏日酷暑中還爲本書修改文稿，焦山碑刻博物館館長丁超在百忙中抽出時間，爲本書作序付出了辛勤的勞動。在本書即將付梓之際謹向他們表示誠摯的謝意。

竇啟榮

二〇一三年八月

经上海市中小学教材审查委员会审查
准予试用　　准用号II－GB－2006008

高级中学课本
语文（试用本）
一年级第一学期

高级中学课本
语文（试用本）
一年级第一学期
上海市中小学（幼儿园）课程改革委员会

华东师范大学出版社出版
（上海市中山北路3663号，邮政编码200062）
江苏句容市排印厂印刷　　上海市新华书店发行

开本890×1240　16开　印张9　插页2　字数172千字
2007年8月第一版　2013年5月第十二次印刷
ISBN 978－7－5617－5540－2/G·3242（课）

定价：6.25元
上海市物价局价格审查批准文号：沪价商专（2007）26号
全国物价举报电话：12358

ISBN 978-7-5617-5540-2

此书如有印、装质量问题，请径向本社调换
华东师范大学出版社电话：60821711
www. ecnupress. com. cn

华东师范大学出版社

绿色印刷产品